Début d'une série de documents en couleur

Nouvelle Bibliothèque franciscaine. — 1re *Série.* — XII.

P. DAMASE de Loisey

Le Bienheureux Diégo-Joseph de Cadix

PARIS

ŒUVRE DE St FRANÇOIS D'ASSISE
5, RUE DE LA SANTÉ, XIIIe

LIBRAIRIE CHARLES POUSSIELGUE
15, RUE CASSETTE, VIe

1902

AUX MÊMES LIBRAIRIES

Bouquet de Cantiques franciscains *offert aux Tertiaires*, par le P. NORBERT, O. F. M. — 1 brochure de 72 pages. . . . . 0 fr. 10

Franco . . . . 0 fr. 15

Un cahier de musique par 10 exemplaires.

Méditations sur la Sainte Face *ou un mois consacré à la Sainte Face*, par le R. P. EXUPÈRE DE PRATS-DE-MOLLO. 1 brochure de 80 pages in-16 . . . 0 fr. 30

Prières du matin et du soir *en usage chez les FF. MM. Capucins de Saint-François d'Assise*. 1 vol in-16 carré. . . . . 0 fr. 60

Le Tiers-Ordre de Saint-François, *puissant moyen de sanctification du prêtre séculier*, par un curé. — Nouvelle édition revue et corrigée par l'auteur. 1 brochure in-18 . . . . 0 fr. 30

La dévotion aux « Trois Ave Maria », par le P. JEAN-BAPTISTE, O. M. C. 1 vol. in-16. . . 0 fr. 80

Retraite Séraphique, par le P. JOSEPH DE DREUX, des Frères-Mineurs Capucins. 1 vol. in-16. . . . 1 fr. 25

Pensées et affections sur la Passion de Notre Seigneur Jésus-Christ *pour tous les jours de l'année*, par le P. GAËTAN DE BERGAME. 2 vol. in-16. 3 fr.

Franco. . . . . 3 fr. 50

Paris. — J. Mersch, imp., 4bis, Av. de Châtillon.

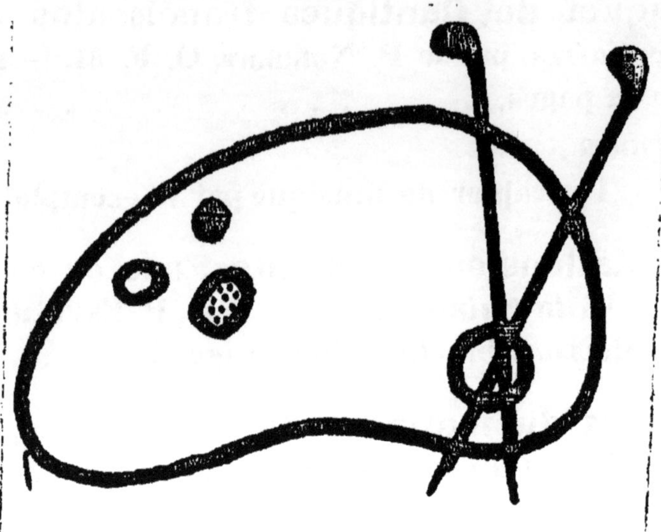

Fin d'une série de documents en couleur

LE

BIENHEUREUX DIÉGO-JOSEPH

DE CADIX

Nouvelle Bibliothèque Franciscaine

OUVRAGES EN PRÉPARATION

dont six paraîtront à la fin de 1903.

Saint Léonard de Port-Maurice, par le P. LÉOPOLD DE CHÉRANCÉ.

Sainte Colette, par M. Alphonse GERMAIN.

Saint Elzéar et sainte Delphine, par M. l'abbé TOURNIAIRE, du clergé de Paris.

Saint Benoît Labre, par M. RICHARD.

Saint Pierre d'Alcantara, réédition revue et corrigée.

Saint Pascal Baylon, par le Rme Père LOUIS-ANTOINE.

Œuvres spirituelles de saint Bonaventure, en plusieurs volumes, traduction nouvelle par M. l'abbé A. SAUBIN, d'après l'édition de Quaracchi.

Vie de Mgr Vital d'Oliveira, évêque d'Olenda.

Le Bienheureux

DIÉGO-JOSEPH

DE CADIX

Apôtre de l'Espagne au XVIIIe siècle

PAR

LE P. DAMASE DE LOISEY

PARIS

ŒUVRE
DE St FRANÇOIS D'ASSISE
5, RUE DE LA SANTÉ, XIIIe

LIBRAIRIE
CHARLES POUSSIELGUE
15, RUE CASSETTE, VIe

1902

Imprimatur :

Cristae, die 4ª Decembris 1902.

Fr. Alphonsus a Molano
Min. Prov.

PRÉFACE

On l'a dit il y a longtemps: Rien n'est plus instructif et plus édifiant que la vie des Saints.

L'intelligence du chrétien cherche la lumière de Dieu. Son cœur veut être encouragé et entraîné au bien par les bons exemples.

La vie des Saints, vie de Jésus continuée à travers les siècles, satisfait à ce double besoin, à ce double désir. Elle est lumière, comme Celui qui a dit de lui-même: Je suis la lumière du monde, puisqu'elle traduit en actions l'Évangile entier, faisant passer devant nos yeux toutes les vérités révélées, vérités dogmatiques, vérités morales, vérités terribles aux passions, vérités consolantes pour notre faiblesse.

Elle est édification, et entraînement sur les chemins difficiles de la vertu. Les Saints sont des fils d'Adam comme nous, et ils marchent, et ils ont sur le visage le rayonnement du bonheur, et ils nous disent : « Venez, suivez-nous. Il fait bon cultiver les champs de l'humilité, de la mortification, de l'amour de Dieu : il fait bon combattre les grands combats contre l'esprit du monde et les suggestions de la chair. Venez, ce que nous pouvons, vous le pouvez. La grâce que nous avons reçue, vous la recevrez. »

On n'a rien à reprocher aux savants critiques de l'âge actuel qui écrivent la vie des Saints plutôt pour bien établir la vérité des faits et écarter comme apocryphes les pieuses imaginations des siècles écoulés que pour mettre en un relief puissant et l'extrême condescendance de Dieu pour ceux qui l'aiment, et la beauté d'âme ravissante où arrivent les Saints en correspondant aux grâces qui leur sont offertes. C'est leur droit, et ils peuvent utilement servir la cause de Dieu et de l'Église, s'ils ne versent pas dans ce criticisme odieux et menteur, mis à la mode de nos jours par le protestantisme allemand.

En écrivant un abrégé de la vie de notre bienheureux Frère le P. Diégo, tel n'a pas été notre dessein. Il est pour ainsi dire notre contemporain, puisqu'il est mort en 1801, à l'aurore du XIX*e siècle qui est le nôtre.*

Ses moindres gestes ont été photographiés. Nous avons ses lettres, dans lesquelles sont racontés à son directeur, avec grande simplicité et humilité, ses voyages, ses prédications, les miracles qu'on lui attribue, les œuvres de piété qu'il a établies, ses maladies, ses peines intérieures et aussi les grâces dont Dieu l'a comblé.

Qui pourrait jeter le moindre discrédit sur cette autobiographie, écrite au jour le jour, sans l'ombre de prétention littéraire, et s'efforçant plutôt de diminuer tout ce qui serait à l'avantage de son auteur?

Inutile donc d'examiner à la loupe les détails de cette existence de Saint. Inutile de contrôler les différents récits. Laissons-nous simplement instruire, édifier et charmer par les faits et gestes de l'apôtre de l'Espagne au XVIII*e siècle.*

Le bienheureux Diégo commence à prêcher en 1766. Ses lèvres ne se tairont qu'un mois avant sa mort, en février 1801. Pendant cette période de temps Voltaire régnait en France et dans une grande partie de l'Europe. Ses négations insolentes pleines de blasphème, et enveloppées dans l'ironie et le sarcasme, préparaient la Révolution française en tuant la foi. Le malheur voulut qu'il ne se trouvât dans notre pays aucun saint, d'une sainteté assez éclatante, pour étouffer le monstre, ou du moins pour le forcer à reculer.

Nous avions, grâce à Dieu, des religieux et des prêtres qui furent fidèles à leurs vœux et à leur vocation jusqu'au martyre. Mais des hommes de la taille du bienheureux Diégo de Cadix, nous les cherchions, nous les appelions : Ils n'étaient pas encore nés.

Nous savons ce qu'il nous en a coûté. La foi de France a sombré, en grande partie Aujourd'hui encore, nous mourons des coups que nous a portés le Voltairianisme.

L'Espagne fut plus heureuse. Dieu lui envoya une pléiade de religieux d'une science et d'une piété vraiment extraordinaire, et parmi eux les dépassant tous, de cent coudées, le bienheureux Diégo de Cadix.

A peine eut-il fait son apparition à l'horizon spirituel de son pays que tous les yeux se tournèrent vers lui. Ses compatriotes que l'hérésie et l'impiété voulaient entraîner vers l'abîme, par le chemin de l'orgueil et des plaisirs, l'appelèrent à leur aide. Au souffle de son âme enflammée de l'amour divin, ils se souvinrent de leur dignité. En voyant ce fils de noble famille marchant nu-pieds, et revêtu de l'habit des pauvres, leur donnant l'exemple d'une mortification inouïe, renouvelant à la fin du XVIIe siècle le miracle de leurs grands pénitents, les Vincent Ferrier, les Pierre d'Alcantara, les Thérèse de Jésus, la honte leur vint au cœur et au front des doctrines de sensualisme bestial qui se répandaient partout, des attaques sauvages, que l'ennemi de tout bien menait avec rage contre la religion de leurs pères.

Au moins pour un temps les théâtres, foyer d'infection morale, furent fermés dans l'Andalousie et on peut dire dans toute l'Espagne. Quelques-uns furent détruits de fond en comble. Les orgies, les bals scandaleux, les courses de taureaux, reçurent un coup terrible dont ils ne purent facilement se relever.

D'un autre côté les protestants égarés en Espagne furent obligés de confesser l'infériorité, le néant de leurs prétendues doctrines, devant ce pauvre Capucin si humble, qui leur parlait sur toutes les questions avec une science et une érudition incroyables, avec un jugement exquis et une parfaite urbanité.

Le roi Charles III, livré à d'indignes favoris comme Henri III de France à ses mignons, avait indignement chassé les Jésuites de ses États; emboitant le pas aux Choiseul et aux Pombal, il cherchait à vexer de toutes manières les ministres de la religion. Notre Bienheureux parla devant lui avec toute la liberté d'un Jean-Baptiste, et lui envoya un mémoire où il l'avertissait des desseins de la secte contre le pouvoir royal, et des devoirs sacrés que lui-même avait à remplir.

L'Impiété trouva donc à qui parler, au milieu des peuples, à la Cour, dans les Académies, au sein des gouvernements de la province.

Impossible d'échapper à la dialectique puissante du pauvre religieux capucin. Il le constate lui-même et s'en fait un titre à l'humilité : « C'est Dieu, dit-il à vingt reprises différentes, qui a tout fait. Le discours a été clair, plein de vigueur, inattaquable, admirablement approprié à ceux qui m'entendaient. Je m'entendais parler, et je n'y reconnaissais rien de mon génie obscur, confus, sans énergie ni à-propos. »

Impossible d'échapper par le mensonge ou le doute. L'histoire était un livre dans lequel il lisait, comme un clerc instruit lit dans son livre d'heures. Ce Capucin en savait plus long que les docteurs les plus renommés en histoire profane, en histoire sacrée, en histoire surtout de l'Église catholique.

Impossible d'échapper à la charité qui brillait dans ses paroles, dans ses actions, dans son dévouement à toutes les misères. Les passions les plus violentes devaient céder aux larmes qu'il versait avec des soupirs enflammés sur le crucifix, à la fin de ses sermons de pénitence.

Le P. Diégo, disait-on, ou bien il ne faut pas aller l'entendre, ou bien il faut se convertir. Il fut donc vraiment l'Apôtre, le grand Apôtre de l'Espagne au XVIII*e siècle.*

Si la religion n'a pas sombré comme en France au royaume catholique pendant la crise révolutionnaire et l'occupation française, c'est, nous osons bien l'affirmer, au bienheureux fils des Caamaño qu'elle le doit.

Si aujourd'hui encore elle se défend assez bien contre la Franc-Maçonnerie; si elle doit l'emporter, comme nous l'espérons, sur cette bête sortie de l'enfer quand la France elle-même en aura triomphé par un miracle du Cœur divin de Jésus, elle le doit encore au bienheureux Diégo.

N'a-t-il pas implanté au milieu de son peuple les deux grandes dévotions qui assurent à la vie chré-

tienne toute son intégrité : la dévotion au mystère de la Très Sainte Trinité, et la dévotion au Très Saint Sacrement de l'autel ?

Son souvenir est vivant chez les pauvres, qu'il a tant aimés; chez les riches, qu'il a tant de fois conjurés de se convertir, qu'il a menacés des plus grands châtiments s'ils ne changeaient pas de vie, châtiments qui sont tombés sur leurs pères, selon la prophétie qu'il en avait faite.

Les miracles se multiplient à son tombeau et partout où il est invoqué avec confiance. Les images symboliques de la Très Sainte Trinité, qu'il distribuait partout, sont encore suspendues à la place d'honneur dans les chaumières et dans les vieux palais. Il continue son ministère au milieu de ses frères bien-aimés. Notre Seigneur l'a dit : « Là où il est maintenant, c'est-à-dire dans le ciel, il vous sera plus utile que là où il était avant sa mort. »

En offrant aujourd'hui à nos Tertiaires de France, cette petite vie d'un si grand serviteur de Dieu, nous n'avons pas eu d'autre but que de les édifier, et d'enflammer leur âme d'amour pour Celui qui est le prince du ciel, le chef de tous les Saints, Jésus-Christ notre doux Maître. Nous aurons atteint notre but, tous nos désirs seront comblés, si après avoir lu notre livre, quelques âmes marchent d'un pas plus rapide vers la couronne qui nous est proposée, la couronne si vaillamment conquise par le bienheureux Diégo, et qui brillera sur sa tête pendant toutes les éternités.

En la fête de l'Immaculée-Conception,
8 décembre 1902.

LE

Bienheureux Diégo-Joseph

CHAPITRE PREMIER

NAISSANCE ET ÉDUCATION

Au mois de septembre 1713, un saint religieux, vieillard de soixante-dix-neuf ans, se mourait au grand couvent des Pères Dominicains de Cordoue; c'était le vénérable P. François de Posadas, déclaré bienheureux en 1818, par le pape Pie VII. Né en 1634, à Cordoue, d'une ancienne famille noble, il avait manifesté, dès son enfance, une grande piété qu'il s'efforçait de communiquer aux enfants de son âge. Entre tous les exercices de piété, le Saint Rosaire l'attirait plus particulièrement. A la fleur de son adolescence, il entra dans l'Ordre des Frères-Prêcheurs, où il brilla par l'innocence et l'austérité de sa vie. Devenu prédicateur, il procura dans une large mesure la gloire de Dieu et le bien des âmes. Les dernières années de sa vie furent partagées entre la prière et le ministère des confessions.

Dans sa dernière maladie, on lui avait donné

pour l'assister un tout jeune Frère convers, d'une âme tout angélique. Celui-ci suppliait sans cesse le pieux moribond de l'emmener au ciel avec lui. « Père, lui répétait-il, par pitié, ne me laissez pas sur cette terre où il y a tant de périls; obtenez-moi la grâce de mourir avec vous. » — « Mon fils, lui répondit un jour le saint vieillard, ne me demande plus semblable chose; tu as encore longtemps à vivre; continue seulement à servir Dieu de toute ton âme. Mais quand tu auras entendu prêcher saint Paul, sache que l'heure de ta délivrance est toute proche. »

Peu d'instants après avoir dit ces paroles, le P. Posadas s'endormait dans le Seigneur; et sa tombe était illustrée par de nombreux prodiges.

Près de soixante-cinq ans s'écoulèrent. Le Frère convers était devenu à son tour un vieillard; et il attendait toujours l'accomplissement de la parole de son P. Posadas; saint Paul, paraît-il, n'était pas encore venu prêcher à Cordoue. Les prédicateurs les plus renommés s'étaient pourtant fait entendre dans les grandes chaires de l'antique cité; le bon Frère était allé successivement les écouter; mais leur parole ne lui avait pas communiqué l'impression qu'il attendait. Malgré tout, il croyait toujours à la parole prophétique du serviteur de Dieu. Souvent il avait été gravement malade. Ses Supérieurs, voyant qu'il ne demandait pas les derniers sacrements, avaient cru devoir les lui proposer avec insistance. « Non, non, avait-il invariablement répondu ; je ne dois pas mourir encore. Mon bienheureux P. Posadas m'a donné un signe auquel je reconnaîtrai la proximité de ma fin ; ce signe ne s'est pas encore manifesté. » On eut beau lui demander quel était ce signe. « C'est mon secret », répondait-il toujours.

Un des derniers jours de février 1778, le bon vieux Frère se remémorait, non sans tristesse, la prophétie du P. Posadas, se prenant, pour la première fois, à douter de son accomplissement. Tout à coup, il entend quelques religieux de son couvent se dire l'un à l'autre avec l'accent de la plus vive admiration : « Oh ! le grand homme que ce prédicateur ! » Il s'approche et demande quel est l'orateur qui produit une telle impression. « C'est, lui fut-il répondu, le P. Diégo de Cadix, capucin. »

Jamais, jusqu'alors, le Frère n'avait entendu prononcer ce nom. Immédiatement, il va trouver son Supérieur. « Mon Père, dit-il, permettez-moi, je vous prie, d'aller au sermon du P. Diégo. » La permission lui est accordée. Après le sermon, le bon Frère revient transporté d'une joie qu'il ne cherche nullement à dissimuler. « Mon Père, dit-il à son Supérieur dès son retour, mes jours sont comptés : avant peu j'espère aller en paradis, comme me l'a promis mon P. Posadas ; je viens d'entendre saint Paul. » Aussitôt le vieillard divulgue le secret qu'il gardait depuis soixante-cinq ans.

Comme, malgré son grand âge, il ne paraissait nullement indisposé, on ne fit pas grande attention à ses paroles. Mais lui, à dater de ce moment, mit en ordre tout ce qui était de ses emplois, donnant à ses confrères toutes les indications désirables. En un mot, il se prépara, très ostensiblement, sans trouble et sans regrets, au grand voyage de l'éternité. Le troisième jour, après seulement quelques heures de maladie, la belle âme du saint Frère s'envolait toute joyeuse dans le sein de Dieu. Divulgué par les Pères Dominicains, le fait avec toutes ses circonstances fut connu du public et mit le dernier sceau à la réputation du P. Diégo.

Il était avéré que celui-ci, trente ans avant sa naissance, avait été annoncé par le bienheureux François de Posadas, comme devant être en son temps un nouveau saint Paul. A sa voix, en effet, les populations engourdies se réveillent; les Espagnes, au XVIIIe siècle, voient se renouveler les prodiges de la prédication du bienheureux Jean d'Avila en Andalousie au XVIe siècle, l'enthousiasme religieux, suscité par saint Vincent Ferrier au XVe siècle.

Les parents de notre Bienheureux étaient de noblesse très authentique et très ancienne. Leur généalogie, d'après les historiens espagnols, remonterait jusqu'aux anciens rois Visigoths, et même jusqu'à l'empereur Adrien. Rien ne nous porte à mettre en doute, soit la sincérité de ces historiens, soit la vérité de leurs dires; mais cette question nous paraît bien secondaire. Nous nous bornerons donc à dire que Don Joseph Lopez Caamaño Texeira Ulloa y Balcelar et son épouse Dona Maria Garcia Perez de Rendon y Burgos étaient apparentés aux meilleures familles de l'Espagne; très considérés et justement estimés à Ubrique, où ils résidaient.

Don Joseph Caamaño, né le 17 février 1709, à Tuy en Galice, où se trouvait le manoir héréditaire de ses aïeux, avait passé son enfance et sa jeunesse dans son pays natal. Sa famille, malgré sa noblesse et l'honorable suite de ses ancêtres, n'était pas alors très fortunée. Aussi le jeune homme, pour se faire une position, dut-il en quelque sorte s'expatrier. On lui offrit et il accepta le poste très honorable d'administrateur des biens des ducs d'Arcos et d'Ossuna à Ubrique, en Andalousie. C'est là qu'il épousa Dona Maria Perez, dont la famille était originaire de Xérès de la Frontero. Notre Bienheureux fut le premier fruit de cette union chrétienne.

Les époux Caamaño habitaient Ubrique, avons-nous dit : leur premier-né vint cependant au monde à Cadix, où ils n'avaient ni parents, ni résidence; voici quelles circonstances amenèrent ce fait. Ne croyant sans doute pas si prochaine la naissance de l'enfant désiré et attendu, Maria Perez avait manifesté un vif désir d'assister aux cérémonies de la Semaine Sainte, particulièrement solennelles à Cadix; et son mari s'y était prêté de bonne grâce. Pendant son séjour, elle fut surprise des douleurs de la maternité, et son enfant vint au monde le 30 mars 1743. On montre encore la maison où naquit notre Bienheureux. Par une providentielle coïncidence, elle est située dans la rue *de la Bénédiction de Dieu* (Calle de la bendicion de Dios). En 1875, Mgr Arriete, capucin, évêque de Cadix, fit placer sur la façade une plaque avec inscription commémorative. Dans une des pièces de la maison, se trouve un petit tableau représentant le Sauveur. La tradition affirme qu'il avait été apporté par Dona Maria Perez, et qu'il présida en quelque sorte à la naissance de son enfant. La voix publique attribue à ce tableau une vertu miraculeuse.

Le 2 avril, l'enfant fut présenté aux fonts baptismaux de la cathédrale, et reçut les prénoms de Joseph-François-Jean-Marie. De ces quatre noms, il ne porta habituellement que le premier. Par une abréviation familière aux Espagnols, on l'appelait communément *Pepe* (1). Sa naissance fut suivie, à brefs délais, de celle d'un frère (Joachim) et d'une sœur (Marie).

Les toutes premières années de Pepe Caamaño ne présentent aucun de ces faits extraordinaires, tels que nous en lisons dans la vie de quelques saints. On vit seulement en lui un enfant très doux, très candide, d'une admirable docilité, très aimant et tout aimable, avec de grands yeux très beaux et très modestes, une

1. Prononcer *Pépé*, en appuyant fortement sur la première syllabe.

stature bien prise, des traits réguliers, et une carnation blanche et rosée.

Il avait eu ce très grand bonheur de naître de parents profondément religieux, qui s'étudièrent de bonne heure à lui inculquer leurs sentiments. Dans cet intérieur chrétien, aucun plaisir bruyant ne vint ternir la pureté de sa pensée ou inquiéter sa foi. A cet âge impressionnable, l'enfant reçut avec une joyeuse avidité les enseignements du catholicisme, et montra de très bonne heure un singulier attrait pour tout ce qui est de la piété. Les jeux ordinaires de l'enfance ne l'attiraient point. Son passe-temps préféré était de dresser de petits autels qu'il ornait de fleurs et d'images saintes, et devant lesquels il reproduisait ensuite de son mieux ce qu'il avait observé dans les églises où il aimait à accompagner sa pieuse mère.

Chose étonnante dans un tout jeune enfant! Le mystère de l'adorable Trinité l'impressionnait et l'attirait plus que tous les autres mystères, et lui inspirait une très haute idée de la Majesté infinie. Aussi recherchait-il de préférence les images symbolisant ce grand mystère. Sur les petits autels qu'il dressait, on était sûr de voir l'image de la très sainte Trinité au lieu le plus apparent, environnée des plus belles fleurs. Là, de sa douce et fraîche voix d'enfant, il chantait, sans se lasser jamais, le *Gloria Patri*..., et le trisagion : *Sanctus Deus, Sanctus fortis, Sanctus immortalis*... Cette dévotion grandissant avec lui, il obtint de sa mère d'être agrégé au scapulaire de la très sainte Trinité, dès l'âge de sept ans. Il le porta jusqu'à sa mort.

Les Capucins avaient un couvent à Ubrique ; et Pepe, dès son plus bas âge, fut souvent conduit par sa mère à leurs offices et à leurs prédications. Nos Pères Espagnols étaient alors dans l'usage de conclure absolument tous leurs discours par une dévote apostrophe au crucifix qu'ils prenaient en main ; le tout se terminait par un acte fervent de contrition. Cette particularité impressionnait vivement notre petit Pepe. « Quand je serai grand, se plaisait-il à dire, je serai Capucin ; je prêcherai ; puis je prendrai un grand crucifix, et je ferai pleurer tout le monde. »

Cette idée d'être un jour missionnaire et convertisseur dominait toutes les autres dans l'âme de l'enfant. Parfois, il venait emprunter la plume de son père, et dessinait très sérieusement sur le papier d'informes personnages. « Que fais-tu là ? » lui demandait Don Joseph. « Voyez, répondait l'enfant ; voici Pepe Caamaño qui prêche, et voilà ceux qui l'écoutent. » D'autres fois, il représentait, aussi bien que peut le faire un enfant inexpérimenté, divers personnages, dont un, à peu près costumé en religieux, était placé plus en évidence. Quand il croyait avoir bien réussi son ébauche, il appelait la famille. « Voyez, disait-il triomphant, Pepe Caamaño qui prêche aux hérétiques pour les convertir. » Parfois aussi, l'enfant montait sur une chaise, et, avec un sérieux imperturbable, débitait à son frère et à sa sœur, ou à ses petits camarades, quelques fragments des discours qui l'avaient le plus frappé.

Précieux indices d'une future vocation! O Dieu, devant qui tout est présent, vous vous plaisez à déposer au cœur de l'enfant les germes de son avenir; et, par ses inclinations naissantes, on peut déjà pressentir ce qu'il sera un jour. *Ex studiis suis intelligitur puer.* (Prov., 20, 11.)

Dès l'âge de cinq ans, âge bien peu fait, ce semble, pour la réflexion, Pepe Caamaño avait dans l'esprit les pensées, et dans le cœur les aspirations d'un âge plus avancé. L'Esprit-Saint agissait visiblement sur cette âme innocente, et y développait merveilleusement l'amour de la pureté et l'inclination à la prière. Ça été la conviction intime de tous ceux qui avaient connu Pepe dans son enfance et sa jeunesse; ça été plus tard l'opinion motivée de tous ceux qui purent lire dans son âme, que l'enfant avait gardé intact le trésor de son innocence baptismale.

Son frère Joachim, d'un an plus jeune, couchait avec lui. Il a déclaré que Pepe, dès l'âge de cinq ou six ans, mettait entre eux deux un coussin, en guise de séparation. Était-ce par une excessive délicatesse de pudeur pour éviter même le contact le plus indifférent? Peut-être. Était-ce plutôt pour n'être pas remarqué par son frère dans ses habitudes d'austérité et de prière? Malgré toutes ces précautions, Joachim put observer à l'aise les agissements de Pepe. Il le vit souvent interrompre son repos pour adorer Dieu dans le silence des nuits, et implorer *avec des gémissements ineffables* le secours d'en haut. Il put même constater que Pepe portait une ceinture faite avec des cordes de crin et avec les rudes débris des harnais de bêtes de somme. Nous lisons dans la vie de saint Louis de Gonzague enfant, des détails analogues; l'esprit des saints est toujours le même (1). Interrogé par Joachim sur ces particularités, Pepe promit à son frère tout ce qu'il voulut, à la seule condition de garder le silence sur ces découvertes; en fait, celui-ci paraît l'avoir gardé pendant bien des années.

Le désir d'être un jour Capucin et missionnaire, manifesté par Pepe, dans ses toutes premières années, parut s'assoupir en lui, et même disparaître complètement à mesure qu'il grandissait; du moins n'en parlait-il plus. Interrogé sur ce qu'il voulait être plus tard : « Prêtre ou religieux », répondait-il simplement.

Rien d'ailleurs, si ce n'est sa piété persévérante, n'annonçait qu'il serait un jour un grand missionnaire, ayant le don d'émouvoir et de passionner les multitudes, un prédicateur éloquent, applaudi des esprits les plus cultivés. Sa mémoire était ingrate, son intelligence tardive, son travail peu facile, son abord d'une

1. « Flagella quandoque canum loris, cilicia equorum calcaribus supplevit. » (*Brev. Rom. in festo* S. Al. Gonzag. — Lectio V^a).

timidité touchant à la gaucherie. A ces lacunes intellectuelles s'ajoutait un certain embarras de parole voisin du bégaiement, et un défaut de langue l'empêchant de prononcer certaines consonnes, notamment la lettre *l*. Ainsi, il disait : *Cœnum* pour *cœlum; Nos Angenes* pour *los Angeles*, etc.

En revanche, son âme s'ouvrait de plus en plus aux opérations de la grâce. Son grand bonheur était de servir la messe; et, pour ne pas être prévenu dans ce pieux exercice par quelqu'autre camarade, il n'attendait pas que le son de la cloche appelât les fidèles au saint sacrifice. De nombreux témoins ont affirmé l'avoir vu, tout jeune encore, stationner de très grand matin devant l'église paroissiale d'Ubrique, attendant l'ouverture des portes, afin d'arriver le premier pour offrir ses services au prêtre. Sa tenue devant les autels, la naïve tendresse de sa piété aux pieds du divin Maître, étaient un sujet de pieuse édification pour tous ceux qui le voyaient. L'expression de ses traits faisait penser aux anges adorateurs.

A la maison paternelle, il se montrait toujours plein de respect et de déférence pour ses parents; doux, complaisant et affable envers ses frères et les serviteurs. Au dehors, on le voyait compatissant pour les pauvres, plein de respect pour les religieux et les ecclésiastiques, et généralement pour tout ce qui se rattache au service de Dieu.

Ses premières inclinations à l'apostolat,

quoique moins précises, se manifestaient cependant toujours en quelque façon. Dans ses promenades à travers les montagnes, il aimait à planter des croix çà et là sur les rochers et aux carrefours des sentiers. « Leur vue, disait-il, rappellera aux passants les idées religieuses et les portera à prier. » Entrant dans les chaumières des montagnards et dans les huttes des bergers, il regardait s'il y avait en évidence quelque objet de piété. N'en voyait-il aucun, il ne manquait pas, à la prochaine occasion, d'apporter une croix ou une sainte image. L'enfant timide trouvait alors de la hardiesse pour recommander la prière à ces âmes simples et abandonnées. Se mettant à genoux, il les faisait prier avec lui. Il préludait ainsi modestement, dans le petit cercle des montagnes d'Ubrique, à ce qu'il devait faire plus tard en grand dans les montagnes de Ronda, dans la Sierra-Morena, et en tant d'autres contrées montagneuses qu'il parcourut en apôtre.

Pepe Caamaño fit ses toutes premières études à Bosque, diocèse de Malaga; puis il fut confié à Don Félix Varo (1), très digne ecclésiastique habitant Grazalema, localité toute proche d'Ubrique. La vertu et le dévouement de ce bon prêtre lui avaient gagné l'estime et la confiance des premières familles du pays, et elles lui avaient confié leurs enfants.

1. Nous lisons ce nom ainsi orthographié dans les actes du procès. Le P. Calasanz, dans *la Vie espagnole*, dit : D. Fel. de Haro.

Le maître n'eut pas de peine à remarquer combien était lente l'intelligence de son nouvel élève, combien ingrate était sa mémoire. D'autre part, il le voyait si candide, si pieux, si appliqué! Sans se décourager, il le prit à part, lui donna des soins tout particuliers, et put enfin lui insinuer les premiers éléments de toutes les branches de l'enseignement classique.

Depuis l'âge de huit ans, Pepe avait l'habitude de se confesser souvent. Pendant son séjour à Grazalema et sous la direction de Don Varo, il eut le bonheur de faire sa première communion. Les historiens sont absolument muets sur ce grand acte de sa vie. Nous aurions tant aimé en connaître la date, voir l'enfant préparer sa jeune âme à la première visite de son bien-aimé Sauveur, observer son attitude recueillie, saisir au vol quelques-uns des élans d'amour qui durent s'échapper de son cœur. Mais non, rien ; nous sommes réduits aux suppositions. Tout ce que nous savons sûrement par les *Actes,* c'est que, dès l'âge de douze ans, Pepe communiait fréquemment et avec une dévotion tout angélique.

C'est aussi pendant son séjour à Grazalema, ou peu avant d'être placé sous la direction de Don Varo, que l'enfant eut la douleur de perdre sa mère; il avait alors neuf ans. Sans nul doute, il donna des larmes à celle de qui il avait appris tout d'abord la crainte et l'amour de Dieu ; mais il lui donna plus encore ses prières et les premières mortifications de son cœur innocent. A l'exemple de son illustre compatriote sainte Thérèse, n'ayant plus de mère à aimer ici-bas, il se donna plus que jamais à sa bonne Mère du ciel, Marie, mère des orphelins, assistance des délaissés.

CHAPITRE II

LES ÉTAPES DE LA VOCATION CAPUCINE

Bien que très modestes, les progrès de Pepe Caamaño à Grazalema avaient été cependant assez accentués ; Don Félix Varo ne désespérait pas de lui. Sur le témoignage de ce digne prêtre, et après constatation des progrès de l'enfant, son père crut celui-ci capable d'aborder des études plus sérieuses; il le plaça donc au collège de Ronda, dirigé par les Pères Dominicains. C'était dans l'automne de 1755, Pepe avait alors douze ans et demi.

Par une inscrutable permission de Dieu, les nouveaux maîtres de l'enfant n'eurent vis-à-vis de lui ni la patience, ni le dévouement, ni surtout la clairvoyance de Don Varo. Tout comme ce dernier, ils constatèrent de prime abord dans Pepe une intelligence peu développée et comme engourdie. Mais tandis que Don Varo avait su reconnaître, en dépit de tout, la bonne volonté très réelle de l'écolier, ses nouveaux maîtres ne voulurent voir en lui qu'un paresseux fieffé, un enfant sans émulation et sans cœur. Dans cette fausse persuasion, ils ne lui ménagèrent ni les reproches, ni les humiliations, ni les punitions de tout genre.

Leur erreur et leur impitoyable dureté envers leur élève eut un résultat diamétralement opposé à celui qu'ils se proposaient sans doute. Au lieu d'être stimulé, l'enfant se découragea; il en vint à se croire absolument incapable. Dans cette disposition d'esprit, tout appliqué qu'il était au travail, il n'apprenait presque rien. L'interrogeait-on, au lieu de dire le peu qu'il savait, il demeurait muet, persuadé, tant on le lui avait répété, qu'il ne pouvait ouvrir la bouche que pour dire des inepties. De là, nouvelles récriminations, nouvelles pénitences; c'était le cercle vicieux dans toute sa vitesse de rotation.

La fausse manœuvre des maîtres trouva facilement des imitateurs dans la tourbe des écoliers. Pour ceux-ci, Pepe Caamaño devint l'âne muet *(borrico mudo);* bientôt il n'eut plus d'autre surnom. Reportons-nous à cinq siècles en arrière. La taciturnité de saint Thomas d'Aquin, la lenteur apparente de ses conceptions, la lourdeur de ses manières l'avaient aussi fait surnommer par ses condisciples de Cologne : le *grand bœuf muet.* « Vous l'appelez *bœuf muet*, leur dit un jour maître Albert le Grand, mais en vérité ses doctes mugissements s'élèveront un jour si haut qu'ils retentiront dans tout l'univers (1). » Parmi tous les professeurs de Ronda, il ne s'en trouva pas un pour dire une parole analogue sur le futur apôtre des Espagnes.

1. « Nos vocamus istum « Bovem mutum »; sed ipse talem dabit in doctrina mugitum, quod in toto mundo sonabit. » *(Vit. S. Thom. ap. Bolland.)*

Les collégiens ne se contentèrent pas d'injurier leur jeune condisciple; ils firent de lui leur souffre-douleur; c'était à qui le vexerait le plus. Se promenant un jour dans les montagnes des environs, ils le poussèrent si rudement que le pauvre enfant, tombant sur les cailloux, se rompit le cartilage nasal. Il en résulta pour lui, jusqu'à la fin de ses jours, une légère déviation du nez, qu'il avait auparavant très droit et bien formé.

Humilié et puni sans pitié par ses maîtres, injurié et tourmenté outre mesure par ses condisciples, le doux et pieux enfant ne se laissa pourtant jamais envahir ni par le désespoir, ni par l'envie, ni par le désir de se révolter ou de se venger. Loin de là, il était toujours poli et prévenant envers ses maîtres, toujours prêt à obliger ses camarades, même les plus méchants. S'ils étaient moins fortunés que lui, de bon cœur, il partageait avec eux les douceurs qui lui venaient de sa famille.

Toute sa consolation était de visiter l'église paroissiale de Ronda, où était en grande vénération une image miraculeuse de Marie, sous le titre de *Notre-Dame de la Paix*. A ses pieds, le pauvre enfant allait verser son pauvre cœur tout meurtri; et la bonne Mère le réconfortait merveilleusement. Toutes proportions gardées, Notre-Dame de la Paix, de Ronda, fut pour notre Diégo ce que Notre-Dame des Anges, à la Portioncule, avait été pour notre bienheureux Père saint François. En souvenir reconnaissant des bienfaits reçus, nous verrons Diégo revenir souvent, très souvent à Notre-Dame de la Paix; il y prêchera très fréquemment la neuvaine annuelle; et enfin, il viendra terminer à ses pieds sa laborieuse et sainte carrière.

Le séjour de Pepe au collège de Ronda ne dépassa pas une année scolaire. Aux vacances de 1756, ses maîtres le rendirent à sa famille avec ces seuls mots d'une dure brièveté : « Que Don Caamaño pense à diriger son fils vers une autre carrière que celle des lettres; car celle-ci n'est nullement faite pour lui. » Ce fut tout le certificat dont ils honorèrent le pauvre Pepe. Ils ne parlèrent ni de l'innocence de ses mœurs, ni de sa piété, ni de sa docilité, ni de sa douceur, ni de son application au travail. Après avoir lu ces deux lignes si sèches, Don Caamaño reçut assez mal son fils, et ne lui ménagea pas les reproches sur sa soi-disant paresse. L'amour-propre froissé du père l'empêchait momentanément de reconnaître les qualités natives de son enfant.

Pendant l'absence de celui-ci, Don Caamaño s'était donné une nouvelle compagne. Rentrant donc au logis paternel, Pepe y trouva une belle-mère qu'il ne connaissait pas encore; tous les témoins nous disent qu'il fut envers elle aussi respectueux, aussi prévenant qu'il l'eût été envers sa regrettée mère. Cette seconde épouse donna à son mari deux fils, qui tous deux plus tard embrassèrent la vie religieuse parmi les Tertiaires réguliers. L'un d'eux, le P. Manuel, mourut martyr de la charité, en assistant les malades dans une épidémie. L'autre, nommé P. Joseph, après quelques années de vie religieuse, se fit séculariser, et devint chanoine d'une collégiale. Cette dernière circonstance, ainsi que nous le verrons plus tard, fournira à l'humilité de notre Bienheureux des considérants qu'il mettra savamment à profit.

Revenu à Ubrique, Pepe avait treize ans et demi; il lui fallait faire choix d'une carrière quelconque et s'y préparer. « Mais, disait-il plus tard à son directeur, je sentais un très grand éloignement pour l'état religieux en général, et pour la vie capucine en particulier. » Dieu cependant le voulait *capucin;* et voici comment il l'amena irrésistiblement à ses fins, par des moyens d'une suavité merveilleuse. Ecoutons notre Bienheureux raconter lui-même les préludes de sa vocation.

« Un jour de cette même année 1756, nous dit-il, mes parents me conduisirent entendre la messe aux Capucins. Comme nous entrions dans leur église, les religieux chantaient Prime, ou je ne sais quelle petite Heure. En les entendant, mon âme soudain fut inondée d'une joie ineffable et transportée d'admiration. Vous savez ce qu'est notre psalmodie capucine; eh bien! il me semblait n'avoir jamais entendu musique plus harmonieuse. A mes oreilles, ce n'était plus un concert humain, mais bien un chœur angélique, et comme un écho des cantiques du ciel. Les Frères qui passaient dans l'église, pour préparer les autels, m'apparaissaient comme des anges de Dieu, allant et venant pour accomplir ses volontés. A dater de ce moment, je ressentis intérieurement une grande inclination pour la vie religieuse en général ; et lorsqu'on me conduisait à la messe, je demandais que ce fût de préférence à l'église des Capucins. Peu à peu, je m'enhardis jusqu'à aller à la sacristie, et m'offris à servir les Pères à l'autel. » Ainsi furent nouées les premières relations de l'enfant avec les Capucins.

Eu égard à la piété bien connue de Pepe et à l'honorabilité de sa famille, les religieux l'accueillaient parfois dans le couvent. On remarqua toutefois qu'il allait de préférence, non pas avec ceux qui se montraient plus prévenants à son égard, mais avec les plus pieux, les plus intérieurs, alors même que ceux-ci ne faisaient rien pour l'attirer; son âme candide les devinait.

Parmi ces derniers, était un vieux saint Frère lai, dont le nom mérite bien de passer à la postérité : Fr. Julien d'Ubrique. On peut dire qu'il a été le premier directeur du Bienheureux, et la cause instrumentale de sa vocation capucine. Dans ses entretiens continuels avec Dieu, le bon Frère avait-il eu l'intuition des destinées du jeune Caamaño? On pourrait le supposer. Toujours est-il qu'avec Pepe, le vieux silencieux se départait de ses habitudes austères. Et l'enfant écoutait, tout ravi, ce vieillard lui parlant de Dieu, de l'honneur qu'il y a à le servir, du bonheur que l'on goûte à s'entretenir avec lui, etc. Si le Frère s'arrêtait : « Encore, Frère Julien, disait l'enfant, encore pour l'amour de Dieu! » Et le bon vieillard, tout attendri, reprenait le cours de ses pieux entretiens. En même temps, son regard clairvoyant suivait, dans l'âme limpide de son jeune disciple, les impressions et les progrès de la grâce.

Fr. Julien eut un jour la bonne inspiration de prêter à Pepe l'histoire de quelques-uns de nos Capucins illustres par la sainteté et l'apostolat.

Il lui donna successivement à lire les vies de saint Fidèle de Sigmaringue, de saint Joseph de Léonisse et du Vénérable Joseph de Carabantès. Le premier venait d'être tout récemment canonisé par Benoît XIV (1745). Après avoir combattu l'hérésie en Suisse et dans l'Allemagne du sud, avec une intrépidité héroïque et d'éclatants succès, il avait été cruellement mis à mort par les hérétiques, le 24 avril 1624, ainsi qu'il l'avait prédit. Le second, envoyé comme missionnaire à Constantinople, y avait rendu à Notre-Seigneur un glorieux témoignage au milieu des plus cruels supplices (1587). Délivré miraculeusement des mains des Turcs, il avait consacré les vingt-cinq dernières années de sa vie à évangéliser l'Italie méridionale. Le troisième était un compatriote de notre Diégo. Après avoir évangélisé pendant onze ans les sauvages du Venezuela, dont il avait converti et civilisé un très grand nombre, il avait, pendant trente ans, parcouru, en apôtre infatigable, les provinces septentrionales de l'Espagne, et était mort les armes à la main, le 11 avril 1694 (1).

« Ces lectures, continue notre Diégo dans son compte rendu à son directeur, m'enflammèrent le cœur; je ne rêvais plus que solitude, colloques avec Dieu, pénitences, etc... A tel point que, sans prendre conseil de personne, je me liai fortement des cordelettes autour des reins et autour des jambes. Mais j'avais serré trop fort; je ne pouvais plus marcher ni respirer; il me fallut détendre tous ces liens. Malgré cette précaution tardive, il en résulta pour moi des plaies douloureuses et invétérées; car j'avais gardé longtemps ces instruments de supplice, et je les avais portés nuit et jour. »

Sur les indications de Fr. Julien, le jeune homme prit pour confesseur un saint religieux du couvent d'Ubrique et s'adressait à lui tous les dimanches. Ce Père, dont nous regrettons vivement d'ignorer le nom, avait reçu un don spécial de parler des choses divines d'une façon pénétrante. « Sa parole, nous dit notre Diégo, m'enflammait de l'amour de Dieu et d'un désir insatiable de devenir saint. Pour m'entretenir dans ce désir, et sans bien comprendre encore ce que c'était que la sainteté, je notais fidèle-

1. Nous avons donné la vie du vénérable P. Joseph de Carabantès dans les *Annales Franciscaines*, t. XIV, années 1884-86.

ment tout ce que ce Père me disait des vertus les plus sublimes. Plus je méditais ces notes, plus je sentais croître en moi le désir d'embrasser la vie capucine, afin de devenir un missionnaire et un saint, comme les héros dont j'avais lu la vie. »

On comprendra facilement qu'avec de telles dispositions, Pepe n'avait aucun goût pour les passe-temps et les promenades. Les adolescents de son âge venaient le relancer dans sa retraite et le provoquer à partager leurs excursions et leurs jeux. Peines inutiles! Pepe trouvait toujours de nouveaux prétextes pour ne pas les suivre. S'ils insistaient, le silence devenait sa seule réponse. Alors revenait sur leurs lèvres l'injurieuse épithète imaginée par les collégiens de Ronda : *Borrico mudo !* (âne muet !). Rien n'y fit; Pepe fut aussi insensible à l'injure qu'à la flatterie.

Le moment vint où le désir d'être Capucin occupa toutes ses facultés. « Je serai missionnaire capucin », dit-il un jour très sérieusement à ses parents étonnés. « Vous, missionnaire? ne purent-ils s'empêcher de s'écrier; mais vous ne savez seulement pas parler ! D'ailleurs, dans l'Ordre pauvre des Capucins, tous les sujets doivent pouvoir se rendre utiles d'une façon quelconque. Et vous, avec votre infériorité, à quoi y serez-vous bon? Si vous voulez être religieux, choisissez plutôt un Ordre non mendiant; vous y vivrez tranquillement des rentes du monastère, et ne serez à la charge de personne. — Et pourtant, répondait tranquillement l'enfant, je veux être missionnaire capucin. »

Alors commença contre Pepe une opposition qui devait durer de longs mois; une vocation moins forte y aurait certainement succombé. Prévoyant sans doute que cet enfant lui ferait une rude guerre et lui arracherait bon nombre d'âmes, le démon entreprit de le détourner de son dessein; et il trouva un auxiliaire inconscient, mais redoutable, dans la belle-mère de Pepe. Celle-ci, par on ne sait quelle considération humaine, ne voulait à aucun prix qu'il devînt Capucin. Qu'il embrassât n'importe quelle carrière, libre à lui. Qu'il se fît prêtre séculier, religieux de n'importe quel Ordre, elle y consentait; mais le voir Capucin, non, mille fois non. Elle déploya d'abord toute son influence sur son époux, afin qu'il détournât Pepe de ce dessein qu'elle qualifiait de stupide. Vis-à-vis de ce dernier, elle mit tout en œuvre : supplications, promesses, larmes, caresses, menaces, objections de tout genre. Et cela, non pas une fois, mais tous les jours, et à tout instant, et en toute occasion, en particulier, en public, en présence de la famille, des serviteurs, même des étrangers. La nuit, parfois, elle allait pleurer près de l'enfant, le conjurant d'écouter celle qui lui tenait lieu de mère. Rien ne put fléchir Pepe; il n'avait jamais qu'une réponse : « Je veux être Capucin, missionnaire et saint ! »

Irritée à la longue des résistances de l'enfant, Dona Caamaño le traita alors avec une dureté qu'elle déplora amèrement plus tard. Pepe était affectueux et aimant ; il n'eut plus ni une caresse, ni un sourire, ni une parole amicale. Souvent, pour le motif le plus futile, on le privait de nourriture. Si ses jeunes frères commettaient quelque petit méfait, Pepe en supportait l'odieux et recevait tout le choc des colères maternelles. A l'exemple de leur mère, les jeunes frères de Pepe le prirent en aversion ; il devint leur souffre-douleur. Le cruel martyre de Ronda se renouvelait au foyer familial.

« A la suite de tous ces assauts et de ces épreuves, disait plus tard notre Bienheureux, je me sentais comme inondé de joie. Avec transport, je remerciais Jésus et Marie de n'avoir pas permis que je faiblisse un instant. Puis, je me recommandais à mon bon ange pour qu'il m'assistât dans les luttes futures ; et, en vérité, j'ai d'immenses actions de grâces à lui rendre. »

Don Caamaño était chrétien, et il aimait son fils. Le chrétien n'aurait voulu pour rien au monde s'opposer à la volonté de Dieu ; le père voulait sincèrement le bonheur de son enfant. Après avoir gardé pendant quelques mois une sorte de neutralité entre son épouse et Pepe, il en vint à considérer que la persévérance de ce dernier était vraiment supérieure à son âge. L'enfant, d'ailleurs, se montrait toujours si égal dans sa conduite, si respectueux malgré les rebuffades, si aimant malgré les duretés, si franchement pieux, si réservé ! Le père crut devoir intervenir. Il prit à part son fils, et l'interrogea sérieusement ; celui-ci, très respectueusement, mais très nettement, lui déclara que rien au monde ne le ferait changer. Don Caamaño alors, malgré les résistances de son épouse, alla présenter son fils aux Capucins d'Ubrique. Selon l'usage, les Supérieurs firent subir au postulant un examen, qui, hélas ! ne fut pas favorable. Ils constatèrent avec tristesse l'infériorité notable de ses études, son peu de connaissance du latin, et le défaut de langue dont nous avons parlé. Habitué, en outre, dès son enfance, à ne parler que le dialecte andalou, Pepe lisait horriblement mal le castillan, qui est le pur espagnol. Tous ces motifs obligèrent les supérieurs à refuser, tout au moins à ajourner le postulant. Une seconde tentative, quelques mois plus tard, n'eut pas un meilleur résultat.

La famille Caamaño était profondément humiliée de ces échecs. La belle-mère s'en prévalut pour reprendre, avec plus de violence qu'auparavant, son système d'objurgations, de menaces, de persécutions. « Si vous voulez absolument être religieux, disait-elle sans cesse à Pepe, faites-vous plutôt Dominicain. » Mais, à tout ce qu'elle pouvait lui dire, l'enfant répondait toujours : « Je veux être *Capucin, missionnaire et saint.* »

Attristé lui aussi du refus des supérieurs, mais nullement découragé, il se retirait en son petit oratoire, se prosternait la face contre terre ; et, à travers les sanglots, on l'entendait s'écrier : « Mon Dieu, mon Dieu, enseignez-moi, Vous, Vous, et j'apprendrai. » O cher enfant, Celui qui se plaît à exaucer les humbles a entendu ta prière. Oui, Il t'enseignera lui-même ; et si bien qu'un jour tu dépasseras les plus doctes. En toi se réalisera la parole que le pieux auteur de l'*Imitation* met sur les lèvres du Très-Haut : « C'est moi qui donne à l'homme la science, et qui illumine l'intelligence des petits, bien plus qu'elle ne pourrait l'être par aucun enseignement humain. Celui à qui je parle sera bientôt rempli de sagesse (1). »

A quelque temps de là, Pepe supplia son père de le présenter encore une fois aux Supérieurs des Capucins. Don Caamaño, redoutant l'humiliation d'un troisième insuccès à Ubrique même, obtint du Père Provincial (Charles de Hardalès) que l'enfant pût aller subir son examen au couvent de Séville. Cette fois l'examen fut en tous points satisfaisant. « Je ne savais vraiment comment cela se fit, racontait plus tard notre Bienheureux. Les matières de cet examen furent exactement les mêmes que précédemment ; les examinateurs étaient aussi rigides ; pourtant je m'en tirai à mon avantage. Dieu, sans doute, inspirait ma mémoire, et mettait sur mes lèvres les réponses convenables ; ce n'est pas possible autrement. » La conclusion fut que Pepe Caa-

1. « Ego sum qui doceo hominem scientiam, et clariorem intelligentiam parvulis tribuo quàm ab homine possit doceri. Cui ego loquor citò sapiens erit. » (*Imit.*, l. III, ch. XLIII, n° 2.)

maño était admis et qu'il pouvait se présenter au noviciat quand il le voudrait.

Les joies de l'esclave rendu à la liberté, de l'exilé auquel on rouvre les portes de sa patrie, du prisonnier qui voit briser ses fers, du fils retrouvant un père qu'il n'espérait plus revoir, ne sont rien comparées à la joie de notre cher Pepe en apprenant son admission. Il vole à Ubrique porter l'heureuse nouvelle à son père. Se jetant à ses pieds : « Cher père, lui dit-il, merci de tous vos soins et des soucis que vous vous êtes donnés pour moi. Bien souvent, j'ai été pour vous une cause de tristesse et de déceptions; pardonnez-moi et bénissez-moi. Que votre bénédiction paternelle me fortifie dans ma résolution d'être Capucin et de devenir un saint ! » Ému aux larmes, Don Caamaño ne put que bénir son fils et le presser sur son cœur.

Pepe embrassa tendrement ses jeunes frères, en leur recommandant d'être pieux et bons; il dit à sa belle-mère un adieu plein de respectueuse affection; puis, au milieu de l'émotion et des larmes de tous les siens, il partit pour le couvent de Séville où Dieu l'appelait.

CHAPITRE III

AU NOVICIAT

En entrant au couvent du noviciat, où tout respirait l'humilité la plus profonde et la plus haute pauvreté, le postulant se sentit envahi par une immense joie. Conduit à la petite cellule qu'il devait occuper, il en baisa amoureusement le seuil. Puis, donnant libre cours à ses transports : « Que vous rendrai-je, ô Dieu de mon cœur, s'écria-t-il, en retour de la faveur que vous m'avez faite de m'appeler à la religion du grand Pauvre d'Assise ? Étant et ayant si peu de chose, je ne puis que vous offrir le sacrifice de mes louanges. Ah ! conservez en moi le saint désir que vous m'avez inspiré, afin que, tout le temps de ma vie, je vous serve selon votre bon plaisir. »

Le Maître des novices était alors le P. Eusèbe de Séville, religieux d'une très haute vertu, prudent, sage et très expérimenté dans la direction des jeunes gens. A peine eut-il observé l'attitude modeste et recueillie, la simplicité et la sérénité d'allure du jeune Caamaño, qu'il conçut à son sujet les meilleures espérances. Comme un intelligent et habile jardinier donne des soins plus attentifs à la plante rare qui lui est confiée, ainsi le P. Eusèbe s'appliqua diligemment à cultiver l'âme si bien douée du jeune homme.

Le 15 novembre 1757, d'après les *Actes*, il le revêtit de l'habit religieux ; l'enfant avait alors quatorze ans et sept mois et demi. Pour mieux lui faire comprendre qu'il commençait une vie toute nouvelle, le Père Maître lui imposa les noms de Fr. Diégo-Joseph, auquel on ajouta, selon l'usage, le nom du lieu de sa naissance. Dès ce moment, Pepe Caamaño disparaît, pour faire place à Fr. Diégo-Joseph de Cadix (en espagnol : Fray Diégo-José de Cadiz). Jusqu'à sa mort, notre Bienheureux signa toujours ainsi ; mais, dans l'habitude de la vie, on le désignait seulement par le premier de ces noms : Fr. Diégo pendant les années de sa cléricature ; plus tard, le P. Diégo. Bien plus tard, au temps de la grande notoriété du Bienheureux, les populations et même les écrivains le désignèrent simplement par son nom de pays. Parlant de lui, on disait et on écrivait communément : le P. Cadiz.

Admirables furent les transports du pieux adolescent au jour solennel de sa vêture. « En ce jour et à celui de ma profession, disait-il plus tard, si on m'avait offert d'un côté la couronne des Espagnes, de l'autre le pauvre habit capucin, en me disant : « choisis », sans balancer, je me serais précipité sur le pauvre habit et la profession de Capucin. Le sceptre et toutes les grandeurs de la monarchie ne m'apparaissaient que comme une chétive pincée de poussière. »

La fidèle correspondance du jeune homme aux appels du Seigneur fut récompensée par un prodige qui était certes de nature à l'encourager grandement. Nous avons vu précédemment qu'il ne prononçait le castillan qu'avec de grandes difficultés. Lire en public le castillan était un supplice pour lui; mais c'en était un aussi pour ceux qui l'entendaient. Or, à dater du jour de sa vêture, il lut sans difficulté, de la façon la plus correcte et la plus naturelle; c'était un charme de l'entendre. Ses confrères du noviciat, les religieux même, le regardaient comme un modèle de diction. Il ne restait plus trace ni du bégaiement, ni du défaut de langue qui lui avaient autrefois attiré tant d'humiliations. « Je savais fort bien, disait-il plus tard, que cette transformation ne me venait pas de moi-même. Aussi me sentais-je plus que jamais embrasé du désir d'être Capucin, missionnaire et saint, fallût-il pour cela donner ma vie. »

Qui pourrait décrire les progrès du fervent novice! Dans le désert aride du siècle, on l'avait vu passionné pour la solitude et les saints exercices de la plus haute piété; transplanté dans la terre fertile de la vie religieuse, il devait donner aux anges et aux hommes le spectacle d'une floraison bien autrement splendide. Rigide observateur de la discipline régulière, la nuit, au premier signal, il quittait sa pauvre couche. Le jour, au premier son de la cloche ou à la voix de l'obéissance, il quittait tout pour courir où Dieu l'appelait.

Sa volonté, complètement morte à elle-même, semblait identifiée avec celle de ses Supérieurs. Son humilité goûtait une joie indicible dans les offices les plus humbles. D'une fidélité exemplaire aux pratiques austères du noviciat, il ne faisait usage de ses yeux que pour regarder la terre comme un lieu d'exil, ou le ciel comme sa véritable patrie. Ses lèvres ne s'ouvraient que pour chanter les louanges de Dieu. Loin d'être un fardeau pour son adolescence, le silence en était la joie et la lumière. Les austérités de la vie capucine ne lui semblaient ni trop fréquentes ni trop pénibles; et si, parfois, son corps en était abattu, son âme en était merveilleusement réconfortée.

Aussi suppliait-il sans cesse le Père Maître de lui permettre des pénitences de surérogation; mais celui-ci ne lui accordait que bien rarement la permission désirée. L'humble enfant se soumettait candidement; et jamais la passion des austérités ne put lui faire transgresser la parole de l'obéissance. En revanche, le Père Maître, le voyant merveilleusement apte à la perfection, l'éprouvait de toute manière, tant en public qu'en particulier. A la moindre occasion, il lui imposait, plus souvent qu'aux autres, ces pratiques d'humilité en usage dans les noviciats. Toutes ces occasions étaient le bonheur de l'enfant. Pour lui, pas de joie plus intense et plus vraie que d'être humilié et de souffrir avec Jésus et pour Jésus.

Mais à quelle source allait-il donc puiser la

clarté qui illuminait sa voie et les forces qui l'y soutenaient? *Si quelqu'un a soif*, a dit le Sauveur, *qu'il vienne à moi et qu'il boive! Si quis sitit, veniat ad me, et bibat.* (Joan., 7, 37.) Tout assoiffée des choses divines, l'âme du fervent novice était attirée par une force irrésistible à la *prière du cœur*, l'oraison, cette source d'eau vive qui jaillit jusqu'à la vie éternelle. Les deux heures quotidiennes assignées par nos Constitutions à cet exercice fondamental de la vie religieuse lui semblaient trop courtes. Presque sans effort, il se trouvait tout pénétré de la contemplation des vérités surnaturelles, et d'un sentiment de reconnaissance infinie pour Celui qui l'avait arraché aux périls du siècle.

Unissant ainsi le travail intérieur de l'esprit aux pénitences extérieures, il s'éleva bien vite à ces hauts sommets où seules parviennent quelques âmes privilégiées. « Ayez grand soin de ce petit novice, disait un jour au Père Maître le P. François de Perosa, religieux d'une très sainte vie. Dieu, ce me semble, a sur lui des desseins particuliers, et il me paraît appelé à de grandes choses. »

Quelques mots sur ce P. François ne seront pas ici hors de propos, d'autant que nous le verrons bientôt servir d'instrument aux miséricordes divines à l'égard du Fr. Diégo. Dans le siècle, le P. François avait appartenu à la garde-noble du corps de Philippe V. Brillant officier, il était, hélas, de mœurs fort dissolues.

Sa conversion et sa vocation à notre Ordre furent amenées par un prodige analogue à celui qui convertit sainte Marie d'Égypte. Se trouvant à Séville avec la Cour, il accompagna les princes à Utrera, le jour où l'on vénère, dans l'église des Pères Minimes de ce lieu, l'image miraculeuse de Notre-Dame de Consolation. Voulant pénétrer dans l'église avec le royal cortège, il se sent repoussé par une force dont il ne pénètre pas d'abord la nature.

L'attribuant à l'énorme foule qui se presse, il cherche à s'ouvrir d'audace un passage; mais plus il lutte pour avancer, plus il se sent rejeté en arrière. « La Vierge sans tache, lui dit en même temps une voix intérieure, ne veut pas voir son sanctuaire profané par la présence d'un pécheur tel que toi (1). » Il ne ferme pas les yeux à la lumière et la componction pénètre dans son cœur. Converti et humilié, il supplie la Mère de miséricorde de lui permettre l'accès de son temple, pour qu'il y puisse pleurer ses péchés et implorer les divins pardons. Sa prière est exaucée; il entre sans peine, se prosterne, et ne se relève que pour aller se jeter aux pieds d'un confesseur et lui avouer humblement les désordres de sa vie. Aussitôt

1. « Ni caveas crimen, caveas contingere limen.
Nam Regina Poli vult sine sorde coli.

« Si tu n'as pas horreur du péché, crains de franchir ce seuil; car la Reine du Ciel n'agrée que l'hommage d'un cœur pur. » — Tel est le distique qu'on lit, gravé depuis des siècles, sur le grand escalier monumental qui conduit à l'insigne basilique de Notre-Dame du Puy.

après, il sollicite et obtient du roi son maître la permission d'entrer chez les Capucins.

La conversion de ce gentilhomme fit grand bruit et attira une grande considération à notre Ordre. Devenu religieux sous le nom de Frère François, le converti fut aussi humble, aussi pénitent qu'il avait été vaniteux, dissipé et dissolu dans le siècle. En reconnaissance de sa conversion obtenue par Marie, il allait tous les ans, tant qu'il vécut, faire une retraite de dix jours chez les Pères Minimes d'Utrera.

Toutes choses allèrent parfaitement, ce semble, pour notre Fr. Diégo, pendant les six à sept premiers mois de son noviciat. Ses jours se succédaient réguliers, calmes, tout embaumés de consolations célestes. L'estime et l'affection de ses confrères et de tous les religieux l'environnaient. Soudain, à la paix succède le trouble, l'inquiétude, les ténèbres. Il se sent battu, dégoûté des pratiques austères de la vie religieuse ; les choses qui lui avaient jusqu'alors paru les plus aisées, lui devinrent intolérables.

Ce n'est pas la main de Dieu, lui semble-t-il, qui l'a conduit chez les Capucins ; mais bien un caprice d'enfant obstiné. Il se rappelle les instances de sa belle-mère, l'exhortant à entrer plutôt chez les Dominicains ; et il se dit qu'elle avait raison. A d'autres moments, songeant avec amertume à ses précédents insuccès dans ses classes, il se prend à redouter qu'on le renvoie un jour comme incapable. Avant de subir une telle humiliation et d'y exposer sa famille, ne serait-il pas plus sage, lui suggère le mauvais esprit, de prendre les devants et de se retirer de son plein gré ? Tout ce conflit de pensées était pour son âme un martyre, dont un œil exercé pouvait lire les tortures dans ses traits et sa démarche.

Son bon sens lui disait qu'il devait manifester son état intérieur à son Père Maître ; mais une crainte, exagérée par le mauvais esprit, l'empêchait d'ouvrir son cœur. Après l'avoir tourmenté toute la journée, ces pensées pénibles le poursuivaient dans son sommeil et provoquaient en lui des songes effrayants ; au point que, parfois, s'éveillant en sursaut, il poussait des cris désordonnés. Le lendemain, il était sévèrement repris et puni pour avoir troublé le repos de ses confrères. L'ennemi ne lui laissait pas un instant de trêve. Notre généreux enfant ne voulait cependant pas se rendre sans avoir combattu. Il redoublait ses supplications à la Vierge immaculée et au grand saint Joseph, avocat des âmes fortement éprouvées ; la tentation persistait toujours ; pour le pauvre novice, le ciel, ce semble, était devenu d'airain. Cette terrible lutte dura quatre grands mois.

Enfin, Dieu eut pitié de son petit serviteur ; et, comme la tentation avait été plus qu'ordinaire, le secours le fut aussi. Sur la fin de ce temps d'épreuves et de ténèbres, le P. François de Perosa gardait l'infirmerie. Un jour, Fr. Diégo vient à l'oratoire contigu pour y entretenir la lampe ; et précisément, en cet instant même, son pauvre cœur est plus enténébré et plus bourrelé que jamais. Une lumière intérieure montre au P. François le péril que court son jeune protégé ; une impulsion surhumaine le presse de lui porter secours. Il se rend à l'oratoire. A sa vue, le novice, selon l'usage, se met à genoux. « Mon fils, lui dit le vieillard, la tentation est nécessaire pour éprouver notre fidélité ; le Seigneur a voulu exercer ta patience. Pour arriver au ciel, il faut d'abord gravir les pentes du Golgotha. » Cela dit, le Père abaisse le capuce du novice agenouillé, lui pose la main sur la tête, et récite sur lui l'Évangile de saint Jean : « Petit Frère, lui dit-il ensuite, sois désormais sans inquiétude et ne pense plus aux Dominicains. Récite un *Salve* devant cette image de la Vierge bénie ; puis va en paix ! » Tout ému, le novice récite le *Salve*. Quand il se relève, la tentation avait disparu sans plus laisser de trace.

Grandes furent la joie et la reconnaissance de Diégo, en se sentant délivré de cette périlleuse épreuve ! Ses confrères du noviciat et les religieux de la communauté qui avaient précédemment observé son air abattu, ne purent pas ne pas remarquer le changement opéré en lui. Pour le moment, il ne crut pas devoir leur en communiquer le secret ; mais, sur l'ordre formel de son Père Maître, il consigna le tout dans un écrit qu'il remit à ce dernier.

Le jeune âge de Fr. Diégo ne permit pas qu'on l'admît à la profession solennelle au terme des douze mois de noviciat; d'après les prescriptions du Concile de Trente, il fallait attendre qu'il eût accompli sa seizième année. Le temps de sa probation fut donc prorogé de quatre mois et demi.

Enfin arriva le jour tant désiré de la profession. Il s'y était préparé avec une fidélité de tous les instants pendant son noviciat; l'obéissance était devenue en lui comme une seconde nature; la sainte chasteté avait toujours été l'objet de ses plus chères affections; la pauvreté faisait ses délices. Pendant la retraite préparatoire de dix jours, il renouvela sa confession générale dans les sentiments de l'humilité la plus profonde et de l'amour le plus pur. Avec la permission de son Père Maître, il s'imposa des actes extraordinaires d'humilité et de pénitence.

Ce fut le 31 mars 1759, entre trois et quatre heures du soir, que Fr. Diégo fut conduit à l'autel, pour s'immoler à Dieu par les vœux solennels d'obéissance, de pauvreté et de chasteté. Ses yeux ruisselaient de larmes; mais son cœur était enivré de joie; il allait être à Dieu corps et âme, sans partage et sans retour.

Au moment où il allait prononcer la formule de sa consécration irrévocable, on le vit fortement tressaillir, comme s'il eût été soudainement frappé d'un coup violent. La chair en lui frémissait-elle dans la prévision de l'impitoyable martyre qui l'attendait? N'était-ce pas plutôt le tressaillement de l'esprit, violemment arraché, et pour jamais, à tout ce qui est des convoitises terrestres? Toujours est-il que Diégo demeura un instant sans parole, le corps très visiblement agité de véhéments soubresauts. Sa volonté prenant ensuite le dessus, il prononça d'une voix haute et ferme la formule de sa profession. Aussitôt après, les tremblements le reprirent; et lorsque les religieux vinrent pour l'embrasser et le féliciter, il ne put leur répondre un seul mot.

La mémoire du jour de sa profession lui demeura chère et sacrée à l'égal de celle du jour de son baptême. Au jour de son baptême, ses parrain et marraine avaient, pour lui et en son nom, renoncé au démon, au monde et à ses pompes. Au jour de sa profession, il avait fait lui-même, généreusement, le sacrifice de toutes choses terrestres et de tout son être. Jusqu'à sa mort, il se prépara toujours à la célébration de cet anniversaire par plusieurs jours de prière et de pénitence. Il se fit en outre une douce et pieuse habitude de renouveler ses vœux à toutes les fêtes de la Vierge, et dans tous les sanctuaires de Marie qu'il lui était donné de visiter.

CHAPITRE IV

L'ÉTUDIANT, LE PRÊTRE

Peu de temps après sa profession, Fr. Diégo fut envoyé à l'étude de philosophie. Il eut pour professeur le P. François-Joseph, de Cadix, religieux dont la piété égalait la science. Les mérites de ce Père le firent élever plus tard aux honneurs et à la charge de Provincial, et il a laissé une mémoire impérissable.

Les efforts d'un professeur si habile ne trouvèrent pas d'abord dans le jeune étudiant toute la correspondance désirable. L'imagination vive et ardente du Fr. Diégo, épouvantée par les formules arides des études philosophiques, chercha une occupation plus attrayante dans la poésie, pour laquelle il avait une disposition comme naturelle.

Ses premiers essais furent vivement applaudis de ses confrères et de tous ceux qui les lurent; le succès l'enivra ; il en vint à négliger ses études pour suivre son attrait.

Vainement son professeur cherchait à le ramener à la loi sévère du devoir actuel ; l'imagination poétique du jeune homme l'emportait sur la raison et sur le devoir ; en même temps qu'il devenait moins appliqué aux études sérieuses imposées par l'obéissance, il devenait moins fervent dans l'oraison, moins empressé pour les exercices de la sainte observance.

Un religieux de la communauté, Fr. Mathias de Baza, homme de grande oraison, voyant s'écarter du droit chemin ce jeune étudiant, sur lequel avaient reposé tant d'espérances, prie et se mortifie pour lui. Sur ces entrefaites, une admonestation plus sévère du Père Lecteur fit réfléchir Diégo. « La poésie, se dit-il, est sans doute une bonne chose, et peut servir à la piété et à la gloire de la religion; mais encore faut-il qu'elle ne soit pas au détriment de travaux plus nécessaires. Je dois être prêtre et missionnaire. Au jour du jugement, il ne me sera pas demandé si j'ai été bon poète, mais si j'ai sérieusement travaillé à acquérir toutes les connaissances qui pouvaient faire de moi un prédicateur utile, un sage directeur. »

Et, tombant à genoux, il pleure amèrement. « Pardon, mon Dieu, s'écrie-t-il, pardon d'avoir écouté plutôt mon inclination que mon devoir, pardon d'avoir entretenu l'activité de mon imagination plutôt que celle de mon intelligence. Mon Dieu, pardonnez-moi tant de moments perdus. »

Aussitôt, dans un élan de repentir et d'amour, il prend tout ce qu'il avait déjà écrit de poésies et le jette impitoyablement au feu.

A dater de ce moment, il s'applique, avec une indomptable énergie, à regagner les instants qu'il avait perdus pour la science et pour la piété; et, bientôt, il redevint ce qu'il avait cessé d'être, pour un peu de temps, le modèle des étudiants et un miroir de perfection religieuse.

Après avoir terminé, avec succès, ses études philosophiques, le jeune élève fut appliqué à l'étude de la théologie, la science des sciences. Traitant de Dieu, elle comprend en quelque sorte toutes les autres sciences, comme Dieu comprend et embrasse toutes choses de son immensité. En cette étude le jeune religieux allait trouver un aliment plus délicieux pour son intelligence et pour son cœur.

Selon la belle formule de prière, recommandée par nos Constitutions à ceux qui étudient la théologie, Fr. Diégo voulait pénétrer dans les trésors de la science divine, mais uniquement pour y puiser de nouveaux et plus puissants motifs d'aimer Dieu plus ardemment, et des moyens plus efficaces de le faire aimer de tous.

Aussi fit-il d'étonnants progrès dans la théologie, et de plus grands encore dans la science des saints.

Arrivé au traité *de Deo et ejus attributis,* il ressentit en lui comme une rénovation de ses facultés intellectuelles, ainsi qu'il l'écrivit à son directeur. En même temps, son cœur était animé d'un désir véhément de connaître et d'approfondir toutes les vérités sublimes contenues dans le traité *de Deo.*

Bien convaincu que, pour connaître Dieu, l'humble prière vaut plus que les vains efforts d'une raison se confiant en elle-même, Diégo joignit l'oraison à l'étude; et, selon la recommandation de nos Constitutions, il s'attacha moins à rechercher la lettre qui tue, que l'esprit qui vivifie. Sans la piété, en effet, la science n'est qu'un levain d'orgueil; avec la piété, elle édifie et conduit au véritable progrès.

Les rares talents de Fr. Diégo, ses progrès extraordinaires dans ses études théologiques, sa conduite, non seulement irréprochable mais vraiment exemplaire, attirèrent sur lui l'attention de ses Supérieurs; ils résolurent de le faire élever à la sublime dignité du sacerdoce, même avant le terme de son cours de théologie.

A cette annonce, l'âme du jeune religieux fut partagée entre l'allégresse et la crainte. Son cœur bondissait de joie, à la pensée qu'il allait être appelé à renouveler, tous les jours, mystiquement sur l'autel, le sanglant sacrifice du Calvaire. D'autre part, le sentiment de son indignité le faisait trembler. Il pensait au séraphique Père saint François, dont l'humilité s'effraya jusqu'à la fin de la sublimité du sacerdoce; peut-être Diégo rêvait-il, lui aussi, de rester dans le rang plus humble des lévites. Mais l'obéissance avait parlé; il se soumit et ne songea plus qu'à se préparer à l'ordination par des exercices vraiment extraordinaires de foi, de charité et de pénitence.

Il fut ordonné prêtre le 13 juin 1767, étant âgé de vingt-quatre ans, et dans sa dixième année de vie religieuse. L'imposition des mains semblait avoir anéanti en Diégo tout l'humain qui avait pu y rester jusqu'alors.

Revenu au couvent, tout pénétré de la sublimité du caractère dont il avait été marqué, il ne cessait de répéter à son compagnon d'ordination : « Frère Ventura, nous voilà donc prêtres! Oh! comme nous devons être tout différents de ce que nous avons été jusqu'alors. »

La ferveur avec laquelle il célébra sa première messe ravit tous les assistants; et, dès ce jour, il n'eut plus qu'un désir : copier en lui l'image de son divin Maître.

Peu après son ordination, le jeune prêtre fut envoyé au couvent de Cadix, pour y terminer ses études de théologie. Les religieux de ce couvent en furent tout joyeux; ils avaient ouï dire que le jeune P. Diégo était un religieux d'une vertu consommée. Celui-ci, au contraire, s'attrista d'abord de la destination qui lui était assignée. Sa famille était connue à Cadix; il y avait des parents et de nombreux amis; Diégo prévoyait des visites et redoutait leur cortège de distractions. Mais la pensée qu'il faisait l'obéissance le rassura bien vite : « Dieu veut, se dit-il, que j'aille à Cadix. La Providence, je dois le croire, l'a disposé pour mon plus grand bien. » Et il en fut vraiment ainsi. Au couvent de Cadix se trouvait un saint et savant missionnaire, le P. Michel de Benaocaz, qui fut l'instrument dont Dieu se servit pour faire du P. Diégo un homme vraiment apostolique. Le P. Michel donna au jeune P. Diégo les plus sages conseils pour ses études et la composition de ses premiers discours. Mais, surtout, il ne cessait de lui répéter que, seuls, les religieux de vertu et de sainteté peuvent être d'utiles prédicateurs de l'Évangile. Diégo ne demandait qu'à être de plus en plus convaincu de cette vérité, aussi recevait-il humblement et volontiers les leçons de son sage conseiller.

CHAPITRE V

SES PREMIÈRES PRÉDICATIONS

Diégo avait terminé de la façon la plus brillante le cours de ses études. Ses confrères admiraient ses talents incontestables, l'élévation de son intelligence, la maturité de son jugement, la pénétration de son esprit, la solidité de son érudition, la variété de ses connaissances; en même temps, il était le modèle de tous par la régularité exemplaire de sa vie. Il avait beau éviter avec le plus grand soin tout ce qui pouvait le distinguer; le soin même qu'il mettait à se cacher attirait l'attention.

La gravité de son attitude, la joyeuse sérénité de son aspect, la douceur de sa parole impressionnaient grandement les séculiers et leur faisaient désirer d'entendre enfin prêcher le jeune religieux.

En attendant, Diégo se préparait au sublime ministère de la prédication par l'exercice de toutes les vertus, et plus particulièrement de l'humilité, si nécessaire à l'homme apostolique. Avant de se lancer à la conquête des âmes, Diégo voulut se construire au dedans de lui-même une forteresse inexpugnable, où il serait à couvert de tous les assauts de ses ennemis spirituels. Il se traça un merveilleux plan de vie dont on a retrouvé copie dans ses papiers.

Parlant à son âme : « La première règle que tu devras scrupuleusement observer, dit-il, sera cette maxime du divin Sauveur : *Si quis vult... abneget semetipsum et tollat crucem... et sequatur me* (1). Or, cette abnégation de toi-même doit être telle que Dieu seul vive et commande en toi. Tu observeras donc ponctuellement tout ce que tu as promis au Seigneur. En toutes choses tu tiendras à la vie commune, évitant les pratiques singulières qui, loin de favoriser les opérations de la grâce, leur sont au contraire nuisibles. En revanche, tu aimeras la retraite, tu te retireras en toi-même comme en une sorte de sanctuaire. Là tu t'entretiendras seul avec Dieu ; tu écouteras avec calme sa voix, et tu rechercheras quelle peut être sur toi sa volonté !

« Pour atteindre ce résultat, tu auras toujours présents les conseils évangéliques, dont plusieurs, par suite de ta profession, sont devenus pour toi des préceptes ; et pour ne point les oublier, tu liras fréquemment l'Évangile et la Règle. En toutes tes actions tu n'auras d'autre vue que la gloire de Dieu et de sa très sainte Mère. Tu distribueras ton temps en exercices louables et utiles de piété ; et tu veilleras surtout à être toujours occupé en Dieu et pour Dieu, autant que le permet l'humaine fragilité.

« Ton obéissance ne connaîtra d'autres limites

1. S. Luc, IX, 13.

que le péché. Elle te soumettra avec une joyeuse promptitude aux volontés de tes Supérieurs, quelque dégoût naturel que t'inspire la chose commandée.

« Ta pauvreté sera très haute, semblable à celle de ton séraphique Père. Non seulement tu n'auras rien à toi, mais tu t'efforceras de manquer même du nécessaire. Que tout brille en ta cellule de l'éclat divin de la sainte pauvreté.

« Tu seras très vigilant dans la garde de la belle vertu de chasteté. C'est une fleur délicate dont peu de chose altère la fraîcheur et le parfum. Tu la sauveras du danger par la réserve des regards, la mortification des sens, l'oraison et la méditation; mais surtout par le sacrifice généreux de tout entretien que ne justifient ni l'obéissance ni une vraie nécessité.

« Et puisque le jeûne est un moyen merveilleusement efficace de conserver ce don céleste, tu observeras exactement tous les carêmes que s'était imposés le Père saint François. Les mercredis, vendredis et samedis, tu t'abstiendras de la collation du soir. Le Vendredi et le Samedi Saints, tu ne prendras de nourriture d'aucune sorte, si ce n'est un jour ou l'autre et forcé par la nécessité. Aux veilles des grandes solennités, outre le jeûne de rigueur, tu ajouteras deux cilices à ceux que tu portes déjà. Cependant tu ne feras ces choses qu'avec la permission de ton Supérieur.

« Le soir, avant d'aller prendre ton repos, feras l'exercice de la bonne mort, tu communieras spirituellement en viatique, comme si tu étais à l'agonie; enfin tu t'animeras des pensées et des sentiments que tu voudrais avoir quand tu arriveras en réalité à cette heure redoutable. Tu te prépareras avec la plus grande ferveur au grand et divin sacrifice de la messe. Ta prédication n'aura d'autre but que de détruire les vices et de propager les vertus. Toutes tes pratiques seront dirigées à l'honneur et à la gloire de l'auguste Trinité et de la Vierge Marie pour la conversion des pécheurs. Pour te conserver fervent en tes résolutions, tu devras veiller continuellement afin de n'avoir qu'une seule pensée, une seule préoccupation, un seul amour... Dieu! Faire sa volonté... C'est l'unique fin pour laquelle il t'a créé.

« Pour mieux t'en souvenir, tu t'appliqueras à toi-même les paroles de saint Bernard : « Diégo, pourquoi es-tu venu? Fais bien atten- « tion. Qu'est-ce que Dieu demande de toi? « Ecoute : Si quelqu'un veut venir après moi, « qu'il se renonce lui-même, qu'il porte sa croix « et qu'il me suive. »

Depuis longtemps déjà les Supérieurs du P. Diégo étaient persuadés que l'on verrait se renouveler par lui les merveilles apostoliques de saint Laurent de Brindes, de saint Joseph de Léonisse et de tant d'autres grands missionnaires dont se glorifie à bon droit l'Ordre des Capucins. Lorsqu'ils jugèrent le moment venu, ils lui commandèrent de prêcher. Les premiers débuts du serviteur de Dieu furent quelques sermons catéchistiques à Ubrique et aux environs, et des sermons pour les fêtes du saint Rosaire et de la *Divine Bergère*. Ces discours très simples et à la portée de tous excitèrent un grand enthousiasme. Tous, prêtres et peuples, auguraient de grandes choses de ces premiers débuts du jeune missionnaire; ils voyaient poindre en lui un grand apôtre de Jésus-Christ.

Des humbles campagnes d'abord évangélisées par le Père, la renommée de sa science, de son zèle et de sa sainteté passa dans les cités. L'évêque de Malaga, en étant informé, pria le Père Procureur des Capucins d'envoyer le jeune missionnaire prêcher le Carême à Estepona, bourgade importante de son diocèse, mais malheureusement envahie par un maudit esprit de discorde. Le P. Diégo en fut averti et prévit aussitôt les difficultés qui en résulteraient pour son ministère, d'autant plus que la division existait précisément entre le clergé et les principaux habitants du pays. Se jetant aux pieds de son crucifix, tout en larmes, presque abattu par un profond découragement : « Seigneur, s'écria-t-il, dispensez-moi de porter votre parole à un peuple aussi divisé; je suis bien jeune, ma prédication, manquant de tout prestige extérieur, sera rejetée et tournée en dérision. » Pendant qu'il priait ainsi : « Ne crains pas, lui dit une voix intérieure, va où t'envoie l'obéissance, je serai avec toi. » Tout réconforté, Diégo se relève, va demander la bénédiction de son Supérieur et s'achemine d'un pas rapide vers le champ où Dieu l'appelait.

Il commença ses prédications de Carême à Estepona par les paroles de Jonas aux Ninivites. Il parla du pardon des ennemis avec une véhémence tout apostolique, et ses paroles, comme autant de flèches ardentes, pénétraient jusqu'au plus intime de l'âme de ses auditeurs. Ceux-ci furent profondément remués ; mais cette impression n'alla pas tout d'abord jusqu'à la conversion. Pour détruire en certaines cités des divisions trop invétérées, il faut parfois un châtiment visible de Dieu ou tout au moins un avertissement extraordinaire. C'est précisément ce qui arriva pour Estepona. Un jour, vers le milieu du Carême, l'horizon se couvrit de nuées horriblement ténébreuses, déchirées par de fulgurants éclairs ; le tonnerre grondait de la façon la plus menaçante : tout faisait prévoir un orage terrible tel que, de mémoire d'homme, on n'en avait jamais vu. Les habitants épouvantés voyaient déjà la mort suspendue sur leurs têtes. Soudain, une même pensée surgit au cœur de tous : « Allons au P. Diégo, lui seul peut nous préserver du péril qui nous menace. » Et ils accoururent en foule près de l'apôtre de Dieu. Celui-ci promena un instant son regard pensif sur cette multitude anxieuse, puis avec un accent que le zèle de la gloire de Dieu et du salut des âmes rendait plus pénétrant : « Dieu, s'écria-t-il, va écarter de vous le fléau, mais à une condition : que la haine disparaisse de vos cœurs, et qu'en vous triomphe enfin la charité. » Prenant alors en main son crucifix, il en traça un grand signe de croix dans la direction des nuages. A l'instant le ciel redevint serein; le tonnerre cessa de gronder. Mais ce qu'il y eut de plus admirable, c'est que les cœurs de tous se rendirent à la concorde et à la paix.

Un autre fruit de la prédication du Père à Estepona fut la conversion d'une dame de haute naissance, mais d'une conduite ouvertement scandaleuse. Ayant entendu parler avec enthousiasme des prédications du P. Diégo, elle eut la curiosité d'aller l'entendre. Entrée pécheresse à l'église, elle en sortit pénitente. La grâce divine, accompagnant la parole du prédicateur, transforma le cœur de cette nouvelle Madeleine. Foulant aux pieds l'amour terrestre, elle consacra tous ses biens aux bonnes œuvres et se retira dans un monastère pour y finir ses jours dans la pénitence.

CHAPITRE VI

L'APOTRE

La mission finie à Estepona, Diégo revint à son couvent d'Ubrique, où Dieu l'attendait pour lui confirmer d'une manière solennelle sa mission d'apôtre, et lui donner, miraculeusement, toutes les connaissances qui lui seront nécessaires pour combattre efficacement l'impiété voltairienne, introduite par l'ennemi de tout bien, même dans la catholique Espagne.

Bien vite, on avait connu et apprécié, dans la petite ville d'Ubrique, les éminentes qualités et la vertu extraordinaire du jeune religieux capucin. De toutes parts on venait à lui. C'était à qui pourrait le voir, l'entretenir quelques instants au moins des besoins de son âme, et lui demander force et consolation dans les peines sans nombre qui affligent la vie présente. Les paysans des villages voisins quittaient en foule leurs maisons pour entendre ses prédications, soit à la chapelle du couvent, soit dans les églises de la ville. Ils amenaient avec eux leurs malades, car déjà le P. Diégo de Cadix avait la réputation d'être un thaumaturge, et de renouveler en son pays les prodiges opérés en Italie par saint Antoine de Padoue. Le miracle ne lui coûtait rien. Comme le bienheureux Félix de Nicosie ne craignait pas de s'en servir pour raccommoder une cruche cassée pour une pauvre servante, Diégo l'employait pour raccommoder un œuf brisé.

Il faisait la quête des œufs dans la ville, avec un Frère du couvent, et, suivant la coutume, comme il était le plus jeune, il portait la manne destinée à recevoir ce que la charité voudrait bien leur donner. Arrivé dans la rue Neuve, il adresse sa supplique à Joseph Calagno, homme peu fortuné qu'il connaissait. Celui-ci aussitôt met la main dans sa petite provision, y prend un œuf et veut le déposer dans le panier du quêteur; mais, soit émotion, soit maladresse, il lui échappe des doigts et va s'écraser lamentablement sur le pavé. Diégo se baisse à l'instant, le ramasse, le met près de ceux qu'il avait déjà, et remercie en souriant le donateur qui n'en pouvait croire ses yeux. L'œuf était entier, sans aucune trace de brisure, et plus rien sur le pavé qui rappelât l'accident.

On comprend, dès lors, le désir des gens d'Ubrique de conserver parmi eux le saint missionnaire, et la crainte jalouse qui les tourmentait de se voir enlever un pareil trésor, au profit d'un autre couvent et d'une autre ville. Les premiers de la cité, alcades, députés, régidors, rédigèrent, en assemblée solennelle, une supplique au Provincial d'Andalousie, lui demandant avec de très vives instances, de ne point le leur ravir au Chapitre qui se tiendrait bientôt et de ne le charger d'aucun autre emploi que de la prédication et de la confession des fidèles.

Le clergé entier de la ville écrivit dans le même sens et se fit appuyer par le seigneur d'Ubrique, le duc d'Arcos, don Antoine Ponce de Léon.

Le Provincial, rendant grâces à Dieu de lui avoir donné un religieux si parfait, répondit qu'il ferait tout ce qui serait en son pouvoir pour leur être agréable et leur octroyer ce qu'ils désiraient si vivement.

Voici comment le bienheureux Diégo récompensa ce bon peuple de sa conduite si chrétienne et de son amour pour le dernier des religieux de saint François.

On était en l'année 1772, année malheureuse. La disette régnait dans la ville comme dans le reste de l'Espagne. Le cœur compatissant de Diégo saignait à voir tant de malheureux tourmentés par la faim, et ne sachant à qui s'adresser pour soulager leur infortune. A la fin d'une instruction dans une église de la ville, il invita son auditoire, composé surtout de pauvres, à venir le dimanche suivant dans la même église : qu'il leur distribuerait ensuite du pain et des pois chiches. On pense s'ils furent fidèles au rendez-vous, s'ils vinrent en colonnes pressées ! Il y en avait de tous les quartiers de la ville et des villages les plus éloignés : les riches, en grand nombre, se joignirent à eux. C'était un peuple immense ! Diégo prêcha sur l'aumône, avec son éloquence ordinaire ; puis, étant descendu de chaire, il prit la tête du cortège avec son compagnon de mission, et, tous, d'un pas rapide, agités par une émotion divine, se dirigèrent vers le couvent des Capucins.

Dans la cour il avait fait préparer une assez grande quantité de pains et des corbeilles remplies de pois, de fèves et de lentilles. Aussitôt la distribution commence. On se précipite sans ordre, comme il arrive en pareille occurrence; chacun veut arriver bon premier pour ne pas manquer l'aubaine. Les pains passent avec rapidité des mains de Diégo et de son compagnon dans les mains tendues des solliciteurs. D'abord, on ne remarque rien d'extraordinaire, chacun se retirant avec son petit trésor. Mais bientôt, les flots succédant aux flots, les couches profondes aux couches plus profondes, les mains finement gantées aux mains rudes des travailleurs, les mêmes revenant plusieurs fois à la charge, et les pains ne s'épuisant pas, jusqu'à ce que les deux Pères, n'en pouvant plus de fatigue, laissent tomber leurs bras et cessent la distribution : on se regarde, on comprend, les larmes s'échappent des yeux, un cri intense d'admiration et de reconnaissance monte de la foule jusqu'aux cieux. Le miracle de la multiplication des pains, par le divin Maître sur les collines de Galilée, vient de se reproduire dans l'heureuse ville d'Ubrique, par le serviteur de Dieu, le P. Diégo de Cadix.

Alors on le cherche des yeux, mais il a disparu : il est rentré tranquillement dans le couvent silencieux.

Un grand nombre de malades qui mangèrent de ce pain du miracle furent guéris de leurs infirmités, entr'autres un religieux du couvent, et il s'en garda pendant huit ans sans aucune trace de corruption.

On le voit, la bonté divine réalisait en son seviteur la promesse qu'elle avait faite aux jours de l'Incarnation : « Si quelqu'un croit en moi, il fera les miracles que je fais et de plus grands encore. »

Quelque temps après, la famine sévissant toujours, le bienheureux Diégo annonça qu'il ferait une quête dans toute la ville pour venir en aide aux malheureux : et chacun de trembler pour l'issue de l'œuvre. L'année précédente avait été très mauvaise, et les chaleurs excessives, sans pluie et sans orages, de l'année courante, desséchaient la terre de si effrayante façon que les récoltes paraissaient tout à fait compromises. Les riches oseraient-ils donner, les petites fortunes le pourraient-elles ?

Diégo, inspiré comme toujours par la charité qui consumait son cœur, organisa une procession pour toute la ville, avec une statue de la très sainte Vierge que l'on conservait au couvent et qui passait pour miraculeuse. A la foule qui s'y pressait, il recommanda le silence religieux et la prière : il fallait pour fléchir le ciel une vraie procession de pénitence et de supplication, ce que beaucoup de chrétiens oublient presque toujours, même de notre temps et sous le beau ciel de France.

Le succès ne se fit pas longtemps attendre. A peine la statue vénérée était sortie de la chapelle, que des nuages noirs commencèrent à se montrer à l'horizon. Le peuple, à cette vue, redoubla de ferveur et fit monter, vibrante, sa prière jusqu'aux cieux. La nuée couvrit bientôt toute la plaine, et c'est à peine si l'on put rentrer assez tôt l'image de Marie, la pluie tombant à torrents sur cette terre brûlée et devenue stérile. Les récoltes étaient sauvées. On pouvait faire la quête annoncée.

Diégo, accompagné tantôt d'un religieux de son couvent, tantôt d'un prêtre séculier, tantôt d'un personnage influent de la ville, allait de maison en maison et recevait pour ses chers pauvres tout ce que la grâce divine inspirait de donner. Il vint ainsi à la maison de dona Maria Sotal, épouse de Fernand Sanchez Cabeza, laquelle, surprise par l'arrivée des quêteurs, et n'ayant rien autre sous la main pour répondre à leur prière, ouvrit une armoire, prit les bijoux de ses enfants dans l'écrin où on les gardait et, sans compter, les jeta dans la bourse du serviteur de Dieu.

Une heure après Fernando rentrait chez lui et demandait à sa femme ce qu'elle avait donné. « Les bijoux de l'écrin », répondit-elle. Il changea de couleur ; c'était une perte énorme pour sa fortune. Il courut à l'armoire, ouvrit l'écrin d'une main tremblante, pour constater sa ruine : miracle, les bijoux étaient là dans leurs cases ; pas un ne manquait.

La quête fut si riche qu'elle suffit à nourrir les indigents d'Ubrique pendant six mois.

Le bienheureux Diégo était rentré au couvent après sa mission d'Estepona, non seulement pour se reposer un peu de ses fatigues excessives et reprendre haleine avant de livrer de nouveaux combats, mais surtout, comme le demande la Règle franciscaine, pour se retremper dans la solitude, la contemplation, la prière et l'étude. Il lui était infiniment doux de se livrer à son attrait pour la méditation, dans le silence du cloître : il se plongeait avec délices dans l'étude des grandes vérités de la foi, et se consumait de douleur à suivre Jésus dans le drame de sa Passion.

Cependant, comme nous venons de le voir, il ne laissait pas de travailler avec ardeur dans le champ du Père de famille où se trouvait sa maison des Capucins. Le zèle des âmes était trop ardent en son sein pour qu'il pût y résister longtemps; ses Supérieurs voyaient trop évidemment la puissance de sa parole et quelle mission il avait reçue d'en haut, pour ne pas lui enjoindre bientôt de courir au secours des victimes de Satan et de les arracher à ses griffes cruelles.

Après avoir prêché dans la ville, il évangélisait les campagnes environnantes, heureux de se trouver avec les petits et les pauvres, les ignorants et les abandonnés. Son humilité lui persuadait que c'était là tout ce qu'il pouvait faire. Il servit d'aumônier aux religieux tertiaires de Saint-François, et dans d'autres maisons. Et partout où il passait, ce n'était qu'un cri d'étonnement sur son admirable sainteté, de reconnaissance pour le bien qu'il opérait dans les âmes, d'espérance pour les grandes choses qu'il exécuterait dans l'avenir.

Oh! s'écriait-on, quelle révolution heureuse se fera dans le monde, par ce religieux si jeune encore et déjà consommé en vertu! Bienheureuse l'Espagne qui l'a vu naître et le compte au nombre de ses fils!

Mais ce ministère humble et presque caché ne devait pas l'occuper longtemps. Bientôt arriva au couvent une lettre de Mgr Solano, archevêque de Ceuta, qui demandait le R. P. Diégo pour une mission dans sa ville épiscopale. La renommée de ce religieux, disait le prélat, de sa sainteté éminente et de ses talents extraordinaires s'est déjà répandue très loin; je désire donc qu'il vienne, accompagné de quelques autres religieux de son Ordre dont il sera le chef. C'est à lui que je veux confier la prédication et la conduite de toute la mission.

Les Supérieurs du couvent avertirent aussitôt le P. Diégo des désirs et de la volonté de l'archevêque de Ceuta; il devait se préparer à partir pour cette ville. Quel prédicateur n'eût été flatté dans son amour-propre en recevant un tel ordre? Et voilà au contraire notre Saint dans une inquiétude et un trouble profonds! Oui, évangéliser les petits, les habitants simples et bons des villages, il s'y portait volontiers; mais aborder la grande ville, paraître sur un théâtre immense, porter la parole sainte devant un auditoire d'hommes distingués, instruits, occupant les premières charges du royaume, le pouvait-il, le devait-il?

Oui, sans doute, puisque son cœur était consumé du désir de gagner un grand nombre d'âmes à Jésus-Christ! Oui, puisqu'il avait compris que ce bon Maître le destinait à devenir son apôtre et à porter au loin son nom béni; oui, puisqu'il s'était préparé à ce ministère tout divin de la prédication par l'étude approfondie de la sainte Écriture et des Pères!

Non, hélas! mille fois non, s'il venait à considérer son ignorance, son indignité, les fautes sans nombre de sa vie. Et son humilité, profonde comme l'abîme, lui montrait ces obstacles comme des montagnes infranchissables qui lui défendaient d'avancer. « Qui suis-je, s'écriait-il, ô Seigneur, pour arracher tant d'âmes à la tyrannie de Satan », et des torrents de larmes s'échappaient de son cœur cruellement torturé.

Cependant l'ordre des Supérieurs était formel. Diégo, le plus obéissant des fils de saint François, ne pouvait hésiter longtemps. Il prit l'avis de son directeur et commença une retraite de dix jours, multipliant les exercices les plus pénibles de la piété, et redoublant ses mortifications et ses pénitences accoutumées. C'est pendant cette retraite qu'il eut la vision que nous allons raconter.

Un jour qu'il était dans une des chapelles les

plus retirées de l'église du couvent, à genoux sur le pavé, pleurant et gémissant devant Dieu, des Frères qui priaient en bas de la nef sentirent tout à coup comme une commotion violente, une sorte de tremblement de terre et ensuite comme un souffle de tempête qui passait avec un grand bruit sur leur tête. La peur les envahit d'abord; puis, tout étant sans transition rentré dans le silence, ils s'interrogèrent et tombèrent d'accord que le P. Diégo avait été favorisé d'une vision ou d'une révélation. C'était vrai, et voici ce qu'il raconta plus tard au T. R. Père Provincial qui lui avait demandé, au nom de la sainte obéissance, de ne rien lui cacher de ce qui était arrivé.

« J'étais à genoux, tenant mon crucifix entre les mains, me demandant, avec une extrême angoisse, comment je pourrais exécuter l'ordre de mes Supérieurs qui m'envoyaient à Ceuta. Je finis par supplier Notre-Seigneur ou bien de me décharger de ce devoir si fort au-dessus de mes moyens, ou bien de m'accorder tout ce qui me manquait pour le bien remplir, à savoir la science et la vertu. J'implorai en même temps le secours de la bienheureuse Vierge Marie et de saint Ildefonse, patron de l'église où je me trouvais. Et voilà que soudain, je sentis au plus intime de mon âme, un mouvement que je ne puis expliquer; une espèce d'ouragan passa sur moi, me fit trembler, me jeta le visage contre terre; puis, peu après, une voix d'une douceur extrême sonne à mon oreille : je me relève et je vois devant moi un personnage enveloppé de lumière, une mitre en tête et paré de vêtements sacerdotaux comme ceux d'un prêtre qui va monter à l'autel. « Ami, me dit-il, ne crains pas, « je suis Ildefonse, le protecteur de cette église; « j'ai présenté à Dieu tes prières et intercédé pour « toi, comme l'a fait aussi la bienheureuse Vierge « Marie. Sois assuré que tu recevras les grâces les « plus abondantes pour conduire à bonne fin la « mission de Ceuta et toutes les autres qui te « seront confiées dans la suite. Dieu veut par ta « prédication convertir un grand nombre de pé« cheurs. Ni la science, ni l'intelligence des Écri« tures ne te feront défaut : tu triompheras de la « fausse sagesse du monde; espère toujours en sa « miséricorde et ne crains rien; par toi Dieu « triomphera de ses ennemis. »

« Alors il prit un petit livre et me le présenta en me disant : « Mange-le et va plein de con« fiance à la mission de Ceuta. » J'obéis avec une grande émotion. Aussitôt la vision disparut. Je sentis en tout mon être une grande tranquillité, une extrême douceur et j'éprouvai un violent désir d'aller où l'obéissance m'appelait à Ceuta, bien que je me vis parfaitement tel que je suis, cendre et poussière, indigne de recevoir aucune faveur céleste. »

Ce que le Bienheureux ne dit pas explicitement dans cette narration, c'est que, pendant ses études et depuis qu'il était dans le ministère, il avait en vain cherché à bien posséder les saintes Écritures, à en bien saisir et goûter le sens intime. De même, sa mémoire s'était refusée à retenir le texte des Canons, des Constitutions et des différentes Ordonnances de l'Église. Il priait Dieu le jour et la nuit de lui communiquer cette science, et nous venons de voir la manière merveilleuse dont Dieu l'exauça. Comme au prophète Ezéchiel, un livre mystérieux lui est présenté, c'est le livre de la science nécessaire à un prédicateur de la fin du XVIIIe siècle, de ce siècle frondeur qui se targue de tout savoir et de renverser la religion catholique sous le coup vainqueur de ses prétendues découvertes. Diégo saisit le livre, mais il n'ose le manger. Simple comme la colombe, il a peur d'enfreindre le jeûne imposé par la Règle. Alors saint Ildefonse, lui touchant la barbe, le force à avaler le volume. Aussitôt il se trouve enflammé d'un feu divin, et semblable à un morceau de fer fulgurant au milieu d'une fournaise ardente.

A partir de ce moment, le bienheureux Diégo aura toujours le mot convenable sur les lèvres; il parlera devant d'immenses auditoires, devant les princes, devant les Académies, devant ce que l'Église et l'hérésie ont de plus illustres. Il étonnera tout le monde par ses vastes connaissances, par sa science qu'on pourra appeler universelle. Les hérétiques, les libertins, les pécheurs orgueilleux ne lui résisteront pas, car il est trop manifeste que l'Esprit-Saint parle par sa bouche. Ceux qui l'ont connu dans sa jeunesse, comme le P. Ferrero, dominicain, l'entendant prêcher tour à tour en castillan et en latin sur les sujets les plus difficiles, avec une clarté éblouissante et une abondance incroyable de merveilleux arguments, se demanderont si c'est bien le fils timide de Joseph Caamaño, et se répandront en mille actions de grâces devant le Dieu tout-puissant qui opère de telles merveilles pour sa plus grande gloire.

De cette mission de Ceuta sur la terre d'Afrique nous ne savons rien, sinon qu'un grand nombre de guérisons miraculeuses furent opérées par les cédules bénites ou images de la très sainte Vierge, que distribuait volontiers le saint apôtre. Il ajoute, dans une lettre à son directeur, qu'il eut en cette circonstance la consolation de baptiser un Turc et un idolâtre nègre venu de la Guinée.

Puis, sans transition, nous arrivons à la première mission donnée par le Bienheureux dans la grande et riche ville de Malaga. Des personnes pieuses, peut-être des ecclésiastiques et des curés, lui avaient écrit pour lui demander de venir évangéliser cette petite Babylone, qui, à cause de ses grandes relations commerciales avec la France, était sans doute plus infectée que d'autres villes d'Espagne par les doctrines d'impiété révolutionnaires.

Il répondit, d'après une inspiration divine, qu'il irait volontiers s'il en était prié par le gouverneur de la cité.

Et voici qu'un beau matin, ce noble seigneur s'en vient frapper à la porte d'une dame de haute naissance de la cité qu'il ne fréquentait guère, et lui dit en l'abordant : « Señora, je viens vous demander ce que vous désirez de moi, et pourquoi vous m'avez fait appeler. »

La dame toute surprise : « Vous faites erreur, sans doute. Ce n'est pas de moi qu'il s'agit. Je ne vous ai point fait appeler ; je ne vous ai point prié de m'honorer de votre visite.

— Comment, Señora, mais j'ai reçu ce matin même votre troisième message ! Tenez, le voilà ! » Et il lui montrait une lettre couronnée de ses armes et signée de son nom.

La dame, muette d'étonnement, cherchait l'explication du mystère et soudain : « C'est Dieu qui a tout fait, répondit-elle, et ainsi prévenu mes désirs. Oui, je vous l'avouerai, j'avais la volonté de vous écrire. Je désirais vous voir pour vous prier de demander une mission à ce religieux capucin, le P. Diégo de Cadix, dont la sainteté est déjà connue de toute l'Espagne ! »

Ce fut au tour du gouverneur de demeurer abasourdi. Il touchait du doigt le miracle. Séance tenante, il envoya sa supplique au bienheureux Diégo, qui bientôt après arrivait à Malaga.

C'est au cours de sa prédication en cette ville qu'il lui arriva une aventure assez semblable à celle dont fut victime saint François lui-même.

On sait que le Pauvre d'Assise, avant de se présenter devant Honorius III pour en obtenir le cardinal Ugolino comme protecteur de son Ordre naissant, avait, sur le conseil de ses amis, composé avec soin et appris à grande peine un beau discours qu'il devait débiter devant Sa

Sainteté, le collège des cardinaux et toute la cour pontificale.

Mais à peine fut-il arrivé en présence de l'auguste assemblée, qu'il perdit la mémoire et ne sut plus rien des jolies phrases qui lui avaient coûté tant de fatigue.

On sait aussi comment Dieu vint en aide à son petit serviteur et lui mit sur les lèvres, comme un rayon de miel parfumé, des paroles simples et sans apprêt littéraire, mais qui jetèrent dans le ravissement ses nobles auditeurs!

Au plus fort de sa mission, quand les foules haletantes ne lui laissaient plus, pour ainsi dire, le temps de respirer, le P. Diégo fut prié par les chanoines de la ville et d'autres personnes de grand mérite de donner un grand discours dogmatique, et de prouver avec son immense talent la divinité de la religion catholique. Il acquiesça à ce désir d'autant plus volontiers qu'il avait reçu mission, avant tout, de défendre la foi furieusement attaquée par les sectaires venus de France et d'Angleterre dans sa chère et noble patrie.

Et le voilà qui délaisse le confessionnal pendant trois jours, malgré les réclamations de la foule avide de l'entendre et voulant recevoir du thaumaturge, du grand ami de Dieu, l'absolution de ses péchés. Le voilà qui s'enferme dans la solitude et y compose, à genoux selon sa coutume, le discours qui, par la force et l'heureux enchaînement des preuves, par l'éclat littéraire et l'éloquence dont elles seraient revêtues, devait convertir les hérétiques présents et raffermir les convictions des catholiques.

Et puis le jour est arrivé, c'est l'heure pour le P. Diégo de monter en chaire. Quand il en a gravi les degrés, d'un coup d'œil il se rend compte de l'auditoire qui l'attend. L'immense cathédrale est pleine à regorger. Un certain nombre de protestants aux lèvres railleuses sont mêlés aux catholiques. L'émotion le saisit, je ne sais quelle crainte irraisonnée l'agite et l'oppresse. En vain cherche-t-il en sa mémoire, si fidèle d'ordinaire, le sujet qu'il doit traiter, au moins le premier mot du texte qu'il a choisi, au moins un lambeau de phrase qui le remettrait sur la voie. Rien, il a tout oublié : le vide profond et noir s'ouvre sous ses pas.

Alors la pensée lui vient d'avouer sans détour l'embarras où il se trouve et de descendre tranquillement de la chaire. C'eût été un gain énorme pour son âme que cette humiliation solennelle! Mais la crainte de jeter un déshonneur sur l'habit dont il est revêtu le retient. Du fond de son cœur une prière monte vers Dieu, et soudain un texte de saint Paul rayonne à ses yeux, auquel il n'avait nullement pensé en composant son discours. Il le jette à la foule, il le prend pour thème; il le développe avec une profondeur et une éloquence qu'il ne se connaissait pas, comme possédé et dirigé par un Esprit descendu d'en haut. Pendant deux heures, l'auditoire, ravi et comme hypnotisé, demeure immobile suspendu à ses lèvres.

« Ah! » disait-il quelque temps après en racontant le fait à son directeur, « comme le Seigneur est bon, comme il est juste! Comme il a bien su montrer que ce n'est pas moi misérable qui prêche, mais Lui, la Sagesse et la Parole incréée! Quel n'était pas mon trouble! Combien cruelle la torture de mon esprit pendant que je parlais, sans savoir ni où j'étais, ni où j'allais; si j'épouvantais le peuple par ma stupidité, ou si je l'édifiais par la vérité! J'en éprouvai une telle commotion que pendant plusieurs nuits je ne pus dormir. Je ne sortis de mes angoisses que lorsque j'appris que les protestants présents s'étaient déclarés convaincus, et que plusieurs d'entre eux avaient abjuré solennellement l'hérésie. Que Dieu soit béni pour tout le bien qu'il lui a plu de tirer de ma misère. »

La vérité que l'humilité de notre Bienheureux ne lui permettait pas de dire tout entière, c'est qu'aussitôt le sermon fini, plusieurs de ses auditeurs protestants vinrent le féliciter et le remercier de leur avoir si heureusement ouvert les yeux. Et lui, la figure inondée de larmes et se mettant à genoux, leur demanda pardon d'avoir si mal traité la vérité de l'Evangile, et leur déclara qu'il était prêt à se dédire et à rétracter devant tout le monde les erreurs qui sans doute lui avaient échappé.

Un d'entre eux, appelé Déan, n'y tenant plus à ce spectacle, se mit à genoux à son tour devant le Bienheureux, l'embrassa ardemment et lui dit : « Mais, mon Père, nous étions tous dans l'admiration des choses que vous disiez, comme si le Christ lui-même nous eût parlé. »

Bien d'autres fois, il arriva au Bienheureux, dans le cours de ses nombreuses missions, de monter en chaire à l'improviste sans aucune préparation, sur l'ordre inattendu de ses Supérieurs. Toujours sa parole facile, pleine de science sacrée et de force, d'une éloquence irrésistible, montrera aux plus simples que Dieu l'assistait d'une manière miraculeuse et parlait par ses lèvres.

Si après ses plus beaux triomphes on venait le féliciter, il répondait avec un gracieux sourire : « A prêcher de cette manière, une bête de somme ou une pierre réussirait aussi bien que moi »

CHAPITRE VII

MÉDECIN ET MALADE

Le bienheureux Diégo était revenu à Ronda, son asile ordinaire, comme nous le dirons au chapitre suivant; un message l'y attendait, venu d'un couvent de Carmélites de la ville. On le priait d'y passer sans retard, parce qu'une religieuse avait reçu du ciel une communication qui le concernait. Il se rendit immédiatement à l'invitation, et il lui fut annoncé que Dieu l'avait choisi pour être le réformateur du clergé séculier dans sa patrie, et qu'il devait se donner de tout cœur à ce grand ouvrage.

Étonné de cette parole, ne sachant s'il devait y croire, tout tremblant en son humilité, il se retire dans la sacristie solitaire, non loin du tabernacle où repose Jésus, et là, se jetant à genoux, il s'écrie tout en larmes : « Qui suis-je, Seigneur, pour qu'il vous plaise de me confier une si lourde mission? Je ne suis qu'un ignorant, vous le voyez bien. Je n'ai ni lettres, ni vertu! Si je prêche à vos prêtres instruits et savants sur des sujets qui me sont étrangers, ils m'opposeront des difficultés, ils me poseront des questions auxquelles je ne pourrai répondre, et qui me couvriront d'une honte méritée. »

Il n'avait pas achevé sa plainte qu'une voix, puissante comme celle de Dieu, fit entendre à son âme ce texte des Livres saints : *Je mettrai sur tes lèvres des réponses si pleines de sagesse, que tes adversaires n'y pourront résister.* Et, à l'instant même, il se sentit tout pénétré de confiance et enflammé d'ardeur pour accomplir les ordres divins, fût-ce aux dépens de sa vie. Car il avait remarqué que le mot *contradicere* du texte de saint Luc qu'il venait d'entendre, n'avait pas été prononcé. La contradiction ne lui manquerait donc pas, mais il en triompherait avec le secours de Dieu.

Restait à déclarer la guerre, l'horrible guerre, à commencer la bataille contre ceux qu'il vénérait si profondément et qu'il aimait du plus tendre amour, les prêtres de Jésus consacrés au service des paroisses, les prêtres séculiers.

Il retourne à Malaga, la ville riche, où sans doute le mal était plus criant. Il entre au couvent des Clarisses, leur prêche l'amour de Dieu avec sa chaleur accoutumée, et, quand il veut sortir, un orage crève sur la ville; la pluie tombe avec une telle violence, que force lui est de rester, et elle dure si longtemps que les tourières le déterminent à prendre au parloir, près de la grille, un maigre souper que sa mortification lui permettait : un peu de pain et quelques figues sèches.

C'est alors que la Supérieure lui demanda de s'intéresser devant Dieu à une religieuse de la maison qui se trouvait dans un triste état de corps et d'esprit, malade à en mourir et révoltée contre son abbesse. Était-elle possédée du démon ou simplement le jouet d'une passion violente? On ne saurait le dire. Toujours est-il qu'elle avait résolu de sortir du couvent et de jeter le froc aux orties; qu'elle faisait jaser toute la ville et troublait profondément sa communauté!

Le Bienheureux ne répondant rien, l'abbesse, qui connaissait son esprit de prophétie, lui posa cette question: « Qu'en sera-t-il, mon Père, de cette malheureuse? Guérira-t-elle? Se convertira-t-elle? » Et alors, saisi et troublé jusqu'à laisser retomber le morceau de pain qu'il portait à sa bouche : « Dites, prononça-t-il à voix basse, dites à cette infortunée que si elle fait ce que je lui dirai, elle vivra.

— Et que lui direz-vous ?

— Que sa guérison dépend de la manière dont elle prendra la première pensée éclose en son esprit! »

Le Bienheureux parlait ainsi, comme il l'avoua plus tard, parce qu'il ne doutait pas que cette première pensée venue de Dieu ne fût la vue de son erreur et le désir de changer de conduite.

L'orage était passé, le P. Diégo rentra au couvent; mais, quelques jours après, on vint en hâte l'avertir que la Clarisse rebelle allait beaucoup plus mal et qu'elle voulait le voir. Il y courut, entra dans la clôture, trouva la malade à toute extrémité et se mit à l'exhorter avec toute la chaleur de charité qui était dans son cœur, lui dévoilant toute la malice de sa vie et l'excitant à une entière confiance en la miséricordieuse bonté de Dieu. Puis il la bénit et se retira.

Mais, à peine l'eut-il quittée, qu'appelant près de son lit son abbesse et toutes les Sœurs du couvent, elle désavoua humblement et réprouva tout ce qu'elle avait dit ou fait contre l'autorité et ses vœux sacrés; elle renouvela ensuite sa profession religieuse, et multiplia les actes les plus édifiants d'humilité et de repentir. Enfin, se croyant près de mourir, elle se confessa tout en larmes à son ancien directeur. Mais, au lieu de la mort, ce fut la santé qui lui revint, à l'heure même où elle croyait entrer dans son éternité. La bénédiction du Bienheureux avait passé sur sa tête et réalisé la prophétie : « Si elle fait ce que je lui dirai, elle vivra. » Elle se leva pleine de force et se remit immédiatement au régime si pénible de la communauté.

Non moins étonnant fut le miracle qu'il opéra en retournant à Ronda, et, cette fois encore, grâce à une tempête envoyée par la Providence. Il cheminait à pied, comme le veut la Règle de saint François, quand, sur le soir, à l'entrée de la nuit, l'orage éclatant soudain avec un fracas épouvantable, l'obligea de se réfugier dans l'hôtellerie du petit village de Burgo. Sans rien dire, il se mit en oraison, pendant que le tonnerre faisait rage et que la pluie tombait par torrents. Mais déjà les paysans l'avaient reconnu pour le grand thaumaturge de l'Espagne, et le bruit de son arrivée courut en un instant tout le pays. Le curé de l'endroit l'apprit de sa vieille et fidèle servante et il en tressaillit de joie. Depuis si longtemps il désirait le voir! Mais comment faire pour aller vers l'homme de Dieu? Le pauvre curé était cloué dans son lit, depuis quatre ans, par une paralysie cruelle qui lui avait déformé le corps et lui causait des souffrances si violentes qu'il ne pouvait reposer un instant, ni le jour ni la nuit.

Ah! la délivrance, le salut étaient là dans cette auberge de sa paroisse! Le bienheureux Diégo en a guéri tant d'autres! Si je puis seulement toucher la frange de son vêtement, comme la femme de l'Évangile, je suis sauvé.

Mais comment le voir? Le prier de venir près de ma couche de douleur et de me bénir? Non, je veux aller moi-même à lui.

Le pauvre infirme fait appeler deux hommes robustes de ses voisins, qui le soulèvent doucement et l'emportent sur leurs épaules, dans la nuit sombre et sous l'averse qui ne cesse pas. Ils arrivent enfin à la posada, et font demander au P. Diégo s'il ne voulait pas les recevoir.

Aussitôt le Bienheureux, se levant, court à ce singulier cortège, et apercevant le bon curé, tout mouillé et mourant de douleur, il se penche sur lui comme le bon Samaritain, se met à genoux, baise ses mains consacrées, puis aide les porteurs à le déposer aussi doucement que possible sur un siège quelconque.

« Ah! lui dit-il avec cette douceur et cette amabilité qui pénétraient tous les cœurs, pourquoi êtes-vous sorti par une nuit si noire et un temps si affreux? Pourquoi vous exposer à de si terribles accidents?

— Je voulais vous voir à tout prix, répondit le prêtre d'une voix éteinte. Je vous en prie pour l'amour de notre Sauveur, récitez sur moi un évangile. »

Nous l'avons déjà vu, c'était un des moyens ordinaires employés par le bienheureux Diégo pour opérer les prodiges que la charité lui commandait, et en attribuer toute la gloire à la parole de Jésus-Christ.

Il le récita à l'instant même, au milieu du silence profond de tous les assistants qui se tenaient debout et dans l'attente de ce qui allait arriver.

A peine le dernier mot de l'Évangile était-il achevé que le prêtre s'écria : « Maintenant, je suis bien, laissez-moi me lever et m'en retourner sur mes pieds. » Les porteurs et les gens de l'hôtellerie, d'abord immobiles de stupeur, se jetèrent aux genoux du Bienheureux, et saisissant ses mains, le prièrent à grands cris de les bénir.

Le curé, sans l'aide de personne, se dressa sur son séant, s'entretint quelque temps avec le P. Diégo des affaires de sa conscience, puis, tranquillement, retourna dans sa maison, parfaitement guéri de toutes ses infirmités, et rendant grâces à Dieu qui avait donné un si grand Saint à sa patrie.

Le lendemain, au milieu de la nuit, le Bienheureux sonnait à la porte du couvent des Capucins, à Malaga. Le portier, qui s'appelait Félix de Gavia, vint ouvrir et, reconnaissant le P. Diégo, le fit entrer dans sa loge et lui montra son genou droit, déformé par une tumeur énorme qui le gênait horriblement et menaçait de lui paralyser complètement la jambe.

« Bon Père, lui dit-il, ne voudriez-vous pas me réciter un évangile sur cette tumeur ? — Oui bien, mon Frère! »

L'évangile récité, le Frère portier s'étendit comme il put sur son grabat et finit par s'endormir. Le lendemain matin, à son lever, il se sent tout dispos. Il regarde : la tumeur avait disparu, le genou était normal et la jambe libre de tous ses mouvements.

Il courut au chœur où les religieux chantaient l'office, et je vous laisse à penser quel beau *Te Deum* s'envola de leurs lèvres en voyant le miracle opéré dans le couvent.

Séville, capitale de l'Andalousie, occupée jadis par les Maures et reconquise en 1243 par l'épée victorieuse du saint roi Ferdinand, célébrait chaque année ce glorieux événement par une fête solennelle. Un sermon d'apparat, appelé sermon de *la Espada* ou de l'Épée, était donné par un des princes de l'éloquence, et devait rappeler aux rois, aux seigneurs et au peuple remplissant l'immense vaisseau de la cathédrale, par quels prodiges Dieu avait donné la victoire aux fils de Pélage et chassé l'islamisme immonde de Séville et de toute l'Espagne.

En l'année 1774, le bienheureux Diégo assistait à cette imposante manifestation, et, à la vue de la foule qui se pressait et chantait le *Te Deum* de l'action de grâces, il avait dit à son compagnon, assez étonné d'une telle sortie de l'homme de Dieu : « Oh ! quel désir j'ai de prêcher à cet auditoire ! Fasse Notre-Seigneur, si telle est sa volonté, que je sois appelé quelque jour à prêcher une mission dans Séville ! »

La vanité de paraître devant une élite n'était pour rien, comme bien l'on pense, dans ce désir et cette prière ! C'était saint Paul exprimant la joie qu'il éprouverait à revoir ces chers Corinthiens, si embourbés encore dans la corruption du paganisme, et à les en tirer.

Notre-Seigneur ne tarda pas à exaucer les vœux de son apôtre. Le gouverneur de Séville, comte de Dean, qui le connaissait et voulait le montrer à ses féaux sujets, le demanda au R. Père Provincial pour une mission à la cathédrale. Il dut partir sans prendre aucun repos, après son Carême de Saint-Roch. Le vendredi avant Quasimodo, il arrivait à Séville et frappait à la porte du couvent des Capucins ses frères.

Le lendemain, on le vit, non sans quelque étonnement, se rendre au collège, tenu alors par les Minimes, et demander au P. Gonzalez, qui en était le Supérieur, de vouloir bien prendre la direction de sa conscience pendant tout le temps qu'il prêcherait ou demeurerait dans la ville. Déjà son directeur ordinaire était un autre Minime, le R. P. Fernandez. Quelques esprits pointilleux se demandaient tout bas : « Pourquoi donc ce saint homme choisit-il pour directeur un étranger ? Pourquoi pas un Père de son Ordre ? Pourquoi pas un Capucin ? »

Il n'y a pas d'autre réponse à donner que celle-ci : Le bienheureux Diégo suivait en toute circonstance les inspirations divines ; il se laissait entièrement guider par la main de Jésus-Christ. S'il s'est adressé aux Pères Minimes, c'est que Jésus-Christ les lui a montrés comme les maîtres que lui-même avait choisis, qu'il avait remplis de toutes les grâces nécessaires pour le conduire sûrement dans les voies difficiles et souvent obscures d'une extraordinaire sainteté. Si les règles franciscaines exigent que l'on se confesse habituellement à un Père de l'Ordre, elles laissent une liberté complète pour ce qui regarde la direction spirituelle des religieux.

On conçoit sans peine les étonnements, la joie spirituelle, le ravissement du P. Gonzalez dans cette première entrevue avec le Bienheureux.

« Il y avait, dit-il, en sa parole et en toute sa manière d'être, tant de candeur, de vérité, d'humilité, que je restai confondu devant lui. Il me fallut l'assurance formelle que Dieu m'appelait à le diriger, pour oser, sachant ce que j'étais moi-même, accepter cette charge ; et c'est en tremblant que j'entendis le saint religieux me dire : qu'il se remettait entièrement entre mes mains, et ne voulait rien faire sans mon avis et mon commandement. »

L'arrivée du P. Diégo n'avait pas été annoncée à Séville. On ne le connaissait pas; très peu de personnes avaient eu la bonne fortune de l'entendre et de le voir en d'autres villes. La mission qu'il venait prêcher n'avait pas été préparée, comme on le faisait alors en Espagne, par des prières publiques et des processions de pénitence. Rien n'avait été fait, comme on dit, pour lui préparer un auditoire. Enfin, c'était déjà la saison des grandes chaleurs dans cette Andalousie aux sites et au climat enchanteurs, mais aussi livrée aux plaisirs faciles et à la corruption des mœurs.

Il devait prêcher dans la grande chapelle des reliques. Le premier soir, contre toute attente, il y eut un monde considérable et, dès le lendemain, on s'étouffait dans le vaisseau trop étroit; la cathédrale entière se remplissait. Le nom du prédicateur était sur toutes les lèvres, il était devenu le maître de toute la ville. Quels ne seraient pas les fruits d'une mission commencée avec un succès aussi merveilleux? Mais, dès le cinquième jour, Dieu arrêta soudain le prédicateur. Une fièvre pourprée intense, comme on disait alors, le saisit et le jeta anéanti sur le grabat de l'infirmerie du couvent. Il devait à sa patrie qu'il évangélisait avec tant de zèle, et au monde chrétien qui bientôt lui dresserait des autels, une grande leçon de patience et de soumission à la volonté divine, dans la situation la plus pénible de toute vie humaine, dans la maladie. Le sermon le plus éloquent vaudra-t-il jamais l'exemple d'un religieux qui, bien loin de se plaindre, de se révolter, de murmurer, en proie aux morsures cruelles de la souffrance, avec la mort en perspective, conserve la paix en son cœur et sur ses lèvres, sourit à son ennemie, redouble de piété, et s'en remet pour la fin entre les mains du Maître béni de la vie et de la mort.

Aussitôt frappé, le bienheureux Diégo prend ses dispositions pour profiter de la maladie que le bon Dieu lui envoie. Il demande à son Gardien et compagnon de mission, le R. P. Philippe de Hardalès, de lui permettre la communion quotidienne, puisqu'il ne peut plus célébrer le saint sacrifice. Tous les jours, il se confessera pour se préparer à recevoir Celui qu'il aime si ardemment. Pendant la nuit sans sommeil, il appelle Jésus par des soupirs enflammés, et quand le doux Sauveur reposera dans sa poitrine, les religieux du couvent viendront à tour de rôle s'édifier de ses extases séraphiques.

Sur la petite table placée au pied de son lit, il fait dresser un grand crucifix qu'il pourra contempler sans relever sa tête alourdie par le mal. Ce sera son livre de méditation du soir et du matin. Chaque jour, de midi à trois heures, il suivra sur ce Calvaire, les yeux baignés de larmes, dilatés par la terreur et la tendresse, les phases effroyables et si touchantes de l'agonie du Sauveur suspendu au gibet, depuis le crucifiement jusqu'à la mort.

Alors, écrit le P. Gonzalès et après lui le P. Philippe de Hardalès, on ne pouvait demeurer longtemps près du saint malade, entendre les gémissements, les cris de douleur, les paroles de tendre compassion qui s'échappaient comme un torrent de ses lèvres brûlées par le typhus, les oraisons qu'il envoyait, flèches rapides et embrasées, vers le grand crucifix, sans être ému jusqu'au fond de l'âme comme si on se trouvait sur le Golgotha au moment où Jésus clamait la prière de la suprême douleur : « Mon Père, mon Père, pourquoi m'avez-vous délaissé. » Les médecins avaient interdit la cellule du bienheureux Diégo et défendu toute visite. Il était nécessaire de lui éviter toute fatigue de tête; et si on avait faibli sur ce point, c'en était fait de son repos.

On dut cependant faire une exception en faveur du P. Gonzalès, le directeur de sa conscience, qui usa largement de la permission qu'on lui accordait, mais avec la plus grande discrétion. Deux fois par jour, soir et matin, il venait au couvent, entrait dans la cellule, s'asseyait dans un coin, et, sans prononcer une parole, demeurait pendant tout le temps dont il pouvait disposer à contempler le saint malade et à savourer sa conversation céleste avec Jésus crucifié. « Laissez-moi, disait-il au P. Philippe de Hardalès, qui voulait abréger le temps de la visite, laissez-moi près de ce lit de douleur apprendre à mourir avec Jésus sur la croix. Mon âme y éprouve un contentement qu'aucune parole ne saurait exprimer. »

La maladie, cependant, livrait au Bienheureux de terribles assauts. Allait-elle triompher ? Était-ce la fin du grand serviteur de Dieu ? Avait-il été montré à la terre comme un simple météore bienfaisant qui brille une heure à l'horizon et s'efface soudain ?

On pouvait le craindre. Les religieux du couvent tremblaient à l'approche du moment fatal. Les médecins n'avaient plus d'espoir. Le prédicateur apostolique, le Saint, le thaumaturge allait être enlevé à leur affection. Lui-même paraissait persuadé de son départ prochain pour le ciel.

C'est alors que le P. Gonzalez, venant à son ordinaire visiter le malade, au lieu de se tenir retiré et silencieux, comme il le faisait toujours, s'avança près du lit et commença à exhorter le Bienheureux, lui demandant de se résigner à la volonté de Dieu, de se jeter entre les bras de son amour, d'accepter joyeusement ce qu'il lui plairait d'ordonner, soit la mort, soit la guérison et la vie. Puis, après une pause de quelques instants, élevant la voix, il lui dit : « Eh bien, Père Diégo, il vous faut vivre ! »

Le Père le regarda d'un œil étonné, presque peiné. Vivre !... Mais la vie lui paraissait si lourde ! Les obligations qu'elle lui imposait si pesantes ! les occasions d'offenser Dieu et de perdre son âme si multipliées ! « Non pas vivre, mais mourir et aller se reposer en Dieu ! » La scène était sublime.

« Il vous faut vivre, reprit vivement le P. Gonzalez, telle est la volonté de Dieu. Il vous reste à accomplir d'immenses travaux. Comptez pour rien ce que vous avez fait jusqu'ici. On vous attend à Cordoue, à Grenade, à Jaën, à Andujar, aux Ports, à Tolède, à Madrid, à Saragosse, en cent autres lieux ! »

Était-ce la parole d'un homme exalté par son admiration pour le P. Diégo et le désir de le voir évangéliser toute l'Espagne ? Ou bien l'Esprit-Saint lui donnait-il de prophétiser l'avenir, et de guérir miraculeusement l'ouvrier qu'il destinait à la conversion d'une multitude de pécheurs ?

« Il était prophète, nous dira plus tard le bienheureux Diégo. Il ne pouvait naturellement me tracer cet itinéraire de mes prédications ; et ce qu'il avait prédit, je l'ai réalisé de point en point. J'ai prêché dans toutes les villes qu'il me désignait ; si je ne suis pas allé à Saragosse, c'est que j'ai supplié mes Supérieurs de m'en dispenser. »

Aussitôt après cet entretien, Diégo entra en convalescence. Lui qui en avait déjà guéri tant d'autres en récitant sur eux un fragment de l'Évangile, se trouvait à son tour guéri par un miracle évident.

Le lendemain, se passa un incident que nous voulons rapporter parce qu'il nous fournira une preuve de plus du respect et de la déférence du bienheureux Diégo pour ses Supérieurs.

Un seigneur du plus grand nom se présenta au couvent et demanda à parler au prédicateur de la cathédrale. Le Gardien, intimidé par la haute situation de l'homme, n'osa point lui refuser, et le conduisit à la chambre du Père. Avant même qu'il eût ouvert la bouche, à son entrée, le bienheureux Diégo eut révélation du doute qui agitait son esprit. Et, après l'avoir entendu, pria humblement le Gardien de donner réponse à la difficulté proposée. Le P. Philippe le fit aussitôt avec une grande sagesse et selon toutes les règles de la théologie.

Mais ce n'était point le compte du noble chevalier, qui était venu pour entendre la parole de l'illustre missionnaire. Il répondit que la solution qu'on lui donnait n'était pas juste et ne pouvait lui plaire.

« Je suis bien fâché, reprit doucement le Bienheureux, mais sachez que ce n'est ni le Père Gardien, ni moi qui vous avons répondu : c'est celui-ci », et du doigt il montrait le grand crucifix dressé au pied de son lit.

CHAPITRE VIII

A SÉVILLE

Le bienheureux Diégo était guéri : la fièvre l'avait quitté, mais son corps épuisé par un mois entier de maladie demeurait faible et avait besoin d'un long repos. Les médecins lui ordonnèrent, pour hâter sa convalescence, de faire une saison aux eaux d'Alcala de Rio, dans les ravissantes montagnes qui avoisinent et entourent Ronda. Toujours obéissant, il s'y rendit et bientôt, la grâce de Dieu aidant, il se sentit assez fort pour reprendre ses travaux apostoliques.

Alors il revient un instant à Séville, de là passe à Malaga pendant le mois de juillet, évangélise en octobre Cabra y Parifa et enfin retourne à Séville, où bientôt il va reprendre la mission interrompue si malheureusement par sa maladie.

Il débute cependant à Sainte-Madeleine par la neuvaine en l'honneur de Notre-Dame d'Amparo, merveilleuse image de la très sainte Vierge que l'on conservait dans cette église. Et c'est pendant cette neuvaine qu'il eut la vision que nous allons raconter.

Le Ministre général des Capucins, le Rme P. Erard de Radkesbourg, homme de très grande valeur, nous disent les contemporains, très fort dans les lettres humaines et au courant de toutes les questions agitées à cette époque, était venu visiter le couvent des Capucins de cette grande cité.

Il connaissait déjà de réputation le bienheureux Diégo. Mais quand il l'eut vu à ses pieds, et après avoir conversé quelques instants avec lui, il reconnut vite sa haute sainteté et voulut le consulter sur les affaires de l'Ordre qui le tenaient alors dans l'angoisse.

Le P. Diégo prêchait soir et matin à Sainte-Madeleine ; les confessions l'occupaient le reste du temps. Comment déférer aux désirs de son Supérieur ?

Les saints sont rarement embarrassés. Ils savent multiplier les heures en prenant sur leur sommeil et leur repos. Pendant huit jours, après avoir consumé ses forces dans un ministère écrasant, le Bienheureux, vers dix heures du soir, quittait l'église où reposait l'image vénérée de sa Mère, et à travers les ombres épaisses de la nuit, sous la pluie qui tombait à torrents, il courait au couvent où le Rme Père l'attendait. Il faut dire que cette année était extrêmement pluvieuse. Le Bienheureux écrivait à son directeur : « Je n'ai pu sortir une seule fois sans être trempé. »

Sans songer à changer d'habit, à prendre du moins un cordial quelconque, il frappait à la cellule du Père, se mettait à ses genoux, lui donnait humblement son avis sur ce qui lui était proposé, puis, après plusieurs heures de conférence, au lieu de remonter à sa cellule pour y dormir quelques instants, il se glissait comme une ombre dans la chapelle du Saint Sacrement.

A genoux, à une certaine distance de l'autel, il demeurait en oraison jusqu'à l'arrivée au chœur des religieux pour la récitation de Prime.

Or, une nuit, qu'il se glissait ainsi furtivement dans le sanctuaire où l'appelait son amour et l'Hôte divin du tabernacle, voici qu'en son esprit se déroule en lettres de feu ce texte de la Sagesse : « Si les cieux des cieux, Seigneur, ne peuvent vous contenir, combien moins ce temple que je vous ai consacré ! »

Nous ne savons pas comment il interpréta cette parole de nos saints livres, comment il se l'appliqua, quelles conséquences il en tira ; mais bientôt il parut comme abîmé dans les profondeurs insondables de la gloire divine. Sa poitrine, semblable à une fournaise ardente, se soulevait avec violence et paraissait vouloir se briser ; des soupirs, des gémissements s'échappaient de ses lèvres. Des larmes brûlantes coulaient de ses yeux.

Puis soudain se fit entendre dans la chapelle cette parole du psalmiste : « Approchez-vous de moi et vous serez illuminés. » Aussitôt, comme saisi par une force irrésistible, semblable à une plume emportée par un vent d'orage, il s'élève de terre et vole rapide jusque sur l'autel, où il se trouve à genoux, la poitrine collée à la porte du tabernacle. Ainsi saint Joseph de Cupertin, entrant dans une église et jetant ses regards sur le sanctuaire, ne pouvait résister aux ardeurs de son âme. Comme un grand aigle, il prenait son vol et venait se reposer soit sur les marches de l'autel, soit tout près du Saint Sacrement exposé, au milieu des bougies qu'il saisissait et qui ne le brûlaient pas.

Tout tremblant de joie et de crainte, le bienheureux Diégo murmure les paroles de Samuel : « Seigneur, parlez, car votre serviteur vous écoute. »

Et alors Jésus, du fond de son tabernacle, lui répond : « Si la violence de mon amour pour les hommes me retient captif sous les espèces sacramentelles, prisonnier volontaire des églises et des chapelles de la terre ; si je suis heureux des hommages qu'on vient m'y offrir ; avec combien plus de joie et d'empressement je désire pénétrer et je demeure dans les cœurs qui veulent bien me recevoir ? C'est pour cette union intime que j'ai promis de demeurer avec mes frères. C'est en elle que je trouve toutes mes délices.

« Je te le dis à toi, mon serviteur fidèle : rappelle cette vérité aux chrétiens, prêche-la sans jamais te lasser. Que mon amour trouve cet amour dans le cœur des hommes. »

Était-ce une simple vision de l'esprit, un phénomène purement interne, sans réalité tangible ? On aurait pu le penser à entendre le récit qu'en donna plus tard le Bienheureux. Mais deux religieux, qui étaient entrés dans la chapelle quelque temps après le bienheureux

Diégo, entendirent distinctement les paroles prononcées et avaient été les témoins stupéfaits du vol miraculeux qui l'emporta sur l'autel.

Depuis ce jour, l'apôtre de l'Espagne se donna mille peines et ne recula devant aucune fatigue pour établir partout le Jubilé circulaire, qui multipliait les communions ferventes au sein des populations.

Disons maintenant un mot de sa longue prédication à Séville. Encore qu'elle ressemble beaucoup à toutes les autres, nous y verrons si visiblement l'action de Dieu et les grâces étonnantes dont il comblait son serviteur et son apôtre, que l'action de grâces et la louange monteront naturellement de nos lèvres au trône de la Miséricorde infinie.

Il prêchait tous les jours deux fois, trois fois et plus, tant dans les églises de l'intérieur de la ville que dans celles des faubourgs.

A la cathédrale, pendant la mission recommencée, il venait tant de monde qu'on eût dit que toute la ville s'y donnait rendez-vous. Jamais on n'y a vu tant de docteurs, de savants, de lettrés, d'hommes illustres à tous les titres.

L'archevêque et tout son clergé se trouvaient soir et matin au pied de la chaire. Les yeux fixés sur le prédicateur, la figure comme extasiée, ils semblaient être des petits enfants rassemblés autour de leur père, comme à Jérusalem les docteurs de la loi autour de Jésus, jeune adolescent de douze ans.

Et il n'y avait qu'un cri d'admiration entre eux quand ils se rencontraient ensuite : « Voilà donc qu'un jeune Capucin, sans aucune réputation de littérature ou de science, nous expose, nous explique les saintes Écritures avec une telle profondeur de vues, une telle clarté d'expression, une telle vérité qu'on ne sait comment expliquer humainement cette merveille ; le P. Diégo est vraiment un homme de Dieu. »

Le fait suivant va nous donner une idée des sentiments de profonde vénération qu'il inspirait à ses auditeurs.

Il prêchait une retraite à tous les ecclésiastiques de Séville tant réguliers que séculiers. On sait la difficulté qu'éprouvaient alors les prédicateurs pour gagner la confiance de ces prêtres, quelquefois imbus des idées à la mode et plus ou moins lancés dans le mouvement révolutionnaire qui agitait l'Europe. Le bienheureux Diégo avait crié merci à Jésus-Christ quand ce bon Maître l'avait spécialement chargé de travailler à la réforme du clergé séculier et régulier. « Oui, lui répondait-il tout tremblant, ils me feront, ces prêtres savants et rompus à toutes les difficultés, ils me feront des questions, des objections difficiles, et moi, pauvre ignorant, je ne saurai que leur répondre. »

Or, pendant huit jours que durèrent les exercices, le Bienheureux impressionna si fortement les prêtres qui y prenaient part, qu'un grand nombre ne pouvaient plus rester assis, mais se laissaient tomber sur leurs genoux, comme écrasés par le sentiment que ce n'était pas le P. Diégo qui leur parlait, mais Jésus-Christ lui-même par ses lèvres.

Le P. Arzad, lecteur jubilaire et recteur de son collège de Saint-Bonaventure, voyant son collègue et ami, le P. Miras, lui aussi maître en théologie de l'Ordre de Saint-Augustin, en cette posture et le visage tout enflammé de la parole du prédicateur, lui dit assez brusquement : « Que faites-vous donc?

— Que voulez-vous? Je vois manifestement que Celui qui nous parle, c'est Jésus-Christ. Comment me tenir autrement qu'à genoux pour l'entendre? »

Et de fait le bon docteur ne se servit plus de sa chaise et ne manqua aucun des sermons donnés à Séville par le P. Diégo.

C'est aussi pendant son carême à la cathédrale qu'il prononça le fameux sermon sur le jugement dernier, qui a été ensuite imprimé avec plusieurs autres, écrits à la même époque. Dans l'auditoire énorme se trouvaient confondus des hommes de toutes les classes de la société. Les pauvres, les miséreux, les déguenillés y coudoyaient les princes, les riches, les savants, les ecclésiastiques de toute religion. C'était comme une image de la vallée de Josaphat au jour où Jésus-Christ apparaîtra sur les nuées pour juger toutes les nations.

La voix du P. Diégo retentissait comme un tonnerre et faisait trembler les colonnes de l'église ; il semblait aux assistants que le pavé se dérobait sous leurs pieds, et qu'ils s'enfonçaient dans l'abîme de la réprobation pendant que les voûtes s'écrasaient avec fracas sur leur tête.

Jamais on n'avait entendu de tels accents, des peintures si vives, des raisons si convaincantes, des apostrophes si véhémentes contre le péché et contre les pécheurs.

« C'est saint Paul, disaient les uns. — Non, c'est le prophète Élie qui est revenu ! » s'écriaient les autres.

Un noble Anglais, grand voyageur à travers le monde, comme beaucoup de ses compatriotes, et cherchant dans des courses sans fin son agrément d'abord et ensuite les intérêts de son commerce, arriva en ce temps-là à Séville. Il avait visité les principales cours de l'Europe et frayé avec les hommes les plus célèbres, sinon les plus chrétiens de l'époque. Grand admirateur de Voltaire, de Rousseau, des encyclopédistes, il s'était laissé séduire par leur philosophie, il était leur ami. Il appartenait corps et âme à la secte des blasphémateurs du Christ. Sur le bruit qui courait en Espagne que l'Andalousie possédait l'orateur le plus remarquable du monde, il était venu en grande hâte pour l'entendre.

Un soir donc, il entra à la cathédrale, où le P. Diégo devait prêcher ; mais la foule était si compacte qu'il lui devenait impossible d'avancer et de se mettre en belle place pour ne rien perdre des paroles de l'orateur. Il contourne alors l'assistance et, arrivé dans le chœur, il s'adresse au Président et le prie de vouloir bien lui venir en aide. Celui-ci, gracieux, le fait conduire par l'officier de l'église à la chapelle majeure, d'où il put voir parfaitement le P. Diégo et suivre sans difficulté son discours.

Notre-Seigneur l'attendait là, comme il avait attendu saint Augustin au pied de la chaire de saint Ambroise.

La doctrine de l'Église, exposée par le Bienheureux, lui apparut si évidente de vérité et en même temps si sublime ; celui qui parlait dépassait de tant de coudées l'homme et l'orateur ordinaire, qu'il résolut à l'heure même d'abjurer l'erreur protestante et de rentrer au giron de cette Église catholique dont il voyait si clairement la divinité.

Il s'aboucha avec le P. Diégo qui le confirma dans ses généreux desseins et l'envoya à des Maîtres en théologie qui l'instruisirent à fond, levèrent tous ses doutes et préparèrent son abjuration solennelle.

Le sacrifice le plus douloureux qu'on lui imposa fut l'autodafé des œuvres de Voltaire et de Rousseau, qu'il possédait, car c'était un passionné de littérature, et ces hommes néfastes avaient, à la lettre, hypnotisé leurs contemporains. On le compta bientôt parmi les chrétiens les plus fervents de Séville, où il organisa une véritable croisade contre les théâtres et les comédies abominables qu'on y jouait. Très pitoyable aux pauvres, il leur distribuait d'abondantes aumônes.

Ce fut sa conversion vraisemblablement qui amena, de Malaga et de Cadix, au bienheureux Diégo tant de protestants de marque. Ils lui demandaient des entretiens particuliers, se pressaient autour de sa chaire quand il prêchait ses grands sermons dogmatiques, et, s'ils étaient obligés de s'éloigner de Séville, le priaient de vouloir bien continuer par lettres les instructions qu'il leur avait si bien commencées de vive voix. Combien se convertirent ! Combien réjouirent la sainte Église par leur rentrée au bercail ! Notre-Seigneur seul le sait.

Il faudrait dire un mot aussi de l'effet extraordinaire produit par le sermon de la Passion. L'archevêque, les chanoines, les ecclésiastiques de tout rang, tout l'auditoire fondit en larmes. Il leur semblait voir Notre-Seigneur dans toutes les phases de son supplice et sur la croix sanglante, tant l'orateur représentait au vif les souffrances endurées par le divin Rédempteur.

Avant de continuer le récit des hauts faits de notre Bienheureux, que le lecteur nous permette de lui donner un détail sur sa mission de Cadix, en l'année 1777. C'est lui-même qui nous le racontera dans une lettre à son vénéré directeur, le P. Gonzalès, auquel il donne, selon la coutume espagnole, le nom de Père et de grand-père.

« Encore un peu, écrit-il, et l'on me mettait sur les autels dans cette bonne ville de Cadix ; j'allais recevoir l'encens et les prières de tout un peuple ; encore un peu, et j'étais jeté en prison comme hérétique et ennemi de la religion. » Cadix avait vu naître et grandir le jeune Caamaño ; Cadix le revoyait après dix années, revêtu de l'habit des pauvres Franciscains, devenu l'oracle de l'Espagne, la tête ceinte déjà de l'auréole de la sainteté, et en possession du pouvoir divin d'opérer des miracles. On peut s'imaginer l'enthousiasme des grands et du peuple quand le souffle de son éloquence eut passé, comme une tempête, sur toutes les têtes et dans tous les cœurs. Il fallut que le gouverneur le fît accompagner par des soldats armés, baïonnette au canon, pour qu'il pût venir à la chaire, et de la chaire se rendre à la sacristie, puis au couvent. Le dernier jour il en fallut dix pour le protéger contre le flot vivant qui semblait vouloir l'envelopper et le broyer.

« Et c'est dans cet équipage que passait dans les rues le fils de perdition, le plus vil et le plus malfaisant des insectes. » Ainsi parlait de lui-même notre Saint.

Quand on sut qu'il allait quitter la ville, des groupes se formèrent compacts pour garder toutes les avenues et lui défendre la sortie. On l'aurait enlevé et ensuite gardé à vue dans l'église ou au couvent. Comme un voleur qui craint d'être pris par la police, il se cacha, le soir venu, dans une maison. Vers onze heures, il en sortit à la faveur des ténèbres et se mit en route, protégé sans doute par son ange, qui ne permit pas qu'il fût reconnu.

Pendant son séjour à Cadix, nous dit-il encore, l'étude l'avait plus occupé que l'oraison. Chose étrange, Dieu, qui lui avait donné une science infuse si étendue et si étonnante, aurait bien pu lui montrer en un instant tout ce qu'il devait savoir et tout ce qu'il devait enseigner. Mais non ; le miracle n'était pas nécessaire ; Dieu ne le fit pas ; il inspira le Bienheureux de travailler les matières théologiques et morales dont il aurait à parler ; il lui fit goûter une joie intense dans cette étude, et, après l'avoir ainsi armé de toutes pièces, il le lança sur le terrain le plus difficile, dit-on, à cultiver de la sainte Église. Le bienheureux Diégo dut prêcher la retraite aux ecclésiastiques de la ville, aux chanoines de la cathédrale et aux curés. « Je montai dans la chaire, écrit-il, avec une assurance parfaite ; sans trouble, comme sans forfanterie, et je commençai mon ministère avec une ardeur qui me dévorait. » Et il parut, à l'évêque et à tous les membres distingués de ce clergé, si bien au courant de toutes les affaires de l'Eglise et de l'administration des paroisses, qu'ils le nommèrent, séance tenante, Examinateur synodal du diocèse.

Après avoir refusé le titre et la charge, il dut accepter sur l'ordre que lui en donnèrent ses Supérieurs.

Jusque-là tout allait bien pour le P. Diégo ; il ne manquait plus que de le mettre sur les autels.

Mais voilà qu'en un sermon prêché à la cathédrale, il osa bien avancer qu'un sénateur se ren-

dait coupable d'un péché mortel quand il permettait la profanation du dimanche et des fêtes d'obligation en autorisant, ces jours-là, des courses de taureaux, des comédies, des réjouissances publiques scandaleuses, et le reste. Il le dit et le démontra avec sa véhémence accoutumée. Alors, les nobles seigneurs qui étaient chargés de la police de la ville, se sentant touchés, murmurèrent, comme autrefois les pharisiens accusés par Notre-Seigneur de pressurer le peuple ; ils se plaignirent au gouverneur et il fut fortement question de déférer au tribunal de l'Inquisition les propositions trop hardies et sans doute hérétiques du prédicateur capucin. Le bienheureux Diégo vit le gouverneur, qui était un bon chrétien et un homme loyal ; il lui expliqua ses paroles, l'apaisa, et l'affaire n'eut pas de suite. Comme il avait échappé à l'autel, il échappa à la prison du Saint-Office. Les Pères du couvent des Capucins le reçurent en triomphe, et lui firent une telle ovation sur sa victoire que son humilité s'effaroucha fort. « Pourquoi cela, s'écrie-t-il, quand mon cœur est comme un vase rempli de boue, de péchés et de misères ; quand je suis dans le fond de mon être plus corrompu que Sodome, plus couvert d'ulcères que Job, plus affligé que le paralytique de la piscine ? Ah ! je tremble dans l'attente des jugements de Dieu ! De tous ces vains applaudissements sortiront sans doute ma ruine éternelle et ma confusion. »

CHAPITRE IX

A CORDOUE ET RONDA

A peine la tempête soulevée par le terrible sermon contre les sénateurs était-elle apaisée, qu'un autre orage, bien autrement pénible, vint crever sur la tête du grand serviteur de Dieu. Un beau matin, on lui apporta un pli de son R. Père Provincial, qui le nommait à la charge de Maître des novices. Dire le trouble profond, la peine intense dans laquelle cette nouvelle le jeta, n'est pas possible. L'angoisse l'étouffait; il ne pouvait plus respirer.

Cependant, c'était un grand honneur qui lui était proposé. On le comprend; la première charge dans une province religieuse, n'est-ce pas d'avoir à former les jeunes gens qui continueront la famille et perpétueront ses œuvres? Tel maître, tels disciples. Tel Maître des novices, telle génération de religieux. Les Supérieurs de Diégo, trouvant en lui un saint, un homme consommé en vertu, en science, en prudence, de moitié, pour ainsi dire, dans les secrets de Dieu, devaient l'appeler à former les novices, et se promettaient de sa direction des merveilles de ferveur et de sainteté, sans compter les recrues nombreuses d'hommes d'élite qui viendraient dans l'Ordre, attirés par cette lumière d'un éclat incomparable. Saint Bernard avait amené avec lui dans le cloître trente jeunes gens de sa parenté! Saint François ne pouvait suffire à enrôler tous ceux que sa sainteté éminente attirait à la religion nouvelle.

Mais on avait compté sans l'humilité intransigeante de notre Saint. La journée n'était pas écoulée, qu'il envoyait à son Provincial une lettre écrite à genoux, et demandant en grâce qu'il fût déchargé de ce fardeau. Il ne pouvait l'accepter; ses épaules se refusaient absolument à le porter. Tant d'autres auraient été transportés de joie, ou du moins leur vanité, légitime jusqu'à un certain point, n'aurait opposé à la nomination que des difficultés puériles et des objections sans valeur. Le Bienheureux, tourmenté et tremblant, demandait grâce en termes d'une énergie qui ne pouvait être soupçonnée d'hypocrisie.

Et pourquoi? Cédait-il à une poussée irrésistible de l'esprit propre, ou bien était-ce une inspiration divine? Préférait-il sa vie de missionnaire mouvementée et bien en vue à l'existence obscure et monotone dans un étroit noviciat de pauvres Capucins? Ou bien Dieu lui montrait-il dans la lumière de l'évidence que telle n'était pas sa volonté?

Voici comment lui-même répond à toutes ces questions. « Si mes Supérieurs me commandaient de m'arrêter dans mes courses apostoliques, de ne plus prêcher, de n'avoir plus aucun rapport avec les peuples que j'ai évangélisés, il me semble que, joyeusement et sans aucun retard, j'obéirais à leur volonté. Mais accepter une charge dans l'Ordre, monter au rang des prélats, devenir Supérieur, j'ai le sentiment profond que ce serait entrer sur le chemin qui me conduirait à ma perte éternelle. »

Dieu, en effet, lui avait révélé qu'il l'avait choisi pour annoncer sa parole, pour être l'apôtre de sa patrie en ce moment critique où l'impiété railleuse et sotte des philosophes envahissait l'Espagne, et surtout pour réformer le clergé séculier et régulier.

Et s'il n'accomplissait pas sa mission, quelle espérance pouvait-il garder de son salut éternel? Voilà pourquoi, son humilité sans égale militant dans le même sens, il repoussait avec horreur toute prélature qui l'aurait écarté de sa route. La chose n'alla pas toute seule avec son directeur. Aussitôt prévenu, par une lettre, de la démission de son pénitent, le P. Gonzalez lui envoya quelques pages sévères qui le blâmaient vertement de sa décision trop hâtive, et lui enjoignaient de revenir sur sa parole, de présenter ses excuses au Père Provincial et de s'en remettre entièrement à sa volonté.

C'était dur; voici comment y répondit le bienheureux Diégo : « Votre lettre, vénéré Père de mon âme, je l'ai reçue avec le plus profond respect. Elle m'a jeté dans une mer sans fond d'amertume, en me découvrant toute l'étendue de ma faute. Chacune de ses phrases était comme un poignard acéré qui s'enfonçait au plus vif de mon âme! Est-il possible que je me sois à ce point écarté de la volonté de mon Dieu, moi qui ne cherche qu'une seule chose : demeurer toujours dans son cœur! Ah! je vois trop bien que je suis déjà comme abandonné et réprouvé à cause de mes innombrables péchés! Dieu est juste; ses jugements sont équitables; je les adore et m'y soumets en tremblant! »

« Enfin, Père bien-aimé, seul soutien de ce misérable Lazare couvert de pourriture et abîme d'iniquité, votre lettre a mis, à la fin, dans mon âme une résignation absolue et une grande tranquillité. Avant de la recevoir, j'étais allé déjà me jeter aux pieds de mon Provincial, qui me gronda doucement, et auquel je demandai pardon, le suppliant toutefois de ne m'imposer ni charge, ni prélature. Mais je veux vous obéir en toute chose, et je me mets à la disposition de mon Père Lecteur pour faire de moi tout ce qui lui plaira. »

Inutile de dire l'admiration du P. Gonzalès au reçu de cette lettre. A son tour, il fit des excuses et confirma le Bienheureux dans son dessein. Il était devenu trop évident à ses yeux que l'horreur pour ainsi dire instinctive du bienheureux Diégo pour toute prélature lui venait de Dieu. Les refuser était tout simplement son devoir.

Comme un avare qui aurait reçu un trésor inestimable, Diégo se retira avec la nouvelle lettre de son directeur dans la chapelle du couvent, se mit à genoux et l'ouvrit, tremblant de joie, devant le doux Maître du tabernacle. Bientôt des torrents de larmes inondaient ses joues et sa barbe; son cœur battait avec force et à peine pouvait-il respirer, tant son bonheur était grand de se voir pardonné et encore aimé. Le directeur, c'était, pour le Saint, Jésus-Christ lui-même, visible et rendant autant d'oracles qu'il prononçait ou écrivait de paroles.

Plus le renom de sainteté du P. Diégo s'étendait loin en Espagne et toute l'Europe, plus son œuvre d'apostolat grandissait et produisait des fruits inespérés; plus les miracles sortaient nombreux et stupéfiants de ses mains bénies, plus sa défiance de lui-même, son humilité, ses peines intérieures semblaient s'augmenter et se multiplier.

« Qui suis-je, écrivait-il avec sa plume trempée dans le feu de l'amour de Dieu, qui suis-je pour que Dieu s'accommode de moi! Moi qui ne le connais pas! Moi qui ne corresponds à aucune de ses faveurs? Moi sans énergie, moi le serviteur négligent, moi qui perds mon temps tous les jours! J'abuse indignement de sa bonté, j'exaspère sa patience, je provoque sa justice, jetant au vent ses volontés et ses bienfaits!

Et avec cela je vis, je ne m'enfonce pas dans la mort, et je ne suis pas broyé par la douleur? Que dire de cette situation? Que diraient les gens du monde, s'ils voyaient le fond de mon âme; s'ils me connaissaient tel que je suis devant Dieu : le plus vil, le plus ingrat, le plus misérable de tous les hommes! monstre de perfidie, de malice et d'ingratitude. Que le Seigneur me permette donc de ne plus prêcher, de me retirer dans la solitude, pour y pleurer mes péchés. »

Le démon le tourmentait d'un autre côté, soit pendant le jour, en lui inspirant toutes sortes de pensées insupportables, soit la nuit, en l'épouvantant par des songes affreux. Il en éprouvait parfois une terreur si profonde, qu'à peine pouvait-il invoquer contre son ennemi le très saint nom de Jésus, et qu'il lui sembla plusieurs fois qu'il mourait étouffé sous les griffes de Satan. Tous les grands serviteurs de Dieu ont été ainsi en butte aux attaques du serpent infernal. Saint Antoine de Padoue, pris à la gorge, n'eut que le temps d'appeler à son aide sa reine bien-aimée, la très sainte Vierge, qui mit en fuite la bête immonde et cruelle.

Au commencement de l'année 1778, en février, le bienheureux Diégo vint à Cordoue, et y ouvrit la mission qui devait produire un changement si extraordinaire dans les mœurs de cette antique cité, et ajouter des perles si précieuses à la couronne du saint prédicateur. « Jamais, écrit-il, je ne me suis senti plus désireux d'annoncer la parole divine; jamais je n'ai eu plus d'entrain, plus d'onction, plus de sentiment. »

A peine eut-il commencé à parler que les applaudissements frénétiques éclatèrent de toutes parts. Au soir même du sermon sur les théâtres et les comédies, le théâtre de la ville fut fermé et les comédiens expulsés. Voilà qui va faire frémir d'horreur tous nos impies et nos jouisseurs modernes, si fortement entichés de ce genre de plaisir. Si un saint avait l'audace de représenter la scène actuelle comme le foyer de toutes les pestilences morales, ce ne serait pas les comédiens qui seraient ignominieusement chassés, mais bien le prédicateur arriéré, assez fou pour insulter à l'esprit actuel et au progrès.

Voici cependant ce que fit Dieu pour accréditer la parole de son serviteur : Il prêchait, comme de coutume, sur la grande place, appelée la *Place des Courses*, aucune église ne pouvant contenir la multitude qui désirait l'entendre. Neuf à dix mille personnes l'entouraient, frémissant sous son verbe enflammé, comme les moissons sous la brise échauffée des grands jours. Il était quatre heures. Tout à coup le ciel se couvre de nuages noirs et bas ; le tonnerre se met à gronder sinistrement, et la pluie commence à tomber assez violente. Le Bienheureux, du haut de l'estrade, crie à son auditoire de se couvrir, de se mettre à l'abri. Mais qu'importait la pluie à ces hommes enthousiasmés et hors d'eux-mêmes ? Ils ne tiennent aucun compte de l'avertissement du Père. Alors, il interrompt sa phrase, lève les yeux au ciel et s'écrie avec un ineffable accent de foi et de tendresse : « Est-il bien possible, ô mon Dieu, que vous permettiez à l'orage, votre serviteur, de troubler ainsi des chrétiens qui vous aiment et sont venus avec tant d'empressement pour entendre votre parole? Que votre volonté soit faite cependant, car elle est toute sagesse et toute bonté. »

Puis haussant le ton, de manière à être entendu de tout son auditoire, au milieu des bruits de l'orage : « Au nom de la très sainte Trinité, s'écria-t-il, au nom de ma très douce Mère, Notre-Dame du Bon-Pasteur, du glorieux archange saint Michel, patron de cette cité, et par les mérites de mon ami, le vénérable P. Posadas, auquel cette mission a été confiée, que la pluie cesse à l'instant au-dessus de nous. » En même temps, il traçait un grand signe de croix sur les nuées, et, aussitôt, plus une seule goutte d'eau ne tomba sur l'auditoire. L'orage continuait à se déchaîner au loin, le tonnerre grondait à son aise, les nuages pesants laissaient échapper sur la campagne de véritables torrents. Le P. Diégo parla pendant une heure et demie à ce peuple ravi, chantant, sous la main de Dieu qui l'abritait, les louanges de son apôtre et de son thaumaturge. Le sermon fini, tous s'en allèrent à leur maison, et quand le dernier eut fermé sur lui sa porte, la pluie, reprenant son cours naturel, se précipita sur la ville avec une telle fureur, que bientôt les rues furent transformées en ruisseaux et en rivières.

On imagine facilement quelle autorité ce prodige, que personne ne pouvait révoquer en doute, donna aux enseignements et aux objurgations du prédicateur de la mission. Des conversions extraordinaires se produisirent. La ville si corrompue parut toute renouvelée dans ses mœurs. Un grand nombre de jeunes gens et de jeunes personnes de la première noblesse quittèrent le siècle et entrèrent dans les couvents de Cordoue. On se crut un instant revenu aux beaux jours de l'apostolat de saint François d'Assise, en Espagne, quand à chaque pas il fondait des couvents pour recevoir le grand nombre des disciples qui le suppliaient de les prendre pour ses enfants.

Un soir de la retraite qu'il donnait dans l'église des mêmes Pères Dominicains, sa figure s'alluma soudain et s'enveloppa de rayons de lumière quand, plein de zèle pour le salut de ses auditeurs, il se tourna vers le tombeau du vénérable P. Posadas, l'appela par son nom, lui demanda de se lever de son tombeau, et de constater ce qu'était devenue sa chère cité de Cordoue! Une véritable sentine de toutes les corruptions!

Cette apostrophe, et le miracle qui l'accompagnait furent comme autant de traits acérés qui pénétrèrent tous les cœurs. Les larmes s'échappèrent de tous les yeux, l'église s'emplit des soupirs et des actes de contrition de l'assistance. Impossible de résister à la grâce, impossible de ne pas se convertir.

Mais l'effort était tellement intense, la fatigue si grande pour notre Bienheureux qu'il lui fallut bon gré mal gré se reposer. Il n'en pouvait plus, écrit-il; sa pauvre tête, dans un état de faiblesse vraiment pitoyable, se refusait à lui rendre aucun service. Le repos s'imposait; il se retira dans ses montagnes de Priégo, près de Ronda.

Il est temps, je crois, de dire un mot des séjours fréquents et parfois assez prolongés du bienheureux Diégo dans la ville de Ronda au cours de ses trente années d'apostolat. Ronda appartient, comme on sait, à la province de Malaga. Elle est assise, comme une amazone en vedette, sur le premier plateau de la Sierra qui porte son nom. A ses pieds s'ouvre l'abîme effrayant de Tazo. L'air y est d'une admirable pureté, sans cesse rafraîchi par les vents qui viennent de la montagne.

Les Capucins n'y avaient pas de couvent de leur Ordre. Ils devaient donc, quand ils passaient par là, demander l'hospitalité à un homme de bien qui avait accepté le titre et la charge de Père temporel ou de syndic.

Quand le Bienheureux, sur l'ordre de ses Supérieurs, entra pour la première fois à Ronda, il s'en vint frapper à la porte du syndic, ne sachant pas que de grands revers de fortune l'avaient réduit à la misère, et mis dans l'impossibilité de rendre aux enfants de saint François les services qu'il était heureux jadis de leur offrir. Il fut accueilli quand même à bras ouverts par cet excellent homme ! Il était si peu gênant et il lui fallait si peu pour vivre.

Le lendemain, dès le matin, il dit la messe dans l'église consacrée à la très sainte Vierge sous le nom de Notre-Dame de la Paix, à laquelle, tout enfant, il avait voué une tendre dévotion.

Or, la Providence qui avait ses desseins,

voulut que des fenêtres de leur palais, qui faisait face au portail de l'église, le gouverneur de la ville, Don Manuel de Mornio, et sa très pieuse épouse, Thérèse de Rivera, vissent passer ce pauvre Capucin à la taille haute et ferme, mais tout enveloppé, pour ainsi dire, dans un vêtement divin de dignité sacerdotale, de modestie profonde et de haute sainteté. Attentifs tout d'abord, ils furent bientôt subjugués, et aussitôt, ils voulurent savoir son nom, sa mission, où il demeurait dans la ville. Quelle ne fut pas leur joie en apprenant qu'ils avaient devant eux le P. Diégo de Cadix, de la famille des Caamaño, déjà célèbre, dans tout le sud de l'Espagne, par son éloquence et ses miracles.

Se présenter chez le syndic, demander au bon Père de vouloir bien accepter dans leur maison une hospitalité qu'on ne pouvait lui donner là où il était, fut pour Don Manuel l'affaire d'un instant; le P. Diégo n'hésiterait pas, ne fût-ce que par charité pour le malheureux syndic. C'était compter sans la profonde humilité et l'esprit d'obéissance du Bienheureux. Avec son charme ordinaire, il répondit aux avances du gouverneur qu'il ne pouvait, sans la permission de ses Supérieurs, prendre abri ailleurs que dans la maison attitrée pour cela, dans la maison de celui qui était leur Père temporel.

Sans désemparer, Don Manuel et son épouse en écrivirent au Père Provincial du bienheureux Diégo : « Leur désir était intense de posséder un saint sous leur toit; le syndic était désormais dans l'impossibilité matérielle de recevoir les Capucins en voyage. — Ils voulaient faire pour ce grand ami de Dieu ce qu'avait fait pour le prophète Élisée la riche Sunamite : mettre à sa disposition, toutes les fois qu'il lui faudrait passer à Ronda, une petite chambre avec un lit, une table et un chandelier. Rien ne contrarierait son amour pour la pauvreté, rien sa mortification et son silence. »

Le Provincial, au reçu de cette lettre, prit des informations, s'assura de la religion et de la piété du gouverneur, comme de la réputation de charité de Dona Thérésa, et envoya au bienheureux Diégo, non seulement la permission, mais l'ordre de descendre désormais à l'hôtel de Don Manuel et d'y demeurer tant qu'il lui serait nécessaire.

Le Bienheureux s'émut de cet ordre; il voulait bien obéir, mais est-ce donc la place d'un pauvre enfant de saint François que ce palais si riche et occupé par les personnes les plus distinguées de la ville? L'hôpital, le porche d'une église, une maison abandonnée, comme la masure de Rivo-Torto, voilà ce qui lui convenait, voilà le gîte que son cœur ambitionnait. Il alla jusqu'au Général de l'Ordre pour calmer sa conscience et dissiper ses scrupules. Le Général ne fit que confirmer l'ordre du Provincial et ajouta que non seulement l'homme de Dieu logerait chez le gouverneur à tous ses passages à Ronda, mais encore qu'il viendrait là se reposer de toutes ses fatigues apostoliques, après ses missions, au lieu de se retirer dans un couvent de son Ordre.

La chose pourra paraître étrange au premier abord. Le Bienheureux en souffrit beaucoup. Il dira plus tard avec des larmes, combien il aime les murs de son couvent, la vie commune avec ses Frères, la prière chantée au milieu de la nuit, l'édification que lui procurent l'obéissance et la sainteté de tous! Mais Dieu conduit ses saints par des voies que n'a point tracées la sagesse humaine. Notre-Seigneur avait la riche maison de Béthanie, où il se retirait au milieu de ses amis Lazare, Marthe et Marie, soit en venant à Jérusalem, soit au retour en Galilée; asile sûr de l'amitié qui le déroba plusieurs fois à la fureur de ses ennemis; oasis béni où il opéra le plus grand de ses miracles, la résurrection de Lazare; vallée des pleurs, enfin, où il prit congé de sa Mère, avant d'aller à la mort.

Saint François, le parfait imitateur du Christ, acceptait volontiers l'hospitalité avec ses premiers disciples chez la sainte dame de Settesoli, quand il venait à Rome, et il voulut qu'elle assistât à sa mort, comme Marthe et Marie avaient vu mourir leur hôte divin sur la croix.

Notre Bienheureux, quoique d'un tempérament robuste, devait, sous le coup des fatigues excessives de son apostolat et des mortifications effrayantes qu'il s'imposait, ressentir souvent les atteintes de la maladie. Il contracta bientôt des infirmités qui demandaient l'intervention des médecins. Or, toujours ils conseillèrent à leur malade le séjour à Ronda, l'air qu'on y respire étant très favorable à ses poumons, et les eaux qu'on y trouve très efficaces contre l'enflammation d'entrailles dont il souffrait habituellement.

De plus, cet arrangement de la Providence donnait aux couvents de la Province la paix et la tranquillité qu'ils n'auraient pu goûter si le P. Diégo y avait habité. Aussitôt qu'on le savait arrivé dans quelque ville et au couvent des Capucins, une foule d'hommes et de femmes de toute condition se précipitait et prenait d'assaut les parloirs et la chapelle. On faisait queue, comme on dit aujourd'hui, pour s'approcher du thaumaturge, pour voir et entretenir un instant au moins le savant directeur, le confesseur aimé de Dieu et qui lisait dans les âmes, le consolateur si puissant de toutes les misères et de toutes les souffrances, l'homme divin qui ouvrait le ciel devant les pas de ses frères. La nuit venue, le concours ne cessait pas. On fermait bien les portes du monastère, mais elles se rouvraient forcément devant des solliciteurs de marque qu'on ne pouvait éconduire, des prélats de l'Église et de grands seigneurs d'Espagne, qui choisissaient cette heure tardive pour parler plus librement au Bienheureux de tous leurs intérêts. Ainsi, le bruit, le trouble, l'irrégularité de la vie remplaçaient forcément pour les Capucins le calme et le silence que demandent leurs exercices spirituels. Saint François avait jadis fait un miracle pour procurer cette paix si nécessaire à ses Frères. Pierre de Catane, après sa mort, opérait à son tombeau une multitude de miracles et attirait ainsi des multitudes près du couvent d'Assise. Sur les plaintes des Frères, qui ne pouvaient plus à cause de ce concours de peuple, se livrer facilement à l'oraison, saint François fit défendre, au nom de l'obéissance, à son fidèle disciple d'opérer désormais aucun prodige; Pierre obéit, les foules disparurent et tout rentra dans le calme.

Phénomène étrange et qui montre bien la main de Dieu. Le bienheureux Diégo, si recherché par la foule dans les couvents, si assiégé au cours de ses prédications, qu'il fallait lui donner une escorte de soldats pour le protéger, entrait à Ronda sans que personne parût remarquer sa présence. Il passait par les rues et personne ne le suivait, il demeurait chez Don Manuel, et les portes de sa retraite ne voyaient entrer que de rares visiteurs. Cependant on le connaissait parfaitement dans cette ville où il prêchait assez souvent, où il visitait les pauvres malades et souvent les guérissait par miracle.

Dieu voulait que son serviteur se reposât, et les anges lui faisaient une solitude. Il voulait qu'il composât ces discours magnifiques et ces puissantes apologies de la religion, destinées à renverser l'hérésie dans la catholique Espagne; et, pendant qu'il travaillait, le monde semblait oublier son existence et sa présence! C'est en effet dans le palais de Don Manuel que notre

Bienheureux a écrit les meilleurs traités apologétiques imprimés à l'époque, et que nous avons le bonheur de posséder.

Enfin, Ronda c'était pour le P. Diégo le sanctuaire préféré de sa douce Mère et Maîtresse, Notre-Dame de la Paix. Il se plaisait à ses pieds, lui parlait comme un petit enfant à sa mère bien-aimée, lui disait ses peines et ses joies, lui demandait de ne pas l'abandonner, sollicitait ses caresses, réglait sur son avis toutes ses démarches et toutes ses paroles. Bien des fois, Marie se montra dans sa beauté céleste à son dévot serviteur. Alors c'étaient les transports d'une ivresse divine. Alors, c'était l'extase de la joie. L'autel de Notre-Dame de la Paix l'attirait chaque jour plus puissamment, et entraînait son cœur dans des liens qu'aucune force ne pouvait briser. On ne s'étonnera pas qu'il ait demandé et obtenu de mourir là près d'Elle et d'être enterré à ses pieds.

Veut-on savoir quelle était sa manière de vivre chez Don Manuel? Le matin, il déjeunait d'un verre d'eau fraîche. A midi, dans le petit réfectoire qu'on lui avait assigné, il prenait ordinairement un potage d'herbes bouillies et un peu de morue cuite à l'eau. Habituellement, il ne s'asseyait pas à la table de ses hôtes, mais en quelques minutes achevait seul son misérable repas; le soir, il se contentait d'une salade de laitues amères. Jamais il ne mangeait de viande, jamais il ne buvait de vin, si ce n'est forcé par les médecins, quand les maux d'entrailles devenaient plus cruels et tout à fait inquiétants.

« Ils m'ont ordonné, écrit-il à son directeur et non sans une certaine amertume, ils m'ont ordonné de manger de la viande, même le vendredi, et j'en mange parce que vous voulez que je leur obéisse comme à vous-même. » Deux planches nues lui servaient de lit; il s'y reposait de quatre à cinq heures, quand il était malade. En bonne santé, il dormait une heure ou deux, un genou en terre, les deux coudes appuyés sur la table où il avait prié et la tête reposant sur sa main. Sur cette pauvre table, et toujours à genoux, il écrivait ses savantes homélies et les discours qu'il devait prononcer devant les Académies et les Cours de Justice.

Le règlement tracé par son directeur était observé à la lettre, sans y rien changer, comme s'il eût été dans la communauté la plus fervente. A l'heure du repas seulement, et chaque matin, à son retour de Notre-Dame de la Paix, où il avait dit la messe, il adressait quelques paroles aux personnes de la maison. Jamais il ne demanda rien pour sa commodité ou son agrément; jamais il ne sortait de sa cellule, sinon quand la charité ou la piété le lui commandaient, quand il devait visiter de pauvres malades ou confesser et prêcher dans les maisons religieuses. On ne sait ce que l'on doit le plus admirer ici, ou des facilités que lui offraient ses hôtes pour monter tous les jours plus haut sur les pentes escarpées de la sainteté, ou de l'amour intense que ressentait le bienheureux Diégo pour cette Thébaïde d'un nouveau genre, pour ce Béthanie de Ronda où il pouvait à son aise se taire, méditer, prier, se flageller, réduire son corps en servitude, perfectionner sa ressemblance avec Jésus crucifié.

Il aimait ses hôtes généreux, comme savent aimer les saints. Ayant appris, à Cordoue, que Dona Thérésa était malade et à toute extrémité, il partit en toute hâte pour l'assister à ses derniers moments, comme elle le lui avait demandé, et comme il le lui avait promis. La bénédiction que sa main traça sur elle à l'arrivée la guérit, et lui, ne voulant pas s'attribuer cette sorte de miracle, se prit à trembler d'avoir offensé Dieu en quittant sa mission.

Mais Dieu lui montra bien, à Ronda même, que sa démarche, loin d'avoir été une faute, avait satisfait son cœur. Il retournait à Cordoue quand on lui présenta une pauvre femme percluse de tous ses membres. Il récita sur elle un évangile, selon sa coutume, et soudain toutes les articulations de l'infortunée se délièrent. Elle se leva, se tint debout sans peine, et, d'un pas alerte, s'en alla aux pieds de Notre-Dame de la Paix remercier le Maître souverain qui lui rendait la santé.

Il nous faudrait expliquer, pour terminer ce chapitre, pourquoi notre Bienheureux, pendant ses missions, prit son logement presque toujours, non pas dans la maison des pauvres, mais chez les évêques, chez les princes et chez d'autres personnes considérables par leur fortune ou les charges qu'elles exerçaient?

Saint François, invité par son ami le cardinal Hugolin, ne put rester trois jours dans son palais. Le remords le torturait. Il en sortit sans dire adieu, comme un criminel qui a commis un forfait et gravement scandalisé ses frères. Le P. Diégo n'y regardait pas de si près, ce semble, et nous ne voyons pas, dans les lettres écrites à son directeur, qu'il se soit plaint de la situation qui lui était faite par les évêques ou imposée par ses Supérieurs.

Se souvenait-il donc de sa noble origine et de la somptueuse maison de son père? Pensait-il, comme tant d'autres de ses compatriotes, qu'avant d'être le P. Diégo marchant pieds nus sur les chemins pondreux, il se nommait de Caamaño et pouvait frayer librement avec tous les grands d'Espagne? Pourquoi ne pas résister aux invitations des évêques? Pourquoi ne pas insister près de ses Supérieurs pour pouvoir se retirer dans un couvent, chez des pauvres ou à l'hôpital? Préférait-il donc secrètement le palais des rois où habite la mollesse, selon la parole de Jésus-Christ, à la maison peu commode, humble et méprisée, mais pleine de vertus des gens peu fortunés?

Remarquons d'abord que partout où il le pouvait, où l'obéissance lui laissait sa liberté, comme à Ecija, à Cordoue, à Malaga et dans vingt autres villes, il demandait l'hospitalité au couvent de ses frères les Capucins. La plus petite, la plus misérable des cellules devenait aussitôt sa proie. Il n'y restait guère du reste. Où il passait les heures de la nuit, c'était dans le chœur silencieux et solitaire. Bien rarement il prenait un court repos sur le grabat en usage dans nos couvents. Cette mince paillasse étendue sur une planche lui paraissait une couche d'un moelleux excessif qu'un pécheur comme lui ne pouvait aborder.

Combien il lui était parfois pénible de demeurer au couvent, nous le savons par ce qu'il nous raconte de sa mission de Malaga. Il prêchait aux extrémités de la ville, bien loin du couvent. Et tous les soirs il lui fallait y revenir au milieu d'une nuit profonde, sous des pluies torrentielles qui le trempaient jusqu'aux os et faisaient de son misérable vêtement comme une chape lourde et glacée qui l'accablait. Il ne la changeait pas en arrivant; mais, heureux de souffrir cette incommodité, cette espèce de martyre, il se glissait sans bruit dans le chœur, se mettait à genoux sur le pavé dans le tabernacle et là, pleurant et gémissant, s'unissant d'une manière ineffable à Jésus couvert d'un manteau d'ignominie et portant sa lourde croix, il attendait l'heure des matines d'abord et ensuite l'heure de prime et de la messe.

Le matin venu, il retournait à ses prédications avec autant d'ardeur et de vivacité que s'il eût réparé ses forces sur un excellent lit et qu'il se fût assis à une table richement servie.

Il ne parlait que rarement à ses Frères; seulement, quand ils venaient le consulter, quand ils étaient tristes ou tentés violemment par le démon ; si l'un d'entre eux tombait sérieusement malade, alors c'en était fait du sommeil pour le P. Diégo. Il ne quittait pas le lit du patient et lui prodiguait les soins, le dévouement de la plus tendre et de la plus attentive charité.

Or, la vie qu'il menait chez les Capucins, il la continuait chez les évêques et les grands où l'autorité de ses Supérieurs le conduisait. Car, ne l'oublions pas, jamais ce parfait obéissant n'a fait un pas, n'a entrepris un travail, n'a pratiqué une mortification que sur un ordre reçu de son directeur ou de ses Supérieurs.

On se demande comment, dans ces maisons princières, il n'a pas été entraîné plusieurs fois, assez souvent même, à participer aux fêtes qui s'y donnent, aux repas somptueux qu'on y sert. Mais ce serait mal connaître les mœurs espagnoles et l'idée de la sainteté qu'ont donnée à ce peuple les saint Jean de Dieu, les saint Pierre d'Alcantara, les sainte Thérèse et tant d'autres. La pensée ne venait même pas à ses hôtes illustres de jeter une tentation sous les pas du P. Diégo. Ils se seraient reproché comme un crime d'entraver en quoi que ce soit sa vie d'humilité, de pauvreté, de mortification excessive. On ne lui demandait pas de s'asseoir à une table où il n'aurait touché à aucun des mets qui y étaient servis. Les évêques eux-mêmes, pleins d'une vénération profonde pour l'apôtre qui enthousiasmait leurs peuples et semait à pleines mains les miracles, ne voulaient avoir avec lui dans leurs palais que des relations de piété et de sainteté. Ils le laissaient absolument libre de pratiquer à son aise toutes les pénitences qui faisaient ses délices.

Un jour que la maladie le tenait plus fort et menaçait d'interrompre son ministère, le médecin de l'évêché où il était lui ordonna de manger un peu de viande : « Allons, dit-il gaiement à son corps, Frère l'Ane, voilà que tu as licence d'être un glouton. Nous verrons bien si tu ne feras pas mentir le dicton populaire : Ventre plein sait louer Dieu. »

Une autre raison le pressait de choisir pour demeure momentanée les évêchés et autres palais près des églises où il prêchait. Il nous la fait connaître quand il écrit à son directeur ces paroles pleines de confusion et d'ennui : « Un tel enthousiasme s'est emparé de toute la ville pour le plus misérable des pécheurs, que je ne puis plus faire un pas à travers les rues sans me voir aussitôt enveloppé, pressé, comme écrasé par tout un peuple qui baise mes mains, le bas de ma robe, jusqu'à mes pieds, qui veut à toute force recevoir ma bénédiction, qui demande que je récite un évangile, que je donne des cédules, qui exige des miracles. Impossible d'échapper à cette persécution d'un nouveau genre. Heureusement les autorités y pourvoient. J'ai la honte de m'avancer par les rues escorté d'un piquet de quatre et quelquefois de dix soldats qui me protègent contre le flot, écartent ces pauvres gens et me conduisent où je dois aller. »

Et il ajoute : « Quelle crainte me saisit à la vue de ces démonstrations; de quelle inquiétude mortelle je suis dévoré ! Dieu n'a-t-il pas bien le droit de me maudire et de me rejeter, puisque je prends pour moi la gloire qui lui appartient tout entière ? »

CHAPITRE X

L'APOTRE DE LA TRÈS SAINTE TRINITÉ

Une des pages les plus ravissantes de la vie du bienheureux Diégo est certainement celle que nous allons essayer d'écrire, et qui doit nous mettre sous les yeux sa dévotion singulière au premier et au plus grand de tous les mystères de notre religion, à la très sainte Trinité.

Dieu, toujours attentif aux besoins de son Église, avait suscité, dans les premiers siècles, de savants apologistes, comme saint Hilaire de Poitiers, pour briser l'erreur arienne qui, en niant la divinité de Jésus-Christ, détruisait du même coup le dogme de la Trinité. A la fin du XVIIIe siècle, les déistes reprenaient la même erreur et, en la semant partout, se préparaient à replonger le monde dans la barbarie. Dieu leur opposa, dans la catholique Espagne, l'homme le plus puissant en parole et en œuvres qu'elle ait jamais entendu au cours de son existence comme nation. Ses contemporains n'ont pas hésité à le proclamer l'apôtre de la Trinité, le prédicateur d'un Dieu en trois personnes, comme les temps apostoliques ont appelé saint Jean l'évangéliste de la génération éternelle du Verbe ; tellement son esprit en était plein, son cœur imprégné, son action inspirée. Il l'a si bien enseignée, si éloquemment prêchée, si ardemment invoquée, que ses paroles, dépassant les frontières de l'Espagne, sont venues en France, et ont contribué, pour une part difficile d'ailleurs à déterminer, au rétablissement de la religion et au retour à la véritable foi.

Encore tout jeune enfant, s'il élevait, comme le font souvent ceux qui désirent devenir prêtres, de petits autels dans sa chambre, il ne manquait jamais d'y coller ou d'y fixer une image représentant son mystère favori. A cela les autres enfants ne pensent même pas ; puis on le voyait, non sans étonnement, se prosterner devant elle, réciter à haute voix ou chanter à plusieurs reprises le *Gloria Patri et Filio et Spiritui Sancto.*

Il donna son nom, aussitôt qu'il le put, à la confrérie de la Sainte-Trinité, établie à Cadix, et il en porta dès lors le scapulaire avec une grande dévotion et un attachement incroyable. Quand, à sa vêture chez les Capucins, on lui demanda de s'en dépouiller pour ressembler en tout à ses Frères, il pria si humblement le Maître des novices de le lui concéder, qu'on ne put le lui refuser. Plus tard, pendant toute sa vie apostolique, non seulement il le portait sous sa tunique, mais, toutes les fois qu'il montait en chaire, on le voyait le sortir, le placer sur sa poitrine de manière que tous les auditeurs pussent l'apercevoir. Singularité sainte qui lui attira souvent des moqueries et des reproches.

« C'est tout à fait choquant, lui dit un jour un

prêtre attaché à ses pas et son ami, vous vous rendez fort inutilement ridicule !

— Ah ! répondit sur-le-champ le Bienheureux, si les ambassadeurs se recommandent au respect et à l'admiration des peuples, en portant sur leur poitrine les croix et les décorations de leurs princes ; s'ils s'en font gloire, et s'y complaisent, comment voulez-vous que je ne tienne pas, comme à un honneur suprême, à mettre, en belle place sur ma poitrine, les armes et le sceau du Roi des rois et du Seigneur des seigneurs ! Je n'ai qu'un désir : c'est qu'ils soient gravés sur ma chair aussi visiblement que je les porte sur ma poitrine ! »

De bonne heure, Dieu lui avait donné une haute intelligence du mystère de la très sainte Trinité. Devenu étudiant de théologie au scholasticat des Capucins, il lui arrivait souvent de chanter et de faire chanter, par les jeunes religieux ses condisciples, le trisagion en usage dans l'Église le Vendredi Saint, *Sanctus Deus, Sanctus fortis, Sanctus immortalis.* Les lecteurs étonnés, car c'était une innovation dans nos couvents, le laissaient faire, séduits par sa tendre et enthousiaste piété.

Vint le moment de commencer l'étude du traité que nous appelons en théologie : *De Deo Uno et Trino :* de Dieu un en nature, trois en personnes, de beaucoup le plus difficile, le plus hérissé de termes peu compréhensibles à l'intelligence, et qui semblent se contredire les uns les autres.

Le bienheureux Diégo n'avait point brillé jusque-là, au milieu de ses compagnons, par la vivacité du génie et la facilité du travail ; il était bon poète, mais médiocre théologien. Plutôt au dernier rang qu'au premier, on le considérait comme un élève sans grand avenir.

Mais, avec le traité de la Trinité, tout change de face ; le génie semble s'éveiller dans le fils de Caamaño. Il entre sans peine dans les arcanes les plus sombres du dogme ; il saisit au vol ce que les autres ne comprennent et ne retiennent qu'à grand'peine ; il donne de toutes les difficultés des explications d'une clarté parfaite. Les maîtres eux-mêmes le regardent, l'écoutent avec stupeur dissertant à l'aise et avec abondance de termes choisis, d'une vérité que l'on n'aborde jamais qu'en tremblant, et dirigeant sans crainte sa barque brillante sur cet océan sans limites, aux écueils si redoutables et si nombreux cachés sous les flots.

On l'interroge, on lui demande le mot de l'énigme !

« Connaissant, répond-il, ma stupidité naturelle, et brûlant du désir de savoir, j'ai offert à Dieu, pendant trois jours, mon oraison, mes exercices spirituels, mes pauvres mortifications. Et Dieu m'a exaucé, il m'a donné sa lumière et j'ai pu comprendre. »

Il fallut bien admettre qu'en effet Dieu l'avait secouru d'une manière miraculeuse, car il lui eût été impossible autrement de parler et d'écrire comme il le faisait et comme il le fit dans la suite, sur ce mystère des mystères. On prenait plaisir à le mettre sur ce sujet pendant les classes, pendant les conférences et aussi pendant les récréations. Il ne tarissait pas ; c'était comme autant de jets de lumière qui sortaient de ses lèvres et remplissaient tous les auditeurs d'admiration.

A partir de ce moment, le mot de Trinité était un miel pour ses lèvres, une harmonie pour son oreille, une ivresse pour son cœur, selon la parole de saint Bernard pour le saint Nom de Jésus.

Il n'a traité aucun autre sujet, pendant ses trente années de prédication, aussi souvent et avec autant de force, de clarté, de profondeur et de joie spirituelle. Les vieux théologiens d'Espagne, renommés dans le monde entier pour leur science incomparable, n'avaient qu'un cri après l'avoir entendu : « Ce Capucin a été choisi par Dieu pour rappeler au monde le mystère de la sainte Trinité, pour lui en donner la foi parfaite, pour la faire adorer et louer par tous les hommes. »

Chaque année, il en célébrait la fête avec une joie sans égale. Son visage était transformé et devenait radieux. Il se montrait avec ses Frères d'une affabilité particulière. Il prenait part à la récréation ; et si ses admirateurs lui apportaient des fruits, des gâteaux ou autres friandises, il les acceptait et les distribuait à la communauté. Ce jour-là les pauvres attitrés au couvent étaient sûrs de recevoir une aumône plus considérable, un dîner plus abondant et mieux conditionné que de coutume. Le bienheureux Diégo y veillait avec grande sollicitude. L'église aussi était parée comme aux plus grands jours, et les cérémonies conduites avec tout l'éclat possible. Enfin il ne manquait jamais d'y donner le sermon.

Que la fête de la Sainte-Trinité le trouvât dans une grande ville ou parmi les pauvres gens de la campagne, dans son couvent ou en mission, il prêchait sur le mystère. Il lui arriva d'être trois années de suite au couvent des Capucins de Malaga. Un maître en théologie, religieux d'un couvent de la ville, qui avait assisté aux deux premiers sermons, aborda un de ses amis et lui dit en riant : « Allons voir ce que le P. Diégo pourra bien nous dire aujourd'hui qu'il ne nous ait pas exposé et développé les années précédentes ? »

Ils arrivèrent à l'église des Capucins quand déjà l'orateur montait en chaire. Au premier mot, je ne sais quel frisson divin saisit les auditeurs, on allait assister à une fête du ciel. Le P. Diégo parla pendant deux heures, sans que personne eût la pensée ou éprouvât le besoin de faire un seul mouvement. Les deux amis se croyaient transportés dans le ciel et s'imaginaient contempler de leurs yeux les tableaux que décrivait la parole du prédicateur. Et celui-ci, le visage tout en feu, semblable à un séraphin, semblait ne faire autre chose qu'indiquer et développer les grands mystères qu'il voyait dans leur essence même. Ses paroles couraient si vite, les termes qu'il employait étaient si exacts, que le théologien n'en pouvait croire ses oreilles et demeurait pétrifié d'admiration.

« La gloire du Fils, qui n'est que la gloire du Père communiquée et réfléchie ; la gloire du Saint-Esprit, qui revient tout entière à son double principe, le Père et le Fils. Le Père, le Fils, le Saint-Esprit, trois personnes distinctes, égales en tout, mais une seule nature. Aucune d'elles ne précède l'autre dans le champ sans limites de l'éternité, ne surpasse l'autre ni en beauté, ni en grandeur, ni en puissance. Et cependant il y a hiérarchie dans la Trinité sainte, puisque les origines sont subordonnées aux principes, et les missions aux origines. » Tel était le thème développé par le bienheureux Diégo.

« Oh ! s'écriait-il avec un accent tout céleste ; l'égalité sans confusion, la beauté sans monotonie ! Merveilleuse Éternité, merveilleuse Beauté ! Père, Verbe, Esprit-Saint, je vous adore, je vous aime, je vous consacre mon intelligence et mon pauvre cœur. »

« Il le faut avouer, disait ensuite le religieux abasourdi : cet homme s'est promené dans le paradis pendant toute la durée du sermon. Il y a vu face à face ce que c'est que le Père, le Fils et le Saint-Esprit dans l'unité de leur nature. Saint Augustin n'a rien écrit de mieux que ce Capucin sur la très sainte Trinité. »

De fait, de tels accents n'étaient pas de

l'homme, mais de Dieu se révélant à l'homme et lui communiquant sa lumière pour lire aux voyageurs d'ici-bas la première page du grand livre du ciel. En voici la preuve. Le P. Diégo avait prié une religieuse, sa pénitente, femme d'une haute réputation de sainteté, d'implorer pour lui près de Dieu la science nécessaire afin qu'il pût prêcher avec exactitude et avec fruit les gloires de la très sainte Trinité.

Et voici la réponse qu'elle obtint du ciel : « Non seulement je donnerai à mon serviteur la science et la lumière sans nuages, mais je mettrai en son cœur une telle flamme d'amour, qu'il jouira, en me prêchant, de toutes les délices célestes que peut goûter un homme encore dans les ombres de la vie terrestre. »

Une autre religieuse qui l'avait entendu sur son sujet favori, affirma avec serment avoir vu sur sa tête une colombe aux ailes déployées et avoir entendu distinctement ces paroles : « J'ai déjà confirmé sa prédication par des miracles et je la confirmerai encore dans la suite. »

Voici le témoignage le plus éclatant et le plus extraordinaire que Dieu lui accorda :

Il sortait de la ville de Gaspe où il avait donné la mission. Le jour s'annonçait radieux, le soleil se levait dans un ciel d'une pureté d'Orient. Le Bienheureux précipitait ses pas, croyant échapper pour cette fois aux ovations du peuple qui le suivait ordinairement pendant de longues heures, et ne se lassait pas de lui demander des faveurs spirituelles et temporelles, supplice insupportable à son humilité. Il débouchait sur le grand chemin, remerciant Dieu d'avoir favorisé sa fuite, quand tout à coup il est enveloppé par la multitude qui l'avait précédé et l'attendait dans un profond silence. Il lui fallut se résigner, cette fois encore, à l'honneur et à la fatigue d'une conduite triomphale.

Mais soudain un prodige inouï force tous les yeux à se relever vers le ciel. Deux soleils apparaissent un peu au-dessous de celui qui tous les jours éclaire le monde et forment avec lui un triangle équilatéral, figure sous laquelle nous représentons ordinairement le mystère de la très sainte Trinité. Ils ont le même diamètre et le même éclat que leur aîné. Une couronne de nuages légers et baignés dans la lumière les enveloppent. Bientôt, un énorme faisceau de rayons s'échappe du centre du triangle, descend vers la terre et vient se reposer sur la tête du Bienheureux, qu'il auréole et change en un véritable séraphin.

La foule se tait d'abord, surprise, ravie et un peu troublée. L'apparition du surnaturel jette toujours je ne sais quelle terreur, même dans les âmes les plus fortes. Mais bientôt l'enthousiasme éclate en cris de joie et de louange. Le trisagion est chanté par toutes les bouches. De toutes les fermes que l'on rencontre, des villages que l'on traverse, sort un peuple de plus en plus nombreux. Tous voient le prodige et ne veulent plus quitter le thaumaturge pour lequel Dieu l'a opéré. Enfin, voici une rivière qu'il faut traverser. Depuis deux heures, les trois soleils lancent leurs feux en montant vers le sommet du ciel. Le P. Diégo supplie ses compagnons de le quitter, de retourner à leurs affaires. Ils n'y consentent qu'en voyant le miracle s'effacer peu à peu et les deux soleils des angles inférieurs s'éteindre dans l'azur enflammé.

Les philosophes du temps essayèrent bien de démontrer qu'il n'y avait eu qu'un simple mirage, un polo solaire d'une intensité particulière, mais les témoins du fait n'eurent pas de peine à démontrer que pareil phénomène était absolument inouï ; que jamais on n'avait vu deux soleils de cette force et de cet éclat se montrer à huit heures du matin ; enfin, que l'illusion ne pouvait se supposer un instant pour plus de mille spectateurs du prodige.

Non, ce n'était pas un mirage, mais la réponse reconnaissante de Dieu au prédicateur de son essence et de sa gloire trinitaire.

Aussi vit-on la piété de notre Bienheureux envers ce mystère grandir encore et se communiquer à toute l'Espagne. A son instigation, les anciennes confréries de la très sainte Trinité se relevèrent, le trisagion retentit tous les soirs sous les orangers des campagnes et dans les rues des grandes villes. Les mères berçaient leurs petits enfants aux notes de cette mélopée divine. Partout s'étalaient, appendues aux murs des églises et des cabanes, les images saintes qui rappelaient le Dieu un et trine à tous les yeux.

Qu'il se mît en route ou qu'il s'agenouillât dans une église, qu'il fût seul ou en compagnie, la parole qui sortait des lèvres de notre Bienheureux, comme l'eau jaillit d'une source puissante, était le trisagion du paradis : *Sanctus Deus, Sanctus fortis, Sanctus immortalis;* il le redisait pendant les heures si courtes de son sommeil, et quand il n'eut plus qu'un souffle et qu'il mourait, on l'entendit encore le répéter d'une manière claire et distincte. C'était l'harmonie de son âme, l'Alpha et l'Oméga, la raison d'être de sa vie. Réponse victorieuse aux négations et aux blasphèmes de l'athéisme qui, après avoir ravagé la France, pénétrait en Espagne et rêvait d'y jeter bas l'antique religion des fils de Pélage.

Un trait charmant que nous devons ajouter au tableau que nous venons de tracer : aucun saint peut-être n'a baptisé autant d'enfants que le bienheureux Diégo. L'admiration qu'il inspirait, son extraordinaire sainteté, faisaient désirer à toutes les mères, à tous les pères de l'avoir pour régénérer dans l'eau et l'esprit leurs nouveau-nés. De tous les côtés les demandes affluaient. Il croyait de son devoir d'accepter toutes les fois que la chose était absolument possible. N'est-il pas écrit : « Allez, enseignez... baptisez ? » Si grande était sa joie à chasser Satan de ces petites âmes, à y introduire l'Esprit-Saint, à les marquer du grand sceau de la très sainte Trinité ! Que de voyages pénibles, que de travaux, que d'ennuis et de persécutions il entreprit et supporta pour satisfaire à cette sainte passion? Ni les grandes pluies, ni les plus fortes chaleurs ne pouvaient l'arrêter. On le vit en plusieurs circonstances abandonner momentanément la mission et braver l'irritation des plus grands personnages pour aller baptiser l'enfant d'un pauvre ou d'un ouvrier.

« Ne me privez pas de ce bonheur, écrivait-il à un ami qui critiquait cette manière d'agir; j'éprouve une si grande jouissance à voir les démons s'enfuir précipitamment et disparaître dans l'enfer; à leur place le Saint-Esprit s'introduire et faire son temple de l'âme délivrée, en lui donnant le droit de posséder la vie éternelle. Au confessionnal, on donne au mal des coups incertains. Ici, on est sûr de frapper l'ennemi en pleine poitrine; ici, la grâce triomphe toujours et remporte la victoire. »

Quand il prenait le surplis et l'étole, telle était sa gravité que les plus légers se recueillaient à leur tour. Son visage changeait d'expression pendant les exorcismes : on croyait voir Élie exterminant les prophètes de Baal; ses yeux étincelaient; puis arrivé aux fonts baptismaux, après avoir fait les dernières onctions, lorsqu'il versait l'eau sur la tête de l'enfant, sa voix prenait une ampleur extraordinaire, et les mots du sacrement tombaient comme une parole descendue d'en haut, sur les assistants : Je te baptise au nom du Père, du Fils et du Saint-Esprit. Les larmes coulaient : lui-même s'attendrissait et commençait à pleurer.

Il tenait un registre des baptêmes qu'il avait administrés; malheureusement il s'est perdu, comme beaucoup d'autres de ses écrits qui nous auraient révélé les profondeurs de son âme de saint et d'apôtre.

CHAPITRE XI

AUTORITÉ DU BIENHEUREUX DIÉGO SUR LE PEUPLE D'ESPAGNE

Il est difficile, à un siècle de distance et dans notre pays de France devenu étranger à la religion, de se faire une idée exacte du mouvement chrétien créé en Espagne par les prédications, la sainteté et les miracles du bienheureux Diégo. Du nord au sud, de l'est à l'ouest courait son nom, auréolé d'une lumière mystérieuse et divine. On se racontait sa naissance princière et l'humilité de sa vie dans le plus humble et le plus pauvre des Ordres religieux; on se redisait les grands triomphes de son éloquence ; surtout on ne tarissait pas sur la multitude des miracles qu'il opérait, tantôt en récitant un évangile sur les malades et les estropiés, tantôt en leur donnant des images de la très sainte Vierge, tantôt en leur écrivant quelques mots de consolation et d'espoir.

Pour tous ceux qui l'avaient pu voir, il était une dernière fleur de cet arbre de sainteté planté par Dieu en Espagne, et qui avait produit les Dominique de Gusman, les Pierre d'Alcantara, les Vincent Ferrier, et tant d'autres apôtres non moins illustres. Le peuple paraissait en proie à un délire divin toutes les fois qu'apparaissait à ses yeux le grand apôtre, l'incomparable thaumaturge. Le Bienheureux était l'homme de son peuple et l'homme de son temps, prédestiné par Dieu à rendre la foi entière aux malheureux que les erreurs révolutionnaires, alors en circulation, avaient dévoyés.

Voici ce qu'il écrit de Grenade à son directeur : « Je sors de Grenade où la mission a tout mis en mouvement et comme arrêté la vie ordinaire. Les applaudissements m'ont enveloppé, m'ont poursuivi comme un tourbillon furieux qui emporte tout sur son passage. On n'a gardé aucune mesure. Ils se racontaient l'un à l'autre l'histoire de la colombe, aperçue sur mon épaule par une pauvre fille du hameau de la Véga. Le bruit se répandait qu'un boiteux tout estropié avait jeté ses béquilles maintenant inutiles, qu'un malade désespéré avait soudain recouvré toute sa force, pendant que je leur disais un évangile. La dévotion de ce peuple est devenue du délire. Tout y contribue d'ailleurs ; la haute estime que professent pour mes sermons les personnes les plus savantes et les mieux posées de la ville, l'opinion favorable des prêtres sur mon compte, enfin l'enthousiasme des communautés religieuses.

« Aussi avons-nous vu accourir aux exercices de la mission et à l'envi l'un de l'autre tout ce que la ville compte de plus distingué comme situation de fortune, comme intelligence et surtout comme vertu, chacun oubliant son rang et sa dignité pour courir, se frayer un passage et faire les derniers efforts pour se trouver un peu plus rapproché du prédicateur, sans s'inquiéter le moins du monde de l'évêque et de ses chanoines.

« De là vient que ce peuple m'a pris pour ce que je ne suis pas ; de là son empressement fiévreux à me chercher partout. Il m'enveloppe, me presse, m'étouffe, contriste souverainement mon âme ; et on est obligé quand je veux faire un pas, soit dans l'église, soit dans les rues de la ville, de me donner un piquet de soldats qui me défendent contre l'empressement exagéré ; et si je suis au couvent des Capucins, c'est vingt ou trente baïonnettes qu'il faut réquisitionner pour garder les portes de la maison contre le flot envahissant. »

Or il en était de même dans toutes les villes un peu importantes où le bienheureux Diégo donnait la mission, à Malaga, à Cordoue, à Cadix, à Murcie, à Valence. A Murcie, le sermon ou la conférence se donnait sur la place du marché Saint-Dominique. Aucune église n'aurait pu contenir la dixième partie des auditeurs. On y accourut de vingt lieues à la ronde, les fidèles marchant en procession, les bannières de leurs saints déployées, s'éclairant la nuit de mille torches et d'une quantité innombrable de cierges et charmant la fatigue du voyage par le chant des cantiques.

Le Bienheureux montait dans la chaire même qui avait servi à saint Vincent Ferrier. La place regorgeait de monde; les fenêtres des maisons.

tous les balcons et jusqu'aux plates-formes des toits étaient occupés. Il devait se faire entendre quelquefois à quarante mille personnes.

Pendant longtemps sa voix sonore, bien timbrée, puissante, y suffit sans miracle appréciable : puis, sous le coup des fatigues, des infirmités et des mortifications effrayantes qu'il s'imposait, elle baissa, devint plus faible. Il fallut que Dieu l'aidât et le soutînt miraculeusement.

A Barcelone, cinquante mille auditeurs l'attendaient pour son premier sermon. Et le lendemain il dut renoncer à monter en chaire parce que la foule ayant encore augmenté, l'administrateur de la ville eut peur d'une émeute ou au moins d'accidents qui auraient pu tourner au tragique.

A Valence, les personnes les plus qualifiées venaient, dès huit et neuf heures du matin, retenir leur place pour le sermon qui se donnait vers quatre heures du soir.

Comme les apôtres qui avaient reçu du Saint-Esprit le don des langues, il était compris de ceux qui ne connaissaient pas le castillan.

A Ecija, par exemple, un religieux Minime ayant pris avec lui un jeune novice irlandais arrivé depuis peu en Espagne, vint à la conférence ; et, quand elle fut terminée, il dit en riant à son compagnon : « Vous aviez l'air bien attentif tout à l'heure ; vous compreniez donc ce que disait le Père Capucin ? — Parfaitement, répondit l'Irlandais. Il parlait un castillan si facile que je n'ai pas perdu un seul mot, et que je puis, si vous le désirez, vous donner l'analyse du sermon avec ses preuves et ses développements. » Le religieux n'en revenait pas. Il touchait le miracle. Il conduisit le novice au Supérieur du couvent, qui lui fit réciter toute l'instruction et écrivit la relation de ce fait.

Ces immenses auditoires, le bienheureux Diégo les tenait dans sa main ; ces peuples si passionnés de la noble Espagne, il pouvait les diriger à son gré, tantôt exaltant leur religion et leur piété jusqu'à leur faire produire les actes les plus héroïques de toutes les vertus, tantôt apaisant d'un mot leurs colères déchaînées et menaçantes.

Pendant la seconde mission qu'il donnait à Malaga, au cours d'un sermon qu'il prêchait avec sa vigueur ordinaire à un peuple énorme massé sur la place trop étroite pour contenir tous ceux qui auraient voulu le voir, voici qu'on entend le roulement d'un carrosse traîné par six mules lancées à toute vitesse. C'était le général gouverneur de la ville qui arrivait, précédé de piqueurs à pied et escorté d'un assez fort détachement de cavaliers.

Actuellement, avec la révolution qui s'est faite dans nos mœurs et notre état politique, en Espagne aussi bien qu'en France, un seigneur, si entêté qu'il fût de sa grandesse, ferait arrêter son équipage et rebrousserait chemin ou chercherait une autre rue pour s'échapper. L'Espagnol du siècle dernier ne savait rien céder de ce qu'il croyait être son droit. Notre gouverneur donne l'ordre à ses gens de foncer sur la foule et de s'ouvrir un passage coûte que coûte par le milieu de la place.

Aussitôt s'accuse un remous significatif dans l'océan humain jusqu'alors immobile et silencieux : des murmures s'élèvent et grossissent comme un bruit de tempête ; la colère, la terrible colère espagnole s'allume dans tous les yeux ; l'orage va éclater, le malencontreux général va voir en un instant sa voiture mise en pièces. Lui-même sera enlevé, brisé, piétiné. Au lieu de reculer, cependant, il ordonne à sa garde de mettre sabre au clair. C'était faire sauter la mine.

Le bienheureux Diégo voit le danger. Donnant à sa voix une vigueur extraordinaire, il s'écrie dominant le bruit formidable de la foule : « Mes enfants, mes enfants, livrez passage à celui qui représente dans cette ville notre bien-aimé souverain et que nous devons honorer en lui. »

Alors, comme une vague qui frappe un énorme rocher et y brise sa fureur, le peuple s'arrête frémissant et ouvre un passage suffisant à tout le cortège. Il passe sous un ouragan de malédictions, et, quand il est déjà loin, la colère des Ecijiens achève de se dissiper aux cris mille fois répétés de : « Vive la foi de Jésus-Christ ! vive la sainte Église ! vive la parole de Dieu ! »

Ce jour-là, le gouverneur de Malaga dut la

vie au pauvre Capucin. Il daigna le faire appeler au palais et lui témoigner sa reconnaissance en lui baisant la main.

Le Bienheureux, qui le croirait ? ne fut pas satisfait du miracle qu'il venait d'opérer ; car, pour qui connaît le caractère violent des Espagnols, c'en était un véritable. Il écrivait à son directeur : « J'ai été lâche comme il m'arrive toujours. J'aurais dû arrêter les mules du gouverneur, leur commander de se mettre à genoux et les forcer à adorer Notre-Seigneur qui se trouvait exposé sur un autel près de la chaire où je parlais. Mon manque de foi et ma défiance de Dieu m'ont empêché de le faire. Que Dieu ait pitié de moi. »

Il se trouvait aussi à Malaga quand arriva, en 1793, la fatale nouvelle de l'exécution exécrable de Louis XVI. Bientôt des rassemblements se forment, l'indignation remplit tous les cœurs ; on voudrait exterminer tous ces monstres qui ont voté la mort du meilleur, du plus humain des rois. On prend la résolution de saisir et de faire passer par les mains du bourreau tous les Français présents à Malaga. Pour comble de malheur, les autorités de la ville se déclarent impuissantes à réfréner cette excitation populaire. On vint supplier le P. Diégo de parler aux furieux. Lui seul pouvait quelque chose sur leur esprit. Il indiqua donc une heure, parla longtemps, montra toute l'horreur du crime que l'on méditait, et ne s'arrêta que lorsqu'il vit les mains se tendre vers lui et promettre solennellement de respecter la vie des étrangers.

Depuis longtemps le bienheureux Diégo avait les yeux tournés du côté de la Galice. Il entendait la voix de Dieu qui lui disait, comme à saint Paul : Va vers tes frères les Galates ou Galitiens. Ils ont besoin d'entendre la vérité; car l'ennemi est entré parmi eux, hypocrite et dévorant. Ils sont en grand danger de périr sous les coups des doctrines révolutionnaires venues de France.

Plusieurs fois, ses préparatifs avaient été faits; puis des ordres précis de ses Supérieurs ou la maladie l'avaient arrêté à la veille du départ. Enfin, au mois d'octobre 1794, il se mit en route avec deux compagnons, traînant après eux un âne de petite taille qui devait les porter en cas de fatigue extrême ou de maladie. Il s'agissait en effet de marcher pendant trois grandes semaines pour atteindre la Galice, province extrême du nord-ouest de l'Espagne. Le Bienheureux allait toujours à pied, comme nous l'avons vu, avec de vieilles sandales rapiécées, n'ayant plus rien de leurs éléments primitifs, aux semelles usées, aux brides fatiguées à l'excès, qui, au moindre effort, dans les boues ou dans les pierres roulantes, se rompaient, obligeant le voyageur à s'arrêter et à les assujétir vaille que vaille à ses pieds, au moyen de cordes et de ficelles. Les cailloux aigus, les éclats tranchants, la pluie pendant les orages, la chaleur extrême aux heures avancées attaquaient tour à tour les pauvres pieds du Capucin, les meurtrissaient, les gerçaient, les mettaient en sang. Mais le Bienheureux ne paraissait pas s'en apercevoir. La souffrance aiguë ne lui arrachait pas une plainte et n'avait pas la puissance d'interrompre un seul instant sa prière ou ses entretiens spirituels.

Bien rarement pendant ce voyage de trois semaines, dont chaque jour fournissait son étape, il monta sur l'ânon, dont se servaient habituellement ses deux compagnons accablés de fatigue.

Une sorte de violence était nécessaire pour l'y contraindre, alors qu'il n'en pouvait plus et tombait en défaillance sur la route embrasée; ce qui ne l'empêcha point d'écrire à son directeur que Dieu l'avait protégé pendant son voyage d'une manière vraiment admirable, lui épargnant la faiblesse, la maladie et surtout les inquiétudes de conscience et les épreuves intérieures qu'il redoutait bien plus que toutes les fatigues et les infirmités corporelles.

A peine la caravane avait fait trois ou quatre kilomètres en s'éloignant de Séville, que le bienheureux Diégo dit à ses compagnons : « Cette fois-ci nous allons en Galice; rien ne pourra plus nous arrêter; dans l'ordre que j'ai reçu de mon Supérieur, il y a ces mots : « Aussitôt que « Votre Révérence aura reçu cette lettre, aussi- « tôt, sans retard aucun, prenez le chemin de « Galicie : si vous êtes occupé à une mission, « laissez-la et partez. »

« Allons donc, comme en pèlerinage, à Saint-Jacques de Compostelle, nous aurons la joie de vénérer les reliques du grand Apôtre et nous gagnerons les indulgences que la sainte Église offre aux fidèles en ce lieu béni. »

Après avoir ainsi parlé, le bienheureux Diégo rentra dans le silence qu'il n'interrompait jamais que pour une raison grave et devant les exigences de la charité. Pendant les derniers jours du voyage, il se mit en retraite, et fit les exercices spirituels avec autant de tranquillité, sans plus de distractions que s'il se fût trouvé dans le cloître le plus solitaire et le plus silencieux.

L'étape ordinairement était de quatre à cinq lieues par jour, selon que l'on trouvait plus tôt ou plus tard le couvent ou la maison hospitalière qui devait leur donner le gîte et le couvert. Ni les épaules des pèlerins ni l'âne ne portaient de provisions. On allait se fiant à la Providence qui devait s'occuper de ses enfants et comptant uniquement sur le pain de l'aumône.

Et la Providence veilla si bien que rien ne leur manqua. Partout ou à peu près on les reçut avec une grande affabilité, bien qu'on ne les connût pas, le Bienheureux s'abstenant de faire aucun miracle. Ils remarquèrent même que les vivres et le couvert se trouvaient être d'autant meilleurs que la journée avait été plus pénible et leurs infirmités plus accablantes. Plusieurs fois de véritables festins leur furent servis dans des endroits où ils ne pouvaient espérer que maigre pitance et accueil douteux.

C'eût été vraiment trop beau et peu conforme à la prédiction de Jésus-Christ annonçant à ses apôtres qu'ils seront persécutés, si de temps à autre des accidents n'étaient venus les contrarier et les faire souffrir.

Ils venaient d'entrer en Portugal quand, à la tombée de la nuit, cheminant par des sentiers de montagne qu'ils ne connaissaient pas, ils s'égarèrent. Les ténèbres s'épaississaient : où se tourner, ils l'ignoraient; camper là sous une roche pouvait être dangereux à cause du froid et des rosées mortelles. Ils allaient donc au hasard, à tâtons, presque au risque de tomber dans des précipices. Enfin une lumière vint à briller au détour du sentier, et bientôt les trois pèlerins arrivèrent à une métairie, propriété de certains moines dont l'histoire ne nous dit pas le nom. On demande humblement l'aumône d'un souper et un abri pour passer la nuit.

Mais l'abbé qui commandait là, redoutant que ces tard-venus ne fussent de ces bandits païens si communs en Espagne, qui venaient en quête d'aventures pour dévaliser sa maison, ne daigna pas sortir de sa cellule. Il envoya son domestique leur intimer l'ordre de passer leur chemin et leur fermer la porte au nez. Par un reste de charité, cependant, de crainte peut-être, il leur fit passer un fromage, trois poires, un grand pain de mil et enfin une botte de paille pour leur coucher.

Les voilà bien embarrassés. Mais non loin de là se trouvait par hasard un pauvre métayer qui avait vu la scène et entendu les dures paroles du riche abbé. Il s'approcha ; le Bienheureux le pria de leur donner dans sa pauvre demeure une hospitalité de quelques heures, jusqu'au lever de l'aurore. L'homme les conduisit à sa cabane, où sa femme et ses enfants leur firent le plus gracieux accueil, mettant à la disposition du pauvre voyageur tout ce qu'ils possédaient.

« Que Dieu le leur rende », écrivait plus tard le Bienheureux, et nous savons que cette parole sur ses lèvres n'était pas un souhait banal, mais une prière à Dieu, qui obtenait toujours son effet.

La même scène à peu près, mais cette fois-ci plus amusante, se renouvela quelque temps après leur entrée en Galicie. C'était encore dans les défilés de montagnes très hautes et très escarpées. Ils frappèrent à la porte d'une maison habitée par des religieux. Aussitôt l'économe se présenta, reconnut les arrivants pour des Capucins et, sans rien dire, au lieu de leur offrir l'entrée, leur offrit une petite pièce de monnaie, un réal, et leur indiqua le sentier qu'ils devaient suivre. Le Bienheureux, qui avait l'argent en horreur, refusa humblement celui qu'on lui présentait.

Alors l'économe, soit par l'effet d'une tentation diabolique, soit par jalousie d'Ordre à Ordre, entra dans une violente colère et fit pleuvoir sur les malheureux un torrent de moqueries, d'injures, de malédictions, d'imprécations, comme le savent faire ceux de cette nation emportés par une passion violente. Le Bienheureux voyait le moment où les pierres et autres projectiles allaient succéder aux paroles, il s'éloigna sans témoigner le plus petit mécontentement et chercha un gîte un peu plus loin.

Cette entrée en Galicie était de mauvais augure. La parole enflammée du P. Diégo allait se heurter aux pires doctrines d'incrédulité venues de France et attaquer des hommes remplis de la haine satanique que rien, semble-t-il, ne peut apaiser. Toutes les classes de la société en étaient infectées. Les riches et les puissants en tenaient pour le philosophisme railleur et corrompu des pères de la Révolution. Les ouvriers et les soldats, soulevés par le vent d'une folle indépendance décorée du nom de liberté, proféraient de terribles menaces et ne demandaient autre chose que la destruction de la religion et des sociétés.

Le Père les attaqua sans ménagements. Alors aux murmures succédèrent les complots. On résolut de le tuer. A Vigo, un ouvrier s'échappa avant l'heure, et, devant plusieurs de ses compagnons, s'écria qu'il se chargeait de l'affaire; qu'il porterait un tel coup au moine prêcheur, qu'il n'aurait pas seulement le temps de prononcer le nom de Jésus. Le bienheureux Diégo fut averti au moment où il montait en chaire. Il eut peur, non pour lui-même, mais à cause du crime qui pourrait se commettre. Cependant, Dieu lui donna la force de donner son sermon avec son zèle accoutumé. Le lendemain, il quittait la ville sans que l'assassin eût pu le joindre et accomplir son forfait. Jésus l'avait préservé de la mort.

A Compostelle, près du tombeau vénéré du grand Apôtre, on répondit aux exhortations du Bienheureux en multipliant les exhibitions de masques, les cavalcades insolentes et ordurières tournant en dérision les dogmes les plus augustes de la religion; on répandit à flots, comme on le fait aujourd'hui en France, les pamphlets les plus grossiers et les plus impudiques.

A Santiago et dans bien d'autres endroits encore, on poursuivait le Bienheureux de huées. Les troupes d'enfants, en le voyant passer, criaient : « Voici le diable! Le diable est au milieu de nous! Gare à nous! » C'était pour lui une violente douleur, car il avait pour le démon, cet éternel ennemi de Dieu, une telle horreur, que dans ces prédications il ne le désignait jamais par son nom, mais se servait d'une périphrase. Plusieurs fois il ne put y tenir. Se retournant près de ces malheureux, il leur dit doucement et les larmes aux yeux : « Non, je ne suis pas le diable, non! Ne m'appelez plus de ce nom maudit; je n'ai pas en moi de démon. » Ils ne laissèrent pas de continuer à chanter : « Voici le diable! » et ils lui jetaient des pierres et de la boue.

Les soldats qu'il essaya d'évangéliser répétaient dans les rues, en se moquant de ses invocations admirables de la sainte Trinité : « Dieu Saint, Dieu Fort, Dieu Immortel, délivrez-nous de ce moine, de ce Frère Capucin! Délivreznous! » — « Ils étaient, écrit le Bienheureux, d'une corruption de mœurs effroyable, et je ne pus faire de fruits parmi eux, pas plus que le divin Maître à Capharnaüm et à Bethsaïde.

CHAPITRE XII

SCIENCE MERVEILLEUSE

Prodige de sainteté, accordé par la bonne Providence à l'Espagne catholique, à la fin du XVIIIe siècle, le bienheureux Diégo fut aussi un prodige de science et d'érudition. On croit rêver à entendre les récits enthousiastes des contemporains sur la multitude, je dirais presque sur l'universalité, des connaissances de ce pauvre Capucin, qu'on avait jugé, dans sa jeunesse, incapable de faire des études et d'entrer dans une carrière libérale.

Théologien consommé, d'une sûreté de doctrine qui n'est jamais en défaut, philosophe au courant de tous les systèmes inventés par la saine raison comme par les délires de l'orgueil, cet humble fils de saint François savait à fond le droit civil et canonique; il avait inscrit, en sa mémoire, à peu près tout le texte des saintes Écritures, avec les commentaires de Corneille à Lapierre et de Dom Calmet. Les œuvres des Pères, en particulier de saint Augustin et de saint Bernard, lui étaient familières. L'histoire universelle, l'histoire de l'Église, l'histoire de son pays, il les possédait à la perfection, ne se trompant jamais ni sur un fait, ni sur une date. Phénomène plus étrange encore, il n'ignorait rien ni de la législation en usage dans les provinces et pour le gouvernement des municipalités les plus infimes, ni des antiques coutumes ou *fueros* de l'Espagne, ni de la médecine, ni de l'agriculture elle-même, lui, le fils d'un prince, qui peut-être pendant son enfance n'avait jamais vu un laboureur aiguillonnant ses bœufs sur les sillons.

Qu'on lui demandât de parler à une catégorie quelconque d'auditeurs, au sein d'une académie, d'un conseil municipal, d'une société savante, d'un groupe d'ouvriers, il était prêt à l'instant même, et au lieu de traiter un sujet banal de dogmatique ou de morale, comme font les prédicateurs ordinaires pris au dépourvu, il parlait sur les devoirs d'état de ceux qui l'entendaient, et toujours avec une telle abondance de citations tirées de leurs lois, de leurs règlements, de leurs coutumiers même, qu'ils ne savaient ce qu'ils devaient le plus admirer, de la sainteté qui éclatait en toute sa personne, ou de son incroyable érudition.

L'Espagne a la réputation, depuis longtemps, de nourrir, dans ses plaines enchantées et dans les gorges de ses sierra, les théologiens les plus doctes et les plus avisés de la terre. A Rome, dit un proverbe, on édicte les lois. C'est en Espagne qu'on en donne le véritable sens. Or, voici le jugement de ces vieux théologiens, au courant de toutes les difficultés et rompus à toutes les discussions, sur la doctrine du bienheureux Diégo, leur contemporain.

Jamais, s'écrient-ils, personne n'a parlé de

nos jours comme ce Frère Capucin! Quelles explications profondes et inattendues de la sainte Écriture, quelle intelligence de nos dogmes et en particulier du plus impénétrable, de la très sainte Trinité. Quelle connaissance des Pères et de tous les écrivains ecclésiastiques anciens et modernes! Quel ordre parfait dans les citations qu'il en fait. Son âme est vraiment, comme un Pape l'a dit de saint Antoine de Padoue, l'arche d'alliance de la loi divine et humaine! Dans son intelligence se trouvent gravées en caractères magnifiques toutes les paroles des prophètes, des apôtres, des Pères, des docteurs et des savants, tant chrétiens que païens.

« Il est aussi remarquable, disait le plus savant canoniste de l'époque, Don Sévalos, dans sa manière d'exposer un point de doctrine, que dans la multitude des documents qu'il apporte à l'appui de sa thèse. » Au sortir d'un congrès de théologiens où le Bienheureux avait été invité, Don Cuéto, autre célébrité du temps, formulait ainsi son jugement : « Le Frère Diégo nous a donné, du droit ancien et moderne, la plus brillante synthèse que j'aie jamais entendue En moitié moins de temps que moi, il pourrait décider toutes les questions imaginables, et personne ne pourrait incriminer sa sentence. »

A Grenade, il prononça trois discours dans la grande salle du tribunal suprême de cette ville, juges, procureurs, greffiers, huissiers, avoués, avocats, etc., s'étaient donné rendez-vous. Or il cita si exactement le texte des lois et des décrets, les interprétations ayant force de loi; il rappela si heureusement l'opinion des maîtres qui avaient travaillé sur la législation, tant ancienne que moderne, que les plus vieux bazochiens comme les plus jeunes avocats, surpris, enlevés, ravis, s'écriaient au sortir de la conférence : « Vraiment le Père Diégo aurait consacré toute sa vie à l'étude du droit et de la procédure qu'il n'en parlerait ni mieux ni plus sûrement. »

« Pour composer un discours comme celui que nous venons d'entendre, disait un juge en grand renom près de tous ses confrères, il me faudrait travailler au moins deux longs mois, et encore mon œuvre, comparée à celle de ce Capucin, aurait assez l'air d'une bouffonnerie. »

Voici qui paraîtra plus surprenant encore. Passe qu'un religieux connaisse la théologie et le droit, mais les règlements militaires, qu'a-t-il à voir avec eux? Comment la pensée de les connaître et de les étudier peut-elle germer dans son âme?

Or, notre Bienheureux, dans ses continuelles pérégrinations apostoliques, dut passer un jour par la ville d'Ocagna où se trouvait une école de cavalerie pour la formation des jeunes officiers. La femme du directeur de l'école, Dona Alphonsa de la Peña, grande admiratrice du saint religieux, pria son mari d'arrêter un instant la marche du missionnaire et de lui demander quelques instructions pour ses cadets. Le P. Diégo était pressé, il fit quelque difficulté, puis finit par céder, pensant qu'il y allait de la plus grande gloire de Dieu. Il parla donc à cette jeune noblesse sur la conduite que doit tenir un soldat catholique pour satisfaire à ses devoirs envers Dieu, envers le roi, envers la patrie.

Le discours dura deux heures à l'ordinaire, mais d'un style si clair, avec une parole si pleine d'affectueuses attirances, appuyant toutes les conclusions sur le texte même des lois et ordonnances militaires, dont l'orateur citait sans hésiter des pages entières, que chefs et soldats ne savaient comment exprimer leur surprise et leur admiration.

Il en fut de même au Port-Sainte-Marie où le comte O'Reilly lui demanda une conférence spéciale pour le corps d'officiers de son armée. Le P. Diégo, après avoir, dans un *discours étonnant,* rappelé toutes les ordonnances militaires des siècles passés et du siècle présent, montra avec un tact exquis ce qu'elles avaient d'excellent ou d'imparfait, par rapport à la foi et à la morale évangélique; puis il conclut en demandant pardon, à l'auditoire d'élite, de son ignorance et des erreurs qu'il avait dû commettre en un sujet qui n'était pas de sa compétence.

« Messieurs, dit alors le comte à ses officiers, ce religieux nous couvre de confusion en nous montrant qu'il a étudié, sans y être obligé, tout ce qu'il nous faut savoir si nous voulons remplir sérieusement les devoirs de notre état. »

« Vraiment, s'écrie-t-il le soir même devant

ses familiers, je croyais être l'homme d'Espagne qui possédait le mieux notre code militaire; ce Capucin m'a cruellement détrompé. Il a cité un vieux recueil d'ordonnances que j'avais complètement perdu de vue. Je crois qu'il faut aller dans la bibliothèque d'Isle-de-Léon pour en trouver un dernier et unique exemplaire. »

A Séville où il aimait à revenir, le Bienheureux prêchait une neuvaine en l'honneur du bienheureux Laurent de Brindes, depuis canonisé par la sainte Église. Il s'aperçut en montant en chaire, qu'un grand nombre de soldats avaient suivi la foule. Le bienheureux Laurent, ayant pris part, aux côtés de l'empereur Mathias, à plusieurs batailles contre les Turcs, il leur plaisait d'entendre le prédicateur raconter ses hauts faits, et ils étaient venus en foule. Alors quel ne fut pas leur étonnement de se voir visés par le prédicateur; il sut plier son sujet et leur parler comme s'il avait été un de leurs officiers les mieux instruits de tout ce qui regarde l'état et les obligations du soldat.

Enfin dernier trait qui nous montrera, mieux que tous les précédents, sa compétence en matière militaire. Il avait écrit une série de lettres à son neveu Antoine Ximenez de Caamaño, officier de l'armée royale. Celui-ci les montra; on les trouva si parfaites, si instructives, que l'administration de la guerre les fit imprimer. On en distribua un exemplaire à chaque soldat des corps d'armée du Roussillon et de la Navarre; on en fit lecture publique dans les garnisons, pour ceux qui ne savaient pas lire. Fait unique peut-être dans les annales militaires.

Il n'était pas moins intéressant pour les Ayuntamientos ou municipalités des grandes villes, qui lui demandaient des conférences. A Séville, Ecija, Cordoue, Xérès, il cita un texte de loi du temps de saint Ferdinand que personne ne connaissait, et il le cita de mémoire dans le style démodé de cette époque.

Ainsi encore faisait-il dans les sociétés de beaux-arts, de médecine, d'agriculture, d'économie politique, à Séville, à Motril, à San Lucar.

Les écrits qu'il nous a laissés : sermons, discours, dissertations, traités, ne laissent aucun doute sur l'universalité de ses connaissances et justifient pleinement le jugement exprimé par ses auditeurs et tous ses contemporains : Qu'il n'est pas un sujet sur lequel le P. Diégo n'ait eu des notions très claires, très sûres, très étendues. Le fait est donc certain, et l'histoire en est étonnante.

Reste maintenant à savoir d'où lui venait cette érudition? où il avait puisé toutes ces richesses? dans le champ de l'étude, par un labeur heureux, ou dans le sein même de la sagesse éternelle, par un simple regard de l'esprit. En d'autres termes, la science étonnante du bienheureux Diégo a-t-elle été acquise ou infuse?

Les uns, et nous devons le dire c'est le plus grand nombre, n'hésitent pas un instant : Dieu a fait en son serviteur un grand miracle. Il l'a instruit de tout ce qui lui était nécessaire pour remplir le ministère d'apôtre dont il l'avait chargé. La science du bienheureux Diégo est manifestement une science infuse! Ils ne manquent pas de bonnes raisons pour soutenir leur sentiment.

On ne peut nier, en effet, que le jeune Caamaño ait appris à lire et à écrire avec une extrême difficulté. Le digne précepteur, don A. de Aro de Grazalema, que son père lui avait choisi, dépensa tout son zèle à peu près en pure perte et ne put tirer son élève de la somnolence intellectuelle qui le possédait tout entier. Promesses, menaces, punitions même quelquefois cruelles, rien n'aboutissait, malgré la bonne volonté et la docilité parfaite de cet enfant de prédilection. A douze ans, à peine possédait-il quelques éléments de la langue latine. Il entre au collège des Dominicains, à Ubrique, et, après quelques jours, maîtres et élèves l'ont classé parmi les irréductibles, les impuissants dont on ne pourra rien tirer. Aux vacances, on s'empresse de le rendre à son père. Admis, après plusieurs examens insuffisants, et comme par faveur, parmi les clercs, au noviciat des Capucins, il entre, après ses vœux prononcés, en philosophie. Mais à peine comprend-il quelques mots aux leçons du maître et, de guerre lasse, abandonnant les terres arides de la scolastique, il se livre à la poésie dans laquelle il réussit assez bien d'ailleurs.

Voilà donc ce qu'était notre bienheureux Diégo, à seize ans, un incapable. Et si, un peu plus tard, nous le retrouvons étonnant les savants, éblouissant les foules par une science qui ne trouve pas de contradicteurs, ne faut-il pas qu'un miracle soit intervenu; que soudain les yeux de son intelligence se soient ouverts, que son entendement se soit transformé sous le coup d'une tempête subite, venue d'en-Haut? Évidemment, pour ce jeune homme dont on n'attendait rien, le miracle de la Pentecôte s'est renouvelé.

Le Bienheureux semble l'avouer, quand il rend compte à ses Supérieurs des visions dont il a été favorisé dans les premiers temps de son ministère. « Dieu, dit-il, m'a assuré qu'il ne me manquerait rien de ce qui me serait nécessaire pour confondre et détruire l'erreur, pour fortifier la foi des fidèles. Il m'a été offert, comme à Jérémie, un livre que je devais manger. A peine l'ai-je eu avalé que mon âme, devenue toute de feu, a vu se dissiper tous les nuages qui l'enveloppaient et a compris sans peine les vérités les plus hautes de la religion. »

Une autre preuve leur est fournie par cette charmante anecdote que nous avons notée plus haut dans notre récit.

Le Bienheureux prêchait à l'église Sainte-Croix de Grazaléma. Dans cette ville, les Dominicains avaient un collège où enseignait le R. P. Guerrero, ancien condisciple de Joseph Caamaño, à Ubrique : homme illustre par ses talents et qui périt assassiné par les Français pendant l'invasion de 1808. Déjà il avait entendu parler des succès oratoires du P. Diégo. Mais comment croire que ce fût le même qu'il avait connu au collège si peu intelligent, incapable de suivre le cours, affligé, pour comble de disgrâce, d'un bégaiement déplorable qui le forçait à prononcer les mots d'une façon bizarre: *cieno*, par exemple, pour *cielo*. Cependant on le lui affirmait. Il vint donc à Sainte-Croix pour l'entendre et s'en assurer.

Il le reconnut sans peine, fut subjugué comme les autres par l'éloquence et la diction très pure et très agréable de l'orateur, puis rentra aussitôt, le sermon fini, dans la sacristie pour le féliciter. Mais le P. Diégo reconnut lui aussi au premier coup d'œil son brillant ami sous la robe blanche des Dominicains; il vint à lui et l'embrassa avec tendresse.

« Est-ce bien vous, Caamaño, lui dit le P. Guerrero, dois-je en croire mes yeux et mes oreilles?

— Vous le voyez, mon cher. Il n'y a rien de moi en tout ceci. Dieu a fait en moi, pauvre ignorant, ce grand prodige pour mieux faire éclater sa puissance. »

Enfin, ajoute-t-on, s'il n'y a pas eu miracle, resterait à expliquer comment notre Bienheureux a pu étudier toutes les sciences, surtout les sciences étrangères à la vie religieuse comme la médecine, l'agriculture, les choses militaires, etc. Nous ne voyons pas qu'il ait jamais ouvert un livre traitant de ces matières ou demandé à des hommes spéciaux de l'en instruire.

Donc la science du bienheureux Diégo vient directement de Dieu, elle est infuse et non acquise.

Oserons-nous émettre un avis non pas contraire, mais un peu différent? Nous permettra-t-on de soutenir que le génie naturel de notre saint apôtre n'a pas été aussi nul qu'on veut bien le supposer? que sa vie, surtout pendant les années de scholasticat et de premier séjour à Ubrique, a été une vie d'étude continuelle? qu'ainsi la grâce divine a sans doute aidé le futur apôtre, éclairant son intelligence, donnant une grande force à sa mémoire et dirigeant son jugement : mais n'a pas eu à créer de toutes pièces l'intelligence qui devait recevoir le flot de toutes les connaissances versé d'en-Haut par l'Esprit-Saint?

Combien d'enfants se traînent dans les classes occupant invariablement la dernière place, jusqu'à l'heure où la littérature, les mathématiques, l'histoire naturelle leur apparaissent sous un certain jour, les entraînent à l'étude et leur donnent une valeur qu'on ne soupçonnait pas! Le jeune Caamaño n'était pas si dépourvu de génie que ses contemporains veulent bien le dire, puisqu'à douze ans, il savait assez de latin pour affronter l'étude de la logique. De plus, il était poète; son esprit s'élevait volontiers par delà ce monde visible, et sa langue chantait

Dieu et ses temples! Et alors, que lui importaient les grammaires et les éléments si arides et sans goût des sciences humaines? Quelle répugnance ne devaient pas inspirer à cette âme, éprise de la beauté idéale, les formules sèches et sans couleur de la philosophie? Malgré lui, la poésie le reprenait, et il chantait assez bien le Christ pour attirer l'attention de ses maîtres et de ses Frères. Dès lors, comment ose-t-on nous le présenter comme une sorte de niais ridicule et méprisé de tous?

Vienne donc au-devant de lui la science de Dieu; qu'on lui ouvre les horizons infinis au delà desquels règne l'une et indivisible Trinité! Une détente se produit, ses yeux s'ouvrent et rayonnent, il connaît cette beauté qui l'attire depuis sa plus tendre enfance! Ah! désormais l'étude sera sa joie, deviendra sa passion. Plus n'est besoin, comme en philosophie, de le rappeler à son devoir d'étudiant. Il dévore le livre classique, les manuels ne lui suffisent plus, jamais le professeur n'en dit assez; l'élève questionne, expose ses doutes, ses ignorances; pousse la discussion sur toutes les avenues où le dogme semble diriger sa course. Et quand vient son tour d'argumenter, il est d'une exactitude de doctrine et d'une force de raisonnement qui renversent ses condisciples les plus intelligents. A la fin de l'année, il est proclamé lauréat de l'étude, lui qui, en philosophie, occupait sans contestation la dernière place.

Mais voilà le miracle! dira-t-on. Peut-être; et

ces efforts et ce travail que rien n'arrête, ne nous disent-ils pas assez que Dieu a bien donné le secours nécessaire, c'est-à-dire rapproché suffisamment l'objet des yeux qui devaient le contempler, et rendu plus vifs les rayons de lumière qui en sortaient naturellement. Dieu a aidé ce qui était faible, élargi ce qui était trop étroit, fortifié les ressorts alanguis. La science du bienheureux Diégo a été une science acquise avec l'aide de Dieu, mais non une science infuse à proprement parler.

La science acquise pendant les premières années de sa profession religieuse, le bienheureux Diégo travaille continuellement à l'augmenter et à la compléter. Il dira plus tard cette parole qui nous prouve l'incessance de son labeur : « Nous travaillons beaucoup plus que les saints et ils prêchaient bien mieux que nous. »

Avec quelle ardeur il se livre à l'étude. Nous l'avons déjà raconté. Il faut lui ouvrir les portes de la bibliothèque du couvent. Saint Thomas, saint Bonaventure, dont les œuvres sont si belles, mais aussi parfois si difficiles, le bienheureux Diégo les dévore. Et quand, ordonné prêtre, il est envoyé de famille à Ubrique, son activité et son besoin d'apprendre se développent merveilleusement. Les heures du jour ne lui suffisent pas, il consacre presque toutes les nuits à graver dans sa mémoire les notions dont il a besoin, dit-il, pour devenir un véritable apôtre et convertir les âmes.

Croirait-on qu'il n'a point reculé devant

l'étude sérieuse, approfondie, jusqu'à les savoir par cœur, de nos orateurs les plus renommés de France, Bossuet, Bourdaloue et surtout Massillon, dont il aimait l'analyse si fine des passions humaines. Il ne s'en servait guère, il est vrai, dans le cours de ses missions ; ce genre d'éloquence paraissant peu conforme au génie espagnol, et peu propre à émouvoir, à enlever les masses. Mais enfin, son intelligence les avait compris.

Notez qu'il avait fait le même travail sur les prédicateurs anciens et contemporains de l'Italie et de l'Espagne, qu'il avait lu, la plume à la main, tous les chefs-d'œuvre homélitiques de saint Chrysostôme, de saint Augustin et de saint Bernard, qu'il n'avait pas dédaigné même de prendre une idée de la manière de parler des païens illustres ; et demandez-vous si vous êtes en présence d'un impuissant.

Une grosse difficulté demeure cependant : Quand et comment le prédicateur infatigable, toujours par voies et par chemins, sur toutes les routes de l'Espagne, qui donnait de longs discours, deux, trois et quatre fois par jour pendant ses missions, qui était accablé sous la multitude des confessions à entendre et des consultations à donner, a-t-il pu étudier et apprendre la médecine, le droit communal, la science militaire et le reste ? Ici, nous sommes d'accord avec nos adversaires. Le miracle a été nécessaire, Dieu l'a fait. Il a donné aux heures opportunes à son serviteur la parole nécessaire, l'érudition qui accréditait la doctrine et forçait les âmes à la conversion, C'est ainsi que, bien des fois, le Bienheureux nous fait part de ses angoisses, au moment de monter en chaire : Il ne sait vraiment quel sera le sujet du discours. Rien sur ses lèvres, pas même un mot de l'Écriture qui puisse lui servir de texte, rien dans l'imagination d'où il s'élance sur une piste peut-être parcourue autrefois, mais qu'il a totalement oubliée. Et il parle, et il instruit pendant deux heures, et il touche, sans autre moyen que l'inspiration qui lui vient d'en-haut. Il prêche, mais c'est l'Esprit-Saint, la Colombe, qui lui met dans l'esprit tout ce qu'il doit dire.

En veut-on une autre preuve, peut-être plus décisive encore. C'est la facilité extrême avec laquelle il parle des plus profonds mystères du *Credo* catholique. On dirait qu'il se joue de toutes les difficultés; qu'il voit dans le sein même de la divinité les arcanes qu'il expose et fait comprendre à tous ses auditeurs. Qu'on se rappelle ses discours sur la très sainte Trinité, si nombreux cependant et toujours nouveaux. Qu'on retienne le témoignage d'un célèbre théologien de Séville, Dom Pascal Diaz, qui eut le bonheur d'entendre, à la cathédrale de cette ville, le fameux sermon sur la Prédestination. Le bienheureux Diégo avait pris pour texte ces deux mots de saint Paul : « Dieu veut que tous les hommes soient sauvés. J'ai aimé Jacob d'un amour de dilection ; j'ai détesté Esaü. » Or, il sut si bien les mettre en regard l'un de l'autre et si parfaitement en montrer l'accord malgré leur apparente contradiction ; il fouilla si hardiment avec de grands jets de lumière les sombres abîmes de nos destinées, objet d'épouvante de toutes les âmes, que l'auditoire resta suspendu entre la terreur et l'admiration, comme si un coin du voile s'était replié, laissant apercevoir les secrets les plus redoutables de l'amour et de la justice éternels.

Pascal Diaz, reprenant le chemin de son couvent des Basiliens, marchait la tête baissée, comme perdu dans un monde de réflexion, sans dire un seul mot au religieux qui l'accompagnait. A peine fut-il rentré dans sa cellule que les Pères les plus érudits vinrent le trouver, demandant des nouvelles du discours.

« Mille et mille fois, répondit-il, j'ai étudié, j'ai creusé avec grande fatigue les deux textes qu'a cités le P. Diégo; souvent j'ai dû les expliquer à mes élèves dans les classes, et au peuple du haut de la chaire. J'avouerai ingénûment que jamais ne m'étaient venues en l'esprit la plupart des idées exposées par ce saint homme. Je suis absolument persuadé que personne ne peut parler de la prédestination comme il l'a fait, sans avoir été illuminé d'en-haut. Lisez tous nos théologiens, tous nos auteurs mystiques, tous nos docteurs, vous ne trouverez pas dans leurs écrits la lumière qui a jailli, comme un fleuve, des lèvres de ce Frère Capucin. »

Cette inspiration, nous la trouvons affirmée

encore par le fameux Denys Molinos, professeur émérite à la grande Université d'Alcala de Hénarès. Après avoir suivi pas à pas le missionnaire, entendu toutes ses instructions et ses conférences, analysé et mis par écrit les thèses posées, les preuves données à l'appui, les déductions morales qui en avaient été tirées, il conclut en disant à ses collègues : « Messeigneurs, ne nous y trompons point, cela ne s'apprend ni dans les livres, ni des lèvres d'un professeur. Jamais homme, avec les seules forces de l'homme, n'a parlé de cette façon. »

On a conservé aussi l'exclamation enthousiaste de ce docteur Augustinien de Cordoue qui, après l'avoir entendu expliquer l'Apocalypse et en appliquer certains passages aux horreurs de la Révolution française, s'écria : « Qu'avons-nous ouï ? Quel homme nous a parlé ? N'est-ce point le docteur angélique ressuscité et revenu sur la terre : bienheureux, ajouta-t-il en élevant son regard vers le ciel : bienheureux l'homme que vous avez instruit vous-même, ô mon Dieu. »

C'est le mot par lequel nous voulons terminer ce chapitre. Le bienheureux Diégo, assez pauvrement doué du côté de l'intelligence, n'avait pas reçu cependant de la nature un génie absolument impuissant. L'heure venue, il a travaillé avec vigueur ce maigre terrain; il l'a arrosé de ses sueurs, en a éveillé et mis en œuvre toutes les énergies; il en a tiré tous les fruits qu'on en pouvait attendre.

Le reste, nous l'avouons avec joie, Dieu le lui a communiqué directement et par miracle ; et ce reste, c'est, nous l'avons vu, toute la sagesse des docteurs, toute la science positive et mystique des saints, c'est la connaissance des mystères de la nature et de la grâce. Bienheureux, Seigneur, l'homme que vous avez vous-même instruit. *Beatus quem tu erudieris, Domine.*

CHAPITRE XIII

ÉLOQUENCE

Bien des fois déjà, au cours de cette histoire, nous avons parlé des travaux apostoliques du bienheureux Diégo. Nous avons essayé de mettre dans un relief suffisant son éloquence vraiment surhumaine, son zèle incroyable pour l'évangélisation de toutes les âmes, la multitude de ses instructions, enfin les fruits merveilleux que Dieu lui donnait de recueillir dans tous les champs où il avait semé le bon grain de l'Évangile.

Le P. Diégo était avant tout apôtre, prédicateur, missionnaire comme nous disons aujourd'hui. Dieu l'avait choisi et marqué pour remplir cette tâche avec éclat. En réalité, bien connaître sa vie, c'est savoir dans tout le détail comment et dans quelle étonnante mesure il a été le héraut de la parole et des volontés divines au milieu des peuples de l'Espagne.

On nous permettra donc de revenir sur cet important sujet.

« Dieu, nous dit la Sagesse, proportionne admirablement les moyens à la fin qu'il veut obtenir. » Il avait donc doué le P. Diégo de toutes les qualités physiques, morales, intellectuelles ; il l'avait orné de tous les dons surnaturels qui pouvaient le mieux accréditer sa parole auprès des peuples, exciter leur admiration et soumettre leur volonté.

D'une taille avantageuse, un peu au-dessus de la moyenne, le visage régulier et agréablement coloré, le front large et intelligent, le regard à la fois très profond et très doux, il montrait en toute sa personne cette distinction parfaite qui impose le respect, et cette bonté, cette affabilité qui attirent et fascinent les cœurs. C'était le gentilhomme espagnol dans l'épanouissement des brillantes qualités qui le constituent, sans les défauts qui trop souvent le déforment et font d'un Cid Compeador un brigand de la Sierra ou un Don Quichotte ridicule.

La sainteté s'emparant de lui dès l'âge le plus tendre, dès le berceau, pour ainsi dire, l'avait peu à peu pénétré et bientôt transfiguré. Sa beauté physique était devenue une beauté idéale, céleste, comme la beauté d'un ange ou d'un bienheureux.

Ses contemporains, à de rares exceptions près, selon le mot de saint Paul, trouvaient en lui une reproduction, une copie admirable de Celui que les prophètes et la postérité ont appelé « le plus beau des enfants des hommes ». Ils ne se lassent point de l'admirer. Le voir, disaient-ils, c'est contempler, revenu sur la terre, notre très doux et très aimable Sauveur : même aspect, mêmes lignes du visage, même expression des regards, mélange intime de vie sublime et de douceur infinie! Quelle sérénité dans toute sa personne, quelle paix profonde! quelle modestie sur ses lèvres doucement souriantes et qui semblent distiller le lait et le miel de la sagesse. Il est toute affabilité et suavité. Il attire, il séduit au premier abord et invinciblement.

Quand il sort de l'église pour traverser la ville à la recherche des malades et des pécheurs, le bruit s'en répand comme par miracle. On sort en foule de toutes les maisons, on veut le voir; on le suit obstinément, comme les foules suivaient Jésus au désert. Cependant, sa figure est comme brûlée par le soleil des grandes routes, son capuchon rabattu sur la tête cache une partie de ses joues et tout son front. Son habit râpé jusqu'à la corde semble ne tenir que par une espèce de miracle sur ses épaules.

Oui, mais c'est une vision du ciel qui passe, et il faut lui donner une garde solide : quatre, six, dix soldats qui le tiennent au milieu d'eux comme un malfaiteur dangereux, si on veut qu'il arrive à sa destination.

Comme le Christ lui-même, il apparaît aux hérétiques et aux mécréants qu'il évangélise, l'homme par excellence, tel que l'avaient rêvé les païens sans jamais pouvoir le réaliser, maître absolu de lui-même, tenant ses passions soumises, ses appétits dans une extrême dépendance, le monde et le démon enchaînés, écrasés sous ses pieds.

Joignez à cela une charité qu'aucune misère physique ou morale ne peut rebuter, qu'aucun sacrifice n'épouvante; joignez-y la science des saints et l'érudition des savants; joignez-y une éloquence incomparable qui se joue comme à plaisir dans les dogmes les plus profonds et les plus obscurs, aussi lumineuse dans ses explications pour les plus petites intelligences que pour les doctes et les savants ; et dites-moi si ses panégyristes ont exagéré la louange quand ils l'ont appelé : la gloire de l'Espagne, les délices de ses concitoyens, le sauveur de la patrie, pendant les trente dernières années du XVIIIe siècle.

Comment prêchait-il ? Quelle était sa rhétorique ? Il n'en avait pas, écrivait-il un jour à son directeur ; son manque d'intelligence ne lui ayant permis ni d'apprendre, ni surtout de retenir les règles de l'art oratoire. Il se contentait de parler à la manière des Pères de l'Église, de saint Jean Chrysostôme, de saint Bernard, de saint Bernardin de Sienne, sans trop s'inquiéter de l'ordre des preuves, des petits moyens ordinairement en usage pour produire sur l'auditoire ou la conviction ou l'entraînement des âmes. Dans les discours qu'il a écrits, — nous en avons, déjà imprimés ou encore en manuscrits, plus de trois mille, — on trouve cependant bien déterminées les différentes parties indiquées par la nature elle-même : l'exorde est très long, les deux ou trois points à peu près d'égale dimension. Nous verrons tout à l'heure ce qu'était la plupart du temps la péroraison. Comme saint Bernard, son modèle favori, il excelle à faire de ses sermons un tissu serré des paroles de la sainte Écriture. Tout en est tiré, les raisonnements, les comparaisons et les exemples. Et quand il cite les Pères, c'est encore la sainte Écriture qu'il prend de leurs mains, à peine modifiée par leur génie, pour l'instruction des différents peuples qu'ils avaient à instruire.

Et avec cet appareil d'une simplicité primitive, ne citant que très rarement et comme à contre-cœur les sentences de la sagesse païenne et les faits de l'histoire profane, il tenait attentives, haletantes sous sa parole, pendant une heure et deux heures, des foules immenses de vingt, de trente et quarante mille personnes.

Dès les premiers mots, un silence profond s'établissait comme par enchantement, chose si difficile et pour ainsi dire impossible à une si grande multitude.

Le geste restait sobre, même dans les moments où la passion agitait violemment l'orateur; il demeurait immobile, dit un de ses biographes, et ne changeait pas ses pieds de place; il paraissait comme un homme qui lirait dans un livre, mais la voix claire, vibrante, assez forte pour se faire entendre au dernier rang de l'auditoire le plus énorme, riche des modulations les plus variées, tour à tour éclatant comme la tempête pour atterrer les pécheurs rebelles, et douce comme la brise automnale pour inspirer confiance, imposait l'attention, disait toutes les nuances de la vérité et la jetait vivante et chaude dans les cœurs, fondait toutes les glaces, brisait toutes les résistances, ouvrait la source des larmes, achevait en un moment les conversions les plus difficiles.

Cette voix faisait l'étonnement de tous, car on constatait qu'après deux longues heures de discours, elle n'avait subi aucune altération, ne trahissait aucune fatigue. Elle sonnait, trompette divine, aussi fort et aussi clair qu'au début de l'instruction; et alors ils bénissaient le Seigneur Dieu disant dans leur cœur et souvent à haute voix sur les places, dans les églises, dans les chapelles : Béni soit Dieu, car ce Père est un saint. Il ne pourrait prêcher comme il vient de le faire sans un secours particulier du Seigneur.

La première fois qu'on exhuma le corps de notre Bienheureux, toutes les chairs étaient consumées, sauf le larynx demeuré intact, comme autrefois la langue de saint Antoine de Padoue; Dieu voulant montrer par ce miracle quel service cet organe avait rendu à sa gloire et au salut des pécheurs, pendant trente années de prédication.

Mais son grand triomphe était, nous l'avons dit, la péroraison des discours destinés à convertir les âmes, plus encore qu'à exposer les dogmes de l'Église ou à célébrer la gloire des bienheureux.

Après une heure et demie de démonstration, quand il croyait avoir assez convaincu la raison, assez flagellé l'erreur et le mensonge, assez mis à nu les hontes de l'hérésie ou du vice, alors, moment solennel et attendu de l'auditoire, il saisit à deux mains le crucifix attaché sur sa poitrine et l'élève à la hauteur de sa figure; les lèvres entr'ouvertes, comme dans une extase d'amour, il le regarde immobile et le contemple en silence; ses yeux s'emplissent de flammes d'amour; sans doute, Jésus se montre alors à ses regards tel qu'il était au Calvaire, cloué à la croix d'infamie et de supplice. Il le baise avec passion, le presse contre son cœur, contre ses lèvres, l'inonde de ses larmes; puis il éclate en gémissements, en exclamations de douleur et d'amour : « O douce vie de mon âme, disait-il, ô douce âme de ma vie, mon Jésus tant aimé, mon Père, mon Rédempteur. » Et les larmes, jaillissant de ses yeux, inondent sa figure, coulent comme des torrents sur sa barbe et son vêtement jusqu'à terre. Il rappelle alors à son Jésus les souffrances de la croix, son amour pour les pécheurs, il sollicite sa miséricorde en faveur des malheureux qui veulent se perdre éternellement. Transfiguré, hors de lui, il ressemble, nous disent les témoins de cette scène, à une fournaise d'amour; ses paroles et ses cris à une pluie de flammes lancées bien haut dans les airs par un volcan, et qui retombent brûlantes sur l'âme des auditeurs !

Impossible alors de se raidir et d'échapper. Il fallait, fût-on protestant, schismatique, libre-penseur, se laisser emporter par le souffle divin et pleurer de douleur et d'amour comme le bon Diégo lui-même. Les cœurs les plus durs s'amollissaient et fondaient comme une cire jetée dans la fournaise. Les haines farouches, invétérées de l'Espagnol s'évanouissaient, les passions charnelles étaient vaincues. Brisé d'émotion, on sortait du temple comme d'un parvis du ciel, répétant qu'on avait vu un chérubin, un séraphin qui parlait à l'infinie majesté du Verbe fait homme, comme s'il le voyait face à face.

Une autre puissance de notre bienheureux prédicateur, c'était l'extrême respect qu'il portait aux personnes dont il combattait les erreurs et les vices. Les protestants venus d'Angleterre en Espagne, soit pour leur plaisir, soit pour leur commerce, s'empressaient autour de sa chaire partout où ils pouvaient le joindre. Il était la merveille de l'Espagne, de beaucoup l'orateur le plus éloquent et le mieux suivi. Ces insulaires avides de connaître et de voir tout ce qui jouit d'une grande réputation, traversaient parfois toute l'Espagne pour se trouver en face du pauvre Capucin dont la renommée publiait la sainteté et les talents.

Or jamais, nous disent les contemporains, non seulement il ne leur reprocha avec amertume leur hérésie ou leur manque de religion, mais encore il n'eut pour eux que des paroles pleines d'affection et tout imprégnées de la plus ardente charité. Aux noms des hérésiarques de la prétendue réforme, il ajoutait ordinairement une épithète laudative : « Votre éloquent Luther, disait-il, le savant Calvin, l'érudit Mélancthon et ainsi des autres. »

Aussi, tous ces pauvres égarés avaient-ils conçu pour celui qui ruinait de main de maître tout l'édifice de la prétendue réforme et de la libre pensée, une affection incroyable. Ils ne pouvaient plus se séparer de lui, le suivaient de ville en ville, de mission en mission; ils exigeaient de son amitié un commerce assidu de lettres. Un grand nombre d'entre eux abjurèrent leur erreur entre ses mains; et ceux qui résistèrent à la grâce ou ne se convertirent que plus tard, ne pouvaient s'empêcher de dire à qui voulait les entendre : « Avec le P. Diégo, il faut ou se laisser convaincre, ou ne plus aller à ses sermons. »

On a remarqué aussi qu'en traitant de l'impureté, il gardait sa parole de toute expression qui aurait pu même très légèrement et de loin étonner les âmes les plus délicates. On comprenait parfaitement de quoi il était question, on concevait de ce vice, si fort à la mode dans tous les temps, une horreur profonde; mais les libertins n'auraient pu exciter les rires mauvais en répétant un seul des mots qu'il avait employés.

Une autre particularité non moins curieuse de sa prédication, c'est qu'il ne prononçait jamais le nom du démon, non plus que le nom de l'enfer, la maison maudite de l'esprit des ténèbres. Il éprouvait une telle horreur pour l'ennemi de Dieu et des hommes, son âme souffrait de si insupportables tortures à voir les âmes rachetées par le sang de Jésus-Christ se perdre et tomber sous l'empire de Satan, dans les flammes éternelles de l'enfer, qu'il se servait toujours pour les désigner l'un et l'autre de périphrases empruntées soit à l'Évangile, soit au langage imagé du peuple. Ainsi un fils au cœur très bon ne peut se résoudre à prononcer le nom du meurtrier de sa mère.

Est-il nécessaire, après ce que je viens de narrer, de reproduire les louanges que lui donnent ses contemporains, les éloges qu'ils lui prodiguent à l'envi?

Le clergé, aussi bien que le peuple, l'acclame comme un autre saint Paul, lui donne le nom d'Apôtre du XVIIIe siècle. Les savants et les Universités veulent qu'il ait été envoyé de Dieu, dans sa miséricorde infinie, pour soutenir la religion en Espagne et l'empêcher de tomber tout à fait; ou bien encore on le montre aux générations présentes et futures comme une preuve de la perpétuelle fécondité de l'Église à engendrer des saints et des apôtres.

« C'est un religieux d'un esprit tout angélique; ses paroles vives et pénétrantes ne sont pas de l'homme, mais de Dieu. »

Et encore : « Ce capucin est le Chrysostôme du XVIIIe siècle. On se tiendrait assez honoré de pouvoir lui parler à genoux et d'entendre sa parole. » Et après ses admirables sermons sur la très sainte Trinité : « Vraiment, s'écrient les évêques, c'est saint Thomas d'Aquin ressuscité. »

On n'en finirait pas, si l'on voulait citer tout ce qui a été dit, écrit, prêché, publié sur la beauté, la force, l'éclat et les résultats merveilleux de sa parole. Bornons-nous à ce fait qu'il a pu établir la paix en étouffant les haines des citoyens dans une multitude de villes, que vingt des plus importantes du royaume ont, sur sa parole, fermé leurs théâtres et congédié les comédiens ; que l'une d'entr'elles, Antequera, non seulement a fermé le sien, mais encore l'a détruit de fond en comble, tant le sermon contre les comédies et la corruption des mœurs qu'elles engendrent avait été puissant et tout pénétré de la vérité de Dieu ; enfin, que l'Espagne entière a été renouvelée dans sa foi par la mission de l'apôtre, fils de saint François.

L'erreur voltairienne et révolutionnaire importée de France avait des partisans plus ou moins avoués dans les Universités alors très florissantes de la péninsule. Elle en comptait un trop grand nombre à la cour, dans le grand commerce, dans les sociétés savantes, dans l'armée elle-même. Le peuple, trop ignorant des vérités de la religion, mal instruit par des prêtres qui prêchaient peu ou faisaient des discours à la mode, auxquels on ne comprenait pas grand'chose, n'aurait pu opposer à l'hypocrisie libérale qu'une résistance insuffisante et bientôt vaincue.

Le P. Diégo fut envoyé de Dieu. Il fit entendre la vérité aux rois et aux grands ; il la développa magnifiquement et la vengea de tous les reproches dans les Universités du royaume très chrétien, qui entendirent le prédicateur avec admiration et le comblèrent d'honneurs. Les collèges de justice, tout le personnel des tribunaux l'invitèrent à parler dans leurs prétoires, et il leur rappela les principes éternels du droit qui doivent guider les consciences et dicter les arrêts. La noblesse, aussi bien que le peuple, séduits par la grandeur et la sainteté de sa parole, furent assidus autour de la chaire où il montait plusieurs fois par jour. Les campagnes se dépeuplèrent pour l'entendre faisant mission dans la ville prochaine. Ainsi la nation entière fut évangélisée, raffermie dans la foi aux grands mystères de la Trinité et de la Rédemption, éclairée sur les menées ténébreuses ou pleines d'audace de l'ennemi; confirmée enfin, pour un temps, dans la pratique de toutes les vertus qui sauvent les âmes et font prospérer les nations.

CHAPITRE XIV

HUMILITÉ

Le grand scandale que Jésus-Christ a donné aux Juifs n'a pas été la pureté irréprochable de sa vie, mais son humilité.

Ils l'auraient accepté comme Messie, quand même il eût condamné, par ses actes et sa parole, les passions charnelles qui les dévoraient; mais pardonner à Jésus l'humilité de sa naissance, l'humilité de sa vie d'artisan, l'humilité et l'humiliation sans exemple de sa mort sur une croix d'esclave; voilà ce qui leur était impossible, voilà ce qu'ils ne pouvaient comprendre.

De là leur cri de haine et de réprobation : Enlevez-le, nous ne voulons pas qu'il règne sur nous.

L'orgueil est le caractère propre des méchants et des réprouvés. L'humilité est la vertu des saints.

On s'attend bien à la voir briller d'un vif éclat en notre bienheureux Diégo. Sans elle, il ne serait pas saint. S'il n'y avait pas excellé, l'Espagne ne le compterait pas aujourd'hui parmi les plus illustres de ses enfants dans la sainteté.

Si les débuts de sa vie, pénibles et méprisés, semblent avoir été favorables au développement en lui de cette première de toutes les vertus, tout, à partir de sa profession religieuse dans l'Ordre des Frères-Mineurs Capucins, paraît lui être contraire et devoir la détruire de fond en comble.

En effet, bien peu de saints ont été, autant que lui, de leur vivant, l'objet de l'admiration universelle; peu ont vu élever aussi haut leurs talents, leurs vertus; aucun que je sache n'a reçu de sa patrie les honneurs dont il a été littéralement accablé?

Nous ne voulons pas faire le tableau complet de ces honneurs. Il nous suffira de dire qu'il était, après quelques années de prédication, chanoine honoraire de toutes les églises cathédrales d'Espagne, avec le privilège de siéger le premier au chœur après le doyen du Chapitre; que grand nombre d'évêques, d'archevêques, de cardinaux lui avaient confié les fonctions de grand théologien, de juge de leur officialité, d'examinateur synodal, de membre du Saint-Office. Évêques, prêtres, religieux de tous les Ordres l'avaient en si grande vénération et si profonde estime qu'ils l'écoutaient à genoux, comme si le Christ lui-même eût été assis dans la chaire.

De plus, presque toutes les Universités du royaume, corps constitués d'une manière toute spéciale en Espagne, très jaloux de leurs privilèges et très difficiles pour l'admission régulière de leurs membres, l'avaient acclamé comme un de leurs maîtres. Sur l'ordre exprès de ses

Supérieurs, il avait dû accepter les insignes de maître en toutes les sciences, de docteur à tous les titres. Il lui avait fallu revêtir par-dessus son pauvre habit de capucin, les riches livrées qui appartenaient aux académies et à tous les corps savants. Il lui avait fallu en cet équipage recevoir de longs et chaleureux compliments auxquels lui-même répondait par des discours que l'imprimerie nous a conservés. S'il avait porté toutes les décorations que lui envoyèrent le roi et les princes de Madrid, les grands du royaume, les sociétés de toute espèce et les municipalités, il en aurait été couvert, ou pour mieux dire étouffé.

Ajoutez, si vous le voulez, toutes les distinctions qui pouvaient lui venir soit de son Ordre même, soit des Souverains Pontifes : le titre d'ex-Provincial avec tous les privilèges imaginables ; le pouvoir que le Pape lui avait concédé, par une lettre écrite de sa main, de donner des milliers d'indulgences plénières à ceux qui suivaient ses missions.

Ajoutez, enfin, l'enthousiasme des foules qui venaient de tous les points de l'Espagne pour entendre sa parole, lui demander un avis, une consolation, un miracle; qui l'acclamaient comme un saint; qui voyaient en lui un nouveau Paul, un nouveau Vincent Ferrier, un Apôtre nouveau, l'Apôtre de l'Espagne; qui s'estimaient heureuses quand elles avaient pu baiser sa main, le bord de sa robe, emporter comme une relique précieuse un morceau de son vêtement.

Il n'en faut pas tant, hélas, pour tourner la tête aux plus robustes dans la vertu!

Se garder de tout sentiment de suffisance au milieu d'une semblable tempête d'estime et d'admiration, passer indifférent à travers ces ovations sans fin et ces triomphes, ce serait déjà fort au-dessus de la vertu du plus grand nombre; mais se prendre en pitié, alors que les louanges éclatent de toutes parts; s'enfoncer dans son néant et sa misère native, d'autant plus avant que les honneurs s'accumulent sur les épaules; se mettre au plus bas de l'humanité, se traiter comme un criminel, et vouloir être traité comme tel par tous les hommes, alors que le trône qu'on nous élève monte jusqu'aux astres. Voilà, on n'en peut douter, l'héroïsme des saints, l'héroïsme sublime de notre bienheureux Diégo.

Écoutons-le dans la pièce de vers qu'il composa un jour pour récréer ses frères du couvent d'Ubrique. Nous savons qu'il versifiait facilement, sinon d'une manière sublime et en poète de large envergure.

« Quand je vois, commence-t-il, pendant mes missions les peuples s'émouvoir, s'engouer, faire des folies pour le prédicateur qui vient de leur arriver; quand j'entends leurs applaudissements, leurs hosannah, je demande à mes voisins : Mais pourquoi donc tout ce bruit? Ils sont dans l'erreur, ils se trompent, il faut les désabuser.

« Ce P. Diégo quel est-il? Ah! un Élie sur son

char de feu! Un nouveau Paul! Un apôtre de premier mérite! Un Vincent Ferrier ressuscité! Voilà ce qu'ils proclament sans trop savoir ce qu'ils disent.

« Mais non, je ne suis et n'ai jamais été ce que vous dites. Cessez de répéter par les rues que le Fr. Diégo est un saint, un apôtre, un Paul, etc. Si vous voulez dire la vérité, annoncez hardiment que je suis l'antipode de Jésus-Christ.

« De l'âne de Balaam je suis le vivant portrait. Quand vous me verrez acclamé par la foule, répondez : « Pourquoi donc faire tant de « cas d'un âne? »

« Prêtre et missionnaire, je le suis, je ne puis le nier; mais aussi sûrement suis-je un pauvre sot et l'ai toujours été. Ce qu'on admire en moi n'est qu'un décor qui ne m'appartient pas. Cette érudition n'est point mienne. Tout vient de Dieu, est à Dieu et non au Frère, de son vrai nom Frère Misère.

« En fait de science, je vaux le Nabal, stupide mari de l'intelligente Abigaïl. En fait de sainteté, je suis un Caïn. Pour les connaissances et la vertu, un ange? Non. Un chérubin? Non. Un Ambroise, un Thomas d'Aquin, un Bonaventure? Non. Quoi donc? Un âne encapuchonné.

« Rendez à Dieu la gloire qu'il mérite pour tout ce qu'il a mis de bien en moi. Laissez-moi être ce que je suis, ce que Dieu me sait être. »

Le Bienheureux continue de la sorte, pendant plusieurs dizains très plaisants, à se moquer de sa prétendue grandeur, puis il en arrive à cette conclusion :

« Un âne de Galice ayant vieilli à la peine, fut un beau jour chargé par son maître d'un harnais tout neuf. Aussitôt, maître Aliboron, se voyant ainsi traité, s'imagina être un bourgeois fort riche. En conséquence, il ouvrit la bouche pour prononcer un discours; il n'en sortit qu'un affreux braiment. Force lui fut alors d'avouer qu'il n'était qu'un âne et un âne bâté de Galice. Ainsi du Fr. Diégo, du Frère Misère. »

On le voit, d'après cette poésie badine, faite pour amuser ses Frères, le Bienheureux reconnaissait avoir reçu de Dieu des bienfaits sans nombre; il voyait, je dirai avec épouvante, les dons les plus exquis attachés à son âme, les grâces les plus singulières tombées sur lui comme une pluie de bénédictions sur la terre. Mais qu'il voyait pauvre, mauvaise, ingrate, cette terre qui l'avait reçue! De là, les termes de mépris dont il se sert pour se nommer; de là, les appellations injurieuses dont il se couvre à plaisir, répétant sous toutes les formes ces mots du prophète : « A vous seul, Seigneur, l'honneur et la gloire; à nous, la confusion et le mépris. »

Il faut lire ses lettres au directeur de sa conscience pour se rendre compte du dégoût, de l'effroi, de l'horreur que lui cause la vue de son néant et de sa misère. Il est au-dessous de tout; il mérite tous les châtiments du ciel; l'enfer inférieur n'a pas assez de tourments pour punir comme il convient ses lâchetés, ses trahisons, ses crimes de toute espèce contre l'amour de Jésus-Christ, son doux maître... Parfois, le sentiment de sa misère devient tellement intense, qu'il demande à son directeur la permission d'abandonner la prédication pour se retirer dans un monastère de son Ordre, s'y cacher et faire enfin pénitence.

Il faut relire les prières qu'il adressait à Dieu-Trinité ou à Jésus-Christ au cours de ses prédications :

« Comment pouvez-vous donc me supporter, ô mon Jésus! Vous savez bien, vous qui savez toute chose, que je suis cette bête féroce qui aurait voulu dévorer Joseph, votre fils bien-aimé? Comment pouvez-vous venir dans mes mains, vous y reposer? Ne vous crient-elles pas, ces mains, que je suis un monstre d'iniquité? »

Et se tournant parfois vers ses auditeurs, il leur disait, la figure bouleversée, des larmes abondantes coulant de ses yeux : « N'en doutez pas, mes Frères, je suis le plus vil des pécheurs, digne de mille enfers. Celui des démons est insuffisant pour punir mes iniquités. Elles m'ont rendu plus hideux aux regards de Dieu que les plus méchants des perdus de l'abîme. Demandez au Seigneur qu'il ne vous frappe point à cause de mon indignité. »

A ses compatriotes de Cadix, il disait : « Ne comprenez-vous pas, à la fin, que je suis le plus grand des pécheurs? Ne le voyez-vous pas? Mes péchés m'ont à ce point obscurci l'entendement, que c'est à moi que s'applique dans toute sa rigueur la parole du prophète : « On l'a comparé « aux bêtes sans raison, et il a été trouvé plus « misérable qu'elles. » Je ne sais comment Dieu peut me supporter sur la terre! Croyez-moi, mes enfants, je suis un grand pécheur. »

Au grand évêque de Cadix, qui le vénérait comme un saint et l'invitait à sa table : « Le poids énorme de mes péchés est la vraie cause du peu de succès de mes prédications. Si j'étais tout autre, ces braves gens, qui viennent entendre la parole de Dieu de quatre, de six, de huit lieues, retourneraient chez eux guéris de toutes leurs infirmités spirituelles et corporelles. Ah! comme je tremble qu'au jour du jugement, ils ne se lèvent contre moi. »

Pendant les nombreux voyages qu'il faisait à travers toute l'Espagne, souvent il sortait du silence de la méditation pour crier sans préparation au Père qui l'accompagnait : « Écoutez, je suis bien un homme tout charnel... non, une bête de somme; je ne sais comment Dieu me supporte. Mon Père, vous saurez à la fin ce qu'est votre Frère; vous serez détrompé du tout au tout; vous verrez clairement que je suis un grand pécheur. »

A quoi un auteur du temps qui connaissait le Bienheureux répondait avec une simplicité charmante, oubliant dans quel sens parlait l'Apôtre capucin : « Que dis-tu, Diégo? Comment, toi, un homme charnel? Toi, un grand pécheur? Toi qui fais resplendir le nom de Dieu dans toute l'Espagne! Toi qui portes écrit sur le front, gravé dans tout ton extérieur, imprimé sur chacun de tes mouvements, la modestie du Christ, l'image la plus vivante de la perfection chrétienne! Toi, un homme charnel? Mais le ciel t'enivre incessamment de consolations spirituelles. Mais pendant le saint sacrifice, nous voyons ton visage enflammé de l'ardeur des séraphins, et tu nous apparais comme absorbé tout entier par la Divinité! Toi, un grand pécheur? Mais tu commandes au démon et il est forcé de t'obéir; à la maladie, et elle s'enfuit épouvantée par ta voix; aux vents, à la tempête, et ils s'apaisent soudain! Toi, un homme charnel? Et je te vois revêtu de la puissance des miracles, rempli de l'esprit de prophétie : Dieu t'a donné de connaître le secret de toutes les consciences. Oui, en vérité, tu es un homme tout charnel! »

A l'observer de près, le P. Diégo semblait n'avoir d'autre préoccupation, d'autre volonté que l'acquisition et le perfectionnement de la vertu d'humilité. Il s'y exerçait sans cesse et ne manquait jamais une occasion de s'abaisser et de se mettre sous les pieds de tous.

Il se rendait un jour de Xérès à Ubrique. Son compagnon, qui souffrait de la chaleur intense du plein midi, ne put se retenir de lui demander pourquoi il marchait si vite.

« Les mulets de Galice sont robustes, lui répondit le Bienheureux ; ils vont à cette allure. »

On rapporte encore qu'après avoir fini sa mission de Saragosse, il s'en fut prendre congé du président des chambres royales, chrétien d'une piété exemplaire : « Frère Diégo, lui dit ce seigneur, j'ai grande confiance en vos prières. Je compte sur vous pour arriver au ciel. Accablé d'infirmités je marche difficilement : vous m'y conduirez donc en carrosse.

— Ceci, je ne puis vous le promettre, répartit joyeusement Diégo, mais si vous consentez à monter un mulet, je puis vous procurer cet animal. »

Le mulet, c'était lui-même; il aimait à s'appeler de ce nom, sans doute parce que cette bête de somme, selon le dire de saint François de Sales, « est laide et puante ».

Voici comment il organisait sa petite troupe quand il se mettait en voyage. Nous savons qu'il était ordinairement accompagné de deux religieux de son Ordre, et qu'un âne les suivait pour soulager celui qui pourrait se trouver fatigué.

« Frère un tel, commençait-il plaisamment, sera notre gardien ; Frère un tel sera le vicaire ; moi et l'âne nous serons les sujets. »

On comprend, dès lors, combien lui étaient pénibles les honneurs que lui rendaient à l'envi les princes et les peuples. On n'avait pas encore la photographie, mais on savait peindre et graver, et le portrait du saint prédicateur se rencontra bientôt partout, dans les palais et dans les fermes.

On le vendait dans les rues. Quand il rencontrait les vendeurs, la tristesse et l'effroi s'emparaient de son âme. « Que faites-vous, malheureux? leur disait-il. Comment les magistrats de cette ville peuvent-ils permettre de reproduire les traits d'un pareil monstre de méchanceté? Comment donnent-ils l'autorisation de le vendre? Ah! si Dieu ne me faisait la grâce de connaître ma misère telle qu'elle est, je serais perdu! Pourquoi m'exposer de la sorte à pécher? »

Il était à Séville en 1795 et se rendait aux funérailles d'un de ses frères en religion, le Fr. Jacques. Or, en passant par certaines rues, il entendit des aveugles qui criaient son portrait. C'était pour ces pauvres gens un moyen de gagner quelques réaux. Il s'approcha de l'un de ces vendeurs et, plein d'une sainte colère : « Jetez au feu, lui dit-il, tous ces fatras. Ce portrait est dégoûtant! »

Ce fut bien autre chose quand, dans une de ses courses apostoliques, il passa par la maison d'une dame très pieuse dont il dirigeait la conscience, et qui avait pour le saint religieux une profonde vénération. Une des premières, elle s'était procurée le fameux portrait, l'avait encadré richement et suspendu en belle place dans sa chambre particulière. Le soir, elle rassemblait devant cette image ses enfants et ses domestiques; on allumait quelques bougies et on faisait la prière.

Le bienheureux Diégo le sut; il s'informa de l'heure et, entrant à l'improviste, surprit à genoux tout le monde. Alors, ce furent des paroles sévères, de durs reproches à la noble dame. Il arracha le malencontreux portrait de la muraille, le foula aux pieds, le déchira en plusieurs morceaux. « Ainsi, tous, dit-il, vous devez traiter l'image et l'original d'un misérable pécheur qui, pour ses iniquités, mérite d'être foulé aux pieds par les démons. » Une sainte colère enflammait ses regards.

La pauvre señora se jeta toute tremblante à ses pieds, lui demandant pardon dans les termes les plus touchants. Mais déjà le P. Diégo était revenu à son amabilité habituelle. Il donnait à sa pénitente d'excellents avis, la consolait, édifiait puissamment les témoins de cette scène stupéfiante.

Le lendemain, son discours au peuple de la ville fut sur l'honneur dû à Dieu, et les mépris dus au Fr. Diégo. Il pria ses auditeurs qui, par erreur, auraient acheté son portrait, de le déchirer et de le remplacer, dans leurs demeures, par l'image de la très sainte Trinité.

A Ecija, il s'avisa, pour faire disparaître ces malencontreux portraits du Frère Misère, de les faire acheter tous, par un sien ami, aux aveugles qui les vendaient. On les lui apporta. Il les jeta lui-même au feu, disant, comme dans une cérémonie sacrée : « Qu'ils brûlent et qu'en se consumant, ils embrasent l'original de l'amour de Dieu, de zèle pour sa gloire et son honneur. »

Avouons que ce dernier moyen de tuer la dévotion populaire pour son prédicateur n'était pas très habile. Les aveugles firent une bonne affaire en vendant leur stock d'un seul coup. Dès le soir même, sans doute, leur provision était renouvelée, mais les saints ne sont pas toujours obligés de voir si loin devant eux. Nous comprenons que, dans toutes ces circonstances, l'humilité du Saint aurait bien pu trébucher à l'enthousiasme populaire et se briser en mille éclats, si elle n'avait pas jeté ses racines jusqu'au plus profond de sa grande âme.

Une autre fois, il dit à ceux qui l'entouraient : « Voulez-vous savoir qui je suis ? Un âne qui a obtenu dispense du Créateur pour ne marcher que sur deux pieds. »

Cherchant un jour dans les œuvres d'un saint une citation qu'il avait employée dans un discours, il ne l'y trouva point. Alors, il demeura pensif pendant quelques instants, puis, se jetant à genoux devant son crucifix, il s'écria : « Maintenant, ils pretendront encore que je suis un érudit et un savant! La citation est de moi et non d'un autre. »

Humble de pensée, humble de cœur, humble dans ses désirs, il traduisait cette humilité dans toutes ses actions. Les Universités l'ayant presque toutes élu comme membre participant, il devait, de temps à autre, prendre part aux grandes cérémonies et réceptions organisées par ces corps savants et tout puissants de l'Espagne. Il lui fallait donc revêtir par-dessus son pauvre habit, rapiécé de haut en bas, les riches insignes de sa dignité, les manteaux d'hermine, les velours et les ors. Sous ce pompeux appareil, nous disent les contemporains, on aurait dit un condamné à mort, tant la honte et la douleur bouleversaient son visage.

« Moi, s'écriait-il, me voir couvert des insignes qui annoncent la science! Quel non-sens! Ce n'est pas que je rougisse de ces vêtements d'honneur. Ils me font l'effet d'un san-benito sur la tête d'un criminel qu'on va étrangler. »

Souvent aussi, on lui entendait répéter cette boutade joyeuse : « Les peuples d'Espagne se sont mis à honorer cet âne de Galice, qui a nom Diégo, comme si les clochettes qu'il porte nombreuses à son harnais pouvaient changer sa nature et l'empêcher de rester ce qu'il est : un âne. »

Il ne se fâchait point d'ailleurs toutes les fois qu'il rencontrait son image tracée sur la toile ou sur le papier. A Séville, je ne sais quel ami lui montra sa portraiture, prise par un peintre peu habile pendant qu'il prêchait. Elle était absolument mauvaise; pour cela, elle trouva grâce devant le Fr. Diégo qui, sur-le-champ, improvisa en son honneur le dizain suivant :

« Pauvre portrait, celui qui t'a peint n'a pas su ce qu'il faisait. Il t'a peint comme il a pu et te voilà mal venu. On dira que tu n'es pas ma ressemblance! Peut-être! Est-ce mon physique que tu n'as point; est-ce mon expression qui t'a échappé? Je ne sais trop! Comme pécheur, par exemple, je suis parfaitement réussi! »

Une façon de son humilité paraîtra peut-être

plus étrange encore et plus étonnante : l'humilité consistant à connaître et à vouloir notre être tel qu'il est, tel que Dieu l'a voulu, avec ses qualités, ses talents, ses puissances, comment le Bienheureux pouvait-il se dire en toute vérité un ignorant, un moine dénué de toute science humaine ou théologique, sans connaissance d'aucun genre? C'était faux manifestement, puisque, nous l'avons vu dans les chapitres précédents, il était le miracle de son siècle par l'infinie variété de ses talents et surtout par son incroyable érudition. Il prenait la parole presque toujours à l'improviste sur n'importe quel sujet, et chaque fois faisait pâmer d'admiration son auditoire.

Comment pouvait-il donc, sans hypocrisie, se donner à tous comme le plus ignorant des hommes ? C'est lui-même qui va nous répondre. Conversant un jour avec un religieux de son Ordre, pendant une de ses missions à Cadix, il lui dit : « On a fait croire aux gens, et maintenant ils le répètent comme un fait acquis à l'histoire, que je suis un homme de très haute valeur ! Ils ne me connaissent pas, voilà le malheur! Mais je puis facilement les détromper. Jeune enfant, petit écolier, j'étais d'une faiblesse d'intelligence absolument lamentable. Je ne pouvais rien apprendre. Mes condisciples d'alors le savent bien; ils m'appelaient familièrement l'âne de la classe. Et mon maître, lui aussi, désespérant de me faire entrer quoi que ce soit dans la tête, ne se gênait pas pour m'interpeller ainsi : « Eh bien! Caamaño, l'âne. Caamaño, l'aliboron! » Et quand, devenu religieux, on me mit à l'étude de la philosophie et de la religion, toujours par impuissance et stupidité, je passais mon temps à rêver à des bagatelles. « Enfin, Dieu, infiniment miséricordieux, eut pitié de moi, me fit comprendre la faute énorme de mon insouciance et de mon manque d'application. Il daigna suppléer à tout ce qui me manquait. Il m'ouvrit l'esprit et me permit de travailler sérieusement à mon instruction. Mais déjà les années s'étaient écoulées. Je n'avais plus le temps. Le peu que j'avais pu faire à Ubrique en notre maison d'études ne suffit pas à réparer le passé. Il me fallut entrer dans la vie de prédication où vous me voyez aujourd'hui, et, depuis ce moment, toujours en courses sur les routes d'Espagne, toujours occupé et débordé par mille affaires, comment étudier, comment lire de bons auteurs, comment réfléchir sérieusement? Et quelle science, dès lors, quelle littérature voulez-vous que je possède?

« Croyez-moi, bon Frère, je suis un ignorant dans toute la force du terme. Et quand je me vois au milieu d'hommes illustres, quand ils entourent la chaire où je monte, j'ai honte de moi-même et je tremble. Le même sobriquet qu'on m'appliquait autrefois, n'ont-ils pas le droit de me l'envoyer de leur place, de me l'appliquer sur la poitrine et les épaules? »

Ce n'était point parole en l'air et hypocrisie de la part de notre Bienheureux. Il avait une haute idée de son impuissance et de sa stupidité native. Un jour, il montait en chaire à Valence, en présence de tout le corps de l'Université de cette ville, quand, se retournant vers son compagnon qui le suivait : « Aujourd'hui, lui dit-il à mi-voix, Dieu va confondre mon orgueil. Que sa volonté soit faite ! » C'est qu'en effet, malgré tous ses efforts, malgré une prière prolongée, criant à Dieu miséricorde, rien, absolument rien ne lui était venu à l'esprit. Et il allait ouvrir la bouche sans savoir par quel mot, par quelle idée il commencerait. Convaincu de son impuissance, il acceptait avec joie pour lui la honte de rester court et de descendre sans avoir prononcé une seule parole.

Mais alors, comme en mille autres circonstances semblables, Dieu l'illumina soudain, lui fournit son texte, lui suggéra les plus magnifiques développements, et lui permit de prononcer un discours dont le souvenir est encore vivant dans la fameuse Université.

« Dieu a tout fait, disait-il au P. Guerrero, dominicain, son ancien maître, celui qui lui mettait volontiers sur la tête les longues oreilles ; moi, je suis resté ce que vous savez, un ignorant, un pauvre d'esprit, comme vous disiez si bien : un âne. »

Il tenait à ce mot. Dans le grand voyage de Galice, son compagnon, qui le voyait chanceler de fatigue, le pria de monter sur l'âne qui les suivait toujours en cas de besoin. Le bon Diégo, souriant, s'excusa en disant qu'il avait toujours été à pied jusque-là. Ce que voyant, son compagnon le prit de haut et lui ordonna, au nom de l'obéissance, d'enfourcher la bête.

« Allons, répondit aussitôt le P. Diégo avec un air de profonde humilité, je serai sur son dos, comme le méchant prophète Balaam sur l'ânesse qui lui reprocha sa cruauté. Cependant, je ne vais pas, comme Balaam, pour maudire mon peuple, mais pour lui témoigner mon amour et le sauver. »

Les honneurs, d'où qu'ils vinssent, lui étaient à charge. Les applaudissements de l'auditoire, il ne les permit jamais. Et Dieu sait si les Espagnols sont froids et peu portés à manifester bruyamment leur admiration!

Au milieu de ses triomphes, il trouvait moyen de moissonner l'humiliation. Après le sermon, il se jetait aux pieds des prêtres qui l'attendaient à la sacristie, protestant de son ignorance en matière de théologie, demandant pardon des erreurs qu'il avait commises au cours du sermon, se déclarant prêt à subir toutes les censures du Saint-Office et à se soumettre. « Si vous voulez m'indiquer, leur disait-il, les hérésies que j'ai avancées, je vais remonter en chaire et me rétracter devant le peuple. »

Il devinait merveilleusement les intentions des prêtres qui voulaient l'honorer. Il les prévenait, se jetait à genoux, leur baisait la main avant qu'ils eussent pu revenir de leur étonnement. Une fois, cependant, un certain P. Albert, franciscain, homme d'une grande réputation de sainteté, se prosterna devant lui, et encore un peu il lui baisait les pieds ; mais, par un brusque mouvement, le bienheureux Diégo fut à genoux et tint tête à son adversaire avec tant de bonheur qu'on fut obligé de les séparer en les priant de se relever. Ce qu'ils firent du reste avec toute la bonne grâce des véritables saints, sans avoir pu ni l'un ni l'autre en venir à leur fin de se baiser les pieds.

Voici sa réponse à ceux qui lui demandaient quels étaient ses sentiments quand il passait dans les rues des villes, défendu contre l'amour du peuple par une escouade de soldats, la baïonnette au canon. Un tel honneur, réservé aux rois, ne mettait-il pas quelque peu de vaine gloire en son âme?

« Alors, leur dit-il, je marche, répétant au fond de moi-même cette parole : Seigneur mon Dieu, pourquoi un si grand vent pour soulever cette petite poussière? »

Prêchant la mission à Alcala-la-Royale, il disait tous les matins sa messe au couvent des Capucins. Or il remarqua, dès le premier jour, que c'était un prêtre qui lui servait la messe. Il n'y fit pas grande attention, croyant à l'absence des Frères ou des domestiques de la maison. Le lendemain encore, ce même prêtre, et le surlendemain. Alors il comprit qu'on voulait ainsi lui faire un honneur qui, chez les Capucins, est réservé au seul Général de l'Ordre. Son humilité en fut alarmée au plus haut point. Il courut chez le Gardien du couvent.

« Est-ce bien possible, Révérend Père Gardien? Comment! je me réfugie dans le couvent pour me mettre à l'abri des honneurs insensés que me rendent les peuples et qui tout à l'heure feraient de moi un Lucifer, et je rencontre dans le cloître les mêmes dangers, et de plus terribles encore? Ou bien vous cesserez vis-à-vis de moi votre manière d'agir, ou je laisserai la mission et m'en irai dans un endroit où l'on me traitera comme le méritent mes ingratitudes et mes crimes. »

Est-il besoin d'ajouter que notre Bienheureux ne pouvait entendre sans frémir qu'on lui proposât d'accepter une dignité quelconque, en particulier la dignité épiscopale?

Un jour, le confesseur du roi Charles III, Don Joachim d'Electa, vint le trouver et le pria de vouloir bien agréer sa nomination à un évêché. Il en avait parlé au roi qui le désirait fort, connaissant son mérite et ses talents. Alors le pauvre religieux, saisi d'une crainte qui faisait trembler tout son corps, se jeta aux genoux du Fr. Joachim, versant un torrent de larmes, et le supplia, avec une humilité touchante, de le prendre en pitié et d'écarter ce fardeau de ses épaules.

« Je vous le demande pour Dieu et ses saints, faites que Sa Majesté le Roi ne pense plus à moi pour cette charge. Déjà celle qui pèse sur moi m'accable, et je ne puis la porter sans tomber souvent sur le chemin qui conduit à Dieu. »

Des sentiments si humbles touchèrent le

cœur du roi. Plus tard, à la demande de l'évêque de Jaën, qui voulait avoir le P. Diégo comme évêque coadjuteur, il répondit : « Non, ne faisons pas ce bon religieux évêque d'un diocèse. Laissons-le être l'évêque de toute l'Espagne. »

Terminons ce chapitre par ces paroles, que notre Bienheureux empruntait à saint Paul : « Moi, moi! Qu'on pense à moi pour un canonicat ou un évêché!... Mais je suis le dernier des prêtres et je ne mérite pas d'être appelé ministre du saint Évangile, parce que j'ai grandement persécuté et scandalisé l'Église de Jésus-Christ. »

Voilà ce que pensait de lui-même celui que l'Église a jugé digne d'être honoré d'un culte public sur nos autels.

CHAPITRE XV

PAUVRETÉ

Notre-Seigneur parle dans son Évangile d'une perle précieuse qu'un homme a rencontrée et qu'il achète au prix de tout ce qu'il possédait. Or cette perle, pour les enfants de saint François, c'est la Pauvreté, la très haute Pauvreté. Sa beauté parfaite a séduit leur cœur : ils en sont devenus les amants passionnés; ils la veulent épouser et garder avec eux à la vie et à la mort. C'est avec joie qu'ils accueillent la première parole de leur Père : « Si quelqu'un veut être des nôtres, qu'il vende d'abord tous ses biens et en distribue le prix aux pauvres. De plus, qu'il sache bien qu'il perd, par le fait de son entrée en religion, ses espérances du siècle, même les plus légitimes. »

On pense bien que cet amour pour la pauvreté prit une intensité merveilleuse dans l'âme du bienheureux Diégo. Sa famille était une des premières du royaume. Son père devait lui laisser une belle fortune. Il en fit joyeusement le sacrifice, se dépouilla, en se jouant, de tous ses biens, qu'il estimait une bagatelle au regard de la pauvreté. Pendant toute sa vie religieuse, le principal souci qui agitait son âme semble avoir été de vivre pauvre, absolument pauvre, avec tous les sacrifices qu'impose cette condition, avec toutes les privations, et toutes les souffrances, et tous les mépris du monde qu'elle apporte avec soi. Il comprenait admirablement que la pauvreté qui n'est point celle de Jésus-Christ et qui veut se donner toutes les aises offense Dieu plutôt que de l'honorer, ne présentant à ses yeux que la plus insupportable des hypocrisies.

Le bienheureux Diégo fut donc pauvre, mais héroïquement pauvre comme saint François. Pauvre dans son vêtement, pauvre dans sa cellule, pauvre dans la nourriture qu'il donnait à son corps; pauvre dans l'horreur que lui inspirait un acte de possession quelconque, le contact de l'argent, l'acceptation des petits cadeaux que la piété des fidèles croyait pouvoir lui offrir.

L'habit qu'il portait, le seul d'ailleurs qu'il eût à son usage, n'était jamais neuf, mais toujours usé jusqu'à la corde, rapiécé en dix endroits et par le Bienheureux lui-même; écourté souvent, ainsi que son manteau, par la piété des fidèles. On ne se privait pas dans les foules enthousiastes qui l'entouraient, de tailler dans la pauvre guenille et de s'en faire des reliques. Il le voyait bien, mais n'osait toujours s'y opposer séance tenante. C'était une atteinte à la sainte pauvreté. Il en souffrait jusqu'à en pleurer.

Quand il lui fallait passer au vestiaire du couvent pour y prendre, selon l'usage, un habit neuf, il s'arrangeait de façon à choisir toujours la défroque d'un autre Frère, non la meilleure de toutes, mais la plus mauvaise. Si on lui en faisait l'observation : « Voyez, répondait-il d'un air profondément convaincu, j'ai le tempérament si chaud, qu'il m'est impossible de supporter sans souffrir beaucoup un habit neuf. Hélas ! vous voyez par là même combien peu je suis mortifié. »

Il répondra de même au duc de Médina-Cœli, pendant une de ses prédications à Séville. Ce très grand seigneur, qui aimait et révérait le P. Diégo, voyant son habit si chétif, en eut pitié. Il vint donc trouver le Gardien du couvent et s'entendit avec lui pour imposer au P. Diégo un habit et un manteau neufs dont il faisait les frais. On imagine sans peine la consternation de cet amant de la pauvreté quand il lui fut enjoint, au nom de l'obéissance, d'endosser le terrible habit. Depuis son ordination de prêtre, il n'en avait point porté de neuf. Enfant d'obéissance, il se soumit sans murmure, mais sa figure était altérée; il ressemblait à un condamné à mort chargé du san-bénito. Après vingt-quatre heures, il n'y tint plus et s'en alla chez le duc de Médina-Cœli, d'abord pour le remercier, mais surtout pour obtenir licence de revenir à son pauvre habit. « Il convenait, dit-il, bien mieux que tout autre à sa complexion faible et maladive. Ses épaules ne pouvaient supporter le poids d'un drap trop neuf. » En réalité, son amour de la pauvreté était seul en jeu et réclamait impérieusement satisfaction.

Elle lui fut accordée et tout rentra dans le calme.

La même aventure lui arriva pour son chapeau. Que le lecteur ne se scandalise pas à ce mot. Si les Capucins, dans les pays tempérés, s'en vont tête nue par tous les temps, dans les régions de fortes chaleurs, dans le sud de l'Espagne, en particulier, il est nécessaire, pour éviter les insolations, de porter le chapeau à larges bords, auquel on a donné le nom poétique de *sombrero*.

Celui du P. Diégo, naturellement, était aussi petit et misérable que possible. Il paraît même que ses amis le trouvaient inconvenant pour un prédicateur universellement connu et appelé à figurer au milieu des grands de la terre, à la cour du successeur de Charles-Quint et de Philippe III. Puisque le malheureux *sombrero* était honteusement râpé et déformé, il fallait à tout prix le remplacer. On s'en empara par surprise, à Tolède. On en mit un neuf à sa place. Mais, devant le regard sévère et attristé du Père, ses amis comprirent qu'ils avaient fait fausse route. Bien à regret ils sortirent le vieux feutre de sa cachette, et, tout heureux, le bon Père sortit de Tolède aussi pauvre qu'il y était entré.

Ses sandales avaient un aspect lamentable; toujours raccommodées, et Dieu sait comment! à peine préservaient-elles les pieds du contact avec les pierres tranchantes du chemin. Les brides se cassaient ou s'échappaient souvent sur la route. Alors le bon Père, très heureux de faire comme les misérables, les mettait sur ses épaules et marchait pieds nus jusqu'à la prochaine étape, où l'homme de l'art essayait encore une fois de remettre en place ce qui refusait obstinément d'y rester.

Il n'avait que deux tuniques et quelles tuniques! quelques mouchoirs de poche et une de ces tabatières en bois vulgaire que portent les plus pauvres. Il faut bien l'avouer, ce sera encore à la gloire de notre Bienheureux, il prenait du tabac à priser comme saint Liguori et d'autres saints. Les médecins le lui avaient prescrit pour essayer de réduire le coryza insupportable dont il souffrait continuellement. Il obéissait, mais avec toutes les parcimonies que la plus haute pauvreté lui commandait. Quelques grains au fond de la boîte, c'était tout. Si les gens du monde lui offraient une petite provision, il la refusait, et si les Supérieurs n'avaient soin de lui en donner, il s'en passait sans rien dire.

Nous ne parlerons pas de sa corde élimée et vieillie au service, ni de ses autres vêtements de dessous qu'il rapiéçait sans cesse avec tout ce qui lui tombait sous la main, toile de sacs ou morceaux de tapis d'aloès jetés au rebut.

Le mobilier de sa cellule, ordinairement la plus obscure et la plus incommode de toutes, se composait d'un lit réduit à sa plus simple expression : deux planches sur deux tréteaux, deux vieilles couvertures, un oreiller de paille. Après quoi une méchante chaise, quelques images pieuses en papier collées au mur, son crucifix de missionnaire, un bâton coupé jadis dans une haie sur le chemin, quelques livres sur la table exiguë, c'était tout.

N'oublions pas de mentionner l'écritoire d'où sont sortis tant de sermons admirables et tant d'opuscules si édifiants, la plus pauvre qu'il avait pu trouver, et, pour écrire, les plumes que les autres religieux avaient mises au rebut.

L'aspect de cette cellule remplit un jour d'étonnement, d'admiration, de stupeur, oserai-je dire, l'ambassadeur de Russie en Espagne, le seigneur comte Étienne Zino Wief. Il avait entendu prêcher notre Bienheureux à Madrid, et, se trouvant à Malaga, il vint pour lui rendre visite à son couvent. Le bienheureux Diégo était absent. Alors il demanda au Gardien la faveur de pénétrer dans la cellule du grand prédicateur. A la vue de ce dénûment, qu'il n'avait pu constater même chez les plus miséreux des moujiks de Russie, il resta muet comme devant une vision de Bethléem, passa ses mains devant ses yeux et les mouilla de larmes abondantes. « Permettez-moi, dit-il au Père Gardien, d'emporter d'ici un souvenir qui me rappelle la vanité de toutes choses. » Et il prit sur la table un petit livre traitant de la sainte messe. Il écrivit son nom sur un bout de papier et se retira, non sans insister près du Gardien, afin que le saint religieux, dont il venait de sentir si bien la perfection évangélique, le mît dans son souvenir et ses prières.

On pense bien que la piété, la reconnaissance, l'admiration des foules qu'il évangélisait, des familles qu'il honorait de son amitié, des malheureux qu'il guérissait, les incitaient vivement à lui offrir tout ce dont il pouvait avoir besoin. Mais sa pauvreté lui défendait de rien accepter. Il poussait à l'excès cette délicatesse de conscience. Époux énamouré jusqu'à la folie de la sainte pauvreté du Christ, il était attentif à ne blesser en rien son épouse, et à lui apporter chaque jour de nouvelles preuves de son attachement inviolable.

Les évêques et les grands prélats d'Espagne qui connaissaient sa manière de voir à ce sujet, n'osant rien lui offrir de matériel, avaient imaginé de lui donner, avec l'agrément de ses supérieurs, une petite bibliothèque composée des œuvres les plus remarquables des Pères de l'Église. Le Bienheureux les avait acceptées. Il s'en servait, les lisant et les étudiant avec l'attention la plus religieuse. Malheureusement on avait mis son nom sur la couverture : « Livres du P. Diégo. » Un jour il rentrait dans sa cellule après avoir dit la sainte messe. Ses yeux tombent sur l'inscription. Soudain il se met à trembler. « Livres du P. Diégo ! Mais il possède alors, ce P. Diégo ! Blasphème ! Non, ni posséder, ni user en propre de quoi que ce soit ! » Et le voilà qui prend à brassée les beaux livres et les porte à l'instant même dans la bibliothèque du couvent.

C'est là qu'il alla désormais les consulter, ne

gardant dans sa cellule qu'une petite Bible, — « son bouclier dans les voyages », disait-il, parce qu'il l'emportait toujours avec lui, — et son bréviaire.

Ce n'était plus, comme on le voit, la pauvreté, mais le dénûment, la misère absolue du Calvaire : l'homme dépouillé de tout, étendu sur une croix nue et terrible.

Au moins, penseront peut-être mes lecteurs, a nature reprenait ses droits à l'heure des repas. Le P. Diégo, prédicateur toujours en route pendant trente ans, ou bien retiré malade dans la maison hospitalière du gouverneur de Ronda, forcé de prendre place à des tables d'évêques, de prélats, de riches seigneurs, était bien obligé de se relâcher de sa rigueur.

Eh bien ! non. L'amour en général est ingénieux. L'amour de l'argent exige d'étranges sacrifices de ses victimes. L'amour de la pauvreté suggère toutes les ruses pour éviter le contact avec la richesse.

Toutes les fois qu'il y avait un couvent de Capucins dans la ville où il prêchait, rien ne pouvait arrêter le P. Diégo. Il y prenait une cellule et y mangeait au réfectoire avec la communauté. Nous dirons au chapitre de la mortification ce qu'il y mangeait. Remarquons simplement ici que le plat de charité auquel lui donnait droit sa prédication, jamais il n'y touchait. C'était pour les pauvres ; sa portion ordinaire, il savait encore en détourner une bonne partie ; « sa complexion, disait-il, ne lui permettait pas de manger davantage ».

A Ronda, comme dans beaucoup d'évêchés, il avait obtenu de manger seul, avec son compagnon. Et alors, c'était sur un bout de table, avec des instruments primitifs et dans une vaisselle antique que se prenaient le dîner et le souper.

Quand les circonstances lui commandaient impérieusement de s'asseoir à la table des riches, ne pouvant échapper au luxe du service, au moins s'arrangeait-il assez habilement pour ne rien prendre du repas qu'un peu de pain, de l'eau — jamais il ne buvait de vin, — quelques légumes ou quelques fruits.

En voyage, quand il arrivait le soir chez le syndic des Capucins pour y passer la nuit, remarquait-il des préparatifs inusités pour lui faire fête le lendemain, il ne disait mot, mais se levant de très grand matin, il partait laissant le monde endormi et très ennuyé, au réveil, de n'avoir plus l'hôte illustre sur lequel ils avaient compté et qu'ils voulaient régaler en compagnie de leurs amis.

Un jour il fit mieux encore. Traversant l'Andalousie, il arriva pour l'heure du déjeuner chez un riche propriétaire de la campagne, très pieux et très dévot au saint homme. Bien vite celui-ci constata qu'un grand dîner était préparé et qu'on avait invité toute la noblesse des environs. Effrayé par cet appareil, il met en avant je ne sais quel prétexte, échappe un instant à l'attention de son hôte, et, lui brûlant la politesse, continue tranquillement sa route, sans prendre quoi que ce fût jusqu'au soir.

On se plaignait bien, et quelquefois amèrement de cette manière d'agir, mais lui répondait : « Moi aussi j'en souffre, mais qu'importe, pourvu que la pauvreté gagne la partie. »

Où il se trouvait à l'aise, c'était chez les pauvres. Il allait d'Andalousie en Gallice et se trouva forcé de s'arrêter en chemin chez un pauvre homme de la campagne, auquel il demanda un peu de pain et d'eau. Celui-ci, tout heureux d'héberger un religieux qui lui paraissait si doux, si bon, si saint, mit immédiatement à sa disposition ce qu'il avait de meilleur : des choux cuits avec un peu de lard. Il n'avait pas de table. Le couvert fut mis sur une chaise, et avant que le bienheureux Père eût porté la main au plat, voici de petits porcelets qui accourent attirés par l'odeur. Le paysan, qui supportait peut-être avec plaisir leur voisinage, n'en voulait pas pour son hôte. Il se mit à les écarter. Mais le P. Diégo, moitié riant, moitié ravi de joie surnaturelle : « Non, lui dit-il, laissez-les, ce sont des créatures du bon Dieu et je les aime toutes. » Il leur donna une partie de la provende, et, poursuivant sa route, il dit à son compagnon : « Croyez bien, cher Frère, que j'ai été plus heureux aujourd'hui à prendre mon repas dans la turne de ce pauvre homme que dans le palais de nos seigneurs. Les cochonnets, eux aussi, ont eu un bon moment. »

L'argent, on peut dire qu'il l'avait en horreur

comme son Père saint François, non qu'il le considérât comme mauvais en lui-même, mais à cause de son vœu de pauvreté et de son amour pour cette vertu. Un de ses amis, qui depuis a écrit une relation de sa vie, Don Barthélemy de Sello, curé de Benovaez, aux environs de Ronda, lui remit une enveloppe ficelée dans laquelle se trouvaient les honoraires de messes, qu'il voulait faire parvenir à un prêtre. Il le priait de faire cette commission sans rien lui révéler du contenu du papier. Au moment de partir, le P. Diégo tendit son capuchon et pria Don Barthélemy d'y glisser le billet. Mais à peine y fut-il tombé, que le Bienheureux, changeant de visage et en proie à une grande terreur, se pencha en avant et renversant le capuchon s'écria : « Seigneur Barthélemy, pour l'amour de Dieu, reprenez cela, enlevez-moi cet argent. A sa place mettez un serpent, je l'emporterai volontiers et sans aucune crainte, mais cet argent jamais; veuillez me le pardonner. »

On le voit, si l'argent glissé par mégarde dans la besace de saint Félix de Cantalice le chargeait jusqu'à le faire tomber, dans le capuchon du P. Diégo il brûlait les épaules et le forçait à crier. Jamais, depuis son entrée en religion, il ne l'avait touché même d'un contact purement matériel.

Une seule fois il consentit à prendre et à distribuer des médailles. Le comte Dean de Santiago, son admirateur et son grand ami, s'était vu refuser une petite provision de chocolat ou de mouchoirs. Il voulait cependant témoigner au Père toute son affection. Avec beaucoup de peines et de prières multipliées, il obtint qu'il bénirait et distribuerait en son nom des médailles de saint Jacques. Tout heureux de son triomphe, il en acheta pour vingt-cinq doublons, de quoi en inonder plusieurs villes.

La municipalité de Cadix fut moins heureuse. Elle fit porter dans sa cellule plusieurs caisses de chapelets et de médailles, le priant de les bénir, de les garder et de les distribuer à son loisir, pour satisfaire à la dévotion des fidèles qu'il avait si bien prêchés et si admirablement convertis.

C'était trop lui demander. « Non, dit-il, ceux qui ont vu entrer ces caisses pourraient croire qu'elles contiennent autre chose que des médailles, et en seraient scandalisés. Emportez-les et que tout soit dit. » Il fallut bien lui obéir.

On lui offrit aussi une image très bien gravée de la sainte Face de Notre-Seigneur. Il ne voulut l'accepter qu'après avoir fait enlever le cadre orné d'or qui l'enveloppait. A Tolède, l'archevêque fut à peine plus heureux. Il offrait au bienheureux Père des reliques précieuses, mais elles étaient enserrées dans un cercle d'argent. Impossible de les prendre, bien qu'il y tînt plus qu'au trésor le plus rare. Il fallut enlever l'argent, malgré toute la répugnance qu'on y avait.

Sa ville natale, Cadix, où il y prêcha plusieurs

fois avec tant de succès, sachant son amour pour le Crucifix, lui en offrit un admirablement ciselé, et le pria de vouloir bien l'accepter et le garder comme un témoignage authentique de l'affection que lui portaient ses compatriotes. « Ce crucifix, répondit-il, est de grand prix. Il ne convient pas à mon état d'extrême pauvreté. » Ce fut tout; on comprit qu'il était inutile d'insister.

Quand ses Frères en religion essayaient de lui faire relâcher quelque chose de sa rigueur, il leur répondait : « Ne suis-je pas aujourd'hui tout autant Capucin qu'aux jours de mon noviciat? Et je dois l'être bien plus, puisque je suis profès et depuis longtemps. Comment voulez-vous que je me serve d'objets qu'on ne me permettait pas alors, et que je sois moins pauvre que je ne l'étais?

Mais c'est surtout à la fin de sa vie, quand il était étendu sur le grabat où il allait mourir de la mort des saints, qu'il montra toute la véhémence de son amour pour la pauvreté. L'avant-veille de son bienheureux trépas, il fit écrire à son Provincial : qu'il voulût bien lui permettre, pour l'amour de Dieu, de garder dans le tombeau l'habit qui le couvrait actuellement : « Bénissez-moi, ajoutait-il, car vous êtes mon Supérieur et le représentant de Dieu. Je veux mourir absolument dépouillé de tout. Laissez-moi seulement léguer le crucifix dont je me servais en mission à cette maison religieuse de Ronda que j'ai embarrassée pendant si longtemps de ma présence et de mes infirmités. »

Quelques heures avant de mourir, il fit son désistement, selon la coutume, entre les mains du religieux qui l'assistait. Puis il lui demanda en grâce de ne point l'exposer avec ses ornements sacerdotaux, mais seulement avec son habit ordinaire, un cierge dans la main et deux tuiles pour oreiller ; de lui donner le convoi des pauvres et de l'enterrer sans aucune distinction ou honneur. Car il voulait mourir fidèle à sa très chère sœur la pauvreté.

Grand exemple pour le monde, si avide de richesses et de tous les biens que l'on peut acquérir avec de l'argent; qui non seulement veut paraître couvert d'or et de pierreries pendant la vie, mais pousse la folie jusqu'à entourer ses funérailles de toutes les pompes et de toutes les vanités.

CHAPITRE XVI

MORTIFICATION

De tous les chapitres de la vie d'un saint, le plus difficile à écrire est peut-être celui de ses mortifications et de ses pénitences. Le monde qui ne croit guère à notre sincérité, s'imagine volontiers, en lisant un pareil récit, que nous avons écrit, comme les romanciers, pour obtenir un effet de belle horreur, et mettre en plein relief l'énergie surhumaine de notre héros. S'il ne peut nier que nous disons la vérité, il repousse violemment le livre en criant à la folie.

C'est pure folie, en effet, pour les païens et les baptisés qui leur ressemblent, de tourmenter le corps, de le frapper, de lui imposer sans mesure les jeûnes, les veilles, les travaux les plus pénibles. C'est folie de le considérer comme un ennemi, de le prendre en haine, de le réduire à un état voisin de la mort, de le condamner ainsi à une fin prématurée.

D'un autre côté, les prudents de ce siècle, nos critiques modernes, ne craignent pas d'avancer que toutes ces folies des saints, ne pouvant et ne devant pas être imitées par les chrétiens, la narration détaillée que nous en donnons est plutôt un scandale qu'une édification, qu'il vaut mieux la supprimer désormais ou, pour le moins, l'adoucir de façon à la rendre supportable aux chrétiens ordinaires.

Ne nous arrêtons pas à ces vaines objections de la sagesse mondaine. Pour les réduire à néant, il suffit de demander à leurs auteurs, s'ils considèrent comme inutile ou dangereux le récit de la Passion de Jésus-Christ ? La réponse est sur toutes les lèvres : C'est dans les plaies du Rédempteur que nous trouvons la vie. Or, dans leurs plus grands excès de pénitence, les saints les plus cruels à eux-mêmes n'ont été que de pâles et lointains imitateurs du Christ.

Qu'on nous laisse donc raconter, sans exagération, comme sans atténuation, tous les épisodes de la guerre qu'ils ont poursuivie contre leur chair rebelle et corrompue.

Les pénitences imposées aux enfants de saint François, soit par la Règle, soit par les constitutions, peuvent paraître suffisamment lourdes au monde qui les connaît et même aux religieux qui les pratiquent. Pour notre bienheureux Diégo, ce n'était qu'une amorce, une mise en appétit, un minimum, dont les moins favorisés de la grâce pouvaient se contenter.

Le principe, dominant toute sa vie spirituelle au point de vue de la mortification, a été celui-là même que le Sauveur avait pris pour lui : « Ne rien admettre qui pût plaire à la nature. Lui imposer tout ce qui lui déplaît et la fait souffrir. » Cette règle de conduite, il l'a suivie avec une incroyable ténacité. Il y a mis un courage qui épouvante nos passions de bien-être, et qui, d'ailleurs, ne pouvait lui venir que d'en-haut, par une effusion très abondante de la grâce.

Tous ses sens, il les a tenus dans une sujétion absolue. Il en était complètement le maître. Ses paupières, habituellement abaissées, dérobaient son regard à tous ceux qui l'approchaient et l'entretenaient. Cependant il voyait tous les objets environnants, mais il les voyait dans une lumière particulière, allant au delà des apparences visibles et pénétrant jusqu'à leur réalité idéale. Ce que sont les créatures devant Dieu et dans le plan universel; ce que nous devons en tirer, pour la plus grande gloire de Dieu et notre salut; la manière dont il faut nous en servir; voilà ce que ses yeux contemplaient sans peine. Leur éclat extérieur qui séduit, qui entraîne les hommes, il ne le voyait pas, sinon confusément et dans une sorte de pénombre où il ne s'arrêtait point.

Saint François, le grand amateur de la nature, montait continuellement des beautés créées de ce monde aux splendeurs transcendentales des régions invisibles. Le bienheureux Diégo refusait presque toujours d'abaisser son regard sur la terre. Les spectacles les plus admirables n'en valaient guère la peine.

« Regardez donc, mon Père, lui disaient ses amis, contemplez ces rives enchantées du Tage de Ronda, près desquelles vous passez souvent.

— Ah ! répondait-il, Celui qui les a façonnées est autrement beau ! Pour aller au ciel, il n'est pas nécessaire, croyez-moi, d'avoir vu cette œuvre de Dieu. »

Du reste, rien n'était plus édifiant que la modestie parfaite dont il ne se départait jamais ; modestie des yeux, modestie de la tenue, modestie des démarches, si ce n'est le soin qu'il prenait de ne jamais proférer une parole qu'il croyait inutile.

« Le sage s'assiéra et méditera en silence. » Il méditait souvent cette maxime de nos saints Livres; mais surtout la parole du Maître lui donnait un saint tremblement : « Vous rendrez compte au jugement d'une parole inutile. » Toutes les fois qu'il croyait avoir manqué sur ce point, il s'en punissait, en tenant dans sa bouche une graine très amère, que les Espagnols appellent la fève de Cavadonga.

Jeûneur intrépide, non seulement il faisait très rigoureusement les trois carêmes en usage dans les couvents franciscains, mais encore les cinq autres qu'on appelle les carêmes de saint François. Il restait à peu près vingt jours dans l'année qui ne fussent point soumis au jeûne. Mais il lui arriva bien des fois de demander à son directeur la permission de ne vivre, pendant ces jours-là, que de pain, d'eau, de légumes et quelques fruits.

De la viande, il n'en prenait jamais que, forcé par les médecins, au cours de ses maladies ou de ses graves indispositions. Jamais il ne buvait de vin. Et de l'eau, il n'en prenait qu'avec parcimonie, et comme à regret. Il endurait la soif avec une incroyable patience, ne se plaignant jamais des tortures qu'elle lui causait, sur les routes de l'Andalousie qu'il parcourut tant de fois. Ses compagnons, exténués par la chaleur des grands jours, jetaient parfois des cris de détresse, et demandaient de l'eau à tous les alentours, car ils se sentaient mourir. Le Bienheureux avait compassion d'eux, les conduisait, par miracle, semble-t-il, vers des sources jusqu'alors ignorées, ou bien, vers des paysans égarés dans la plaine, et qui voulaient bien leur permettre de boire à la cruche, sinon très fraîche, au moins abondante. Lui ne se plaignait jamais, ne disait jamais qu'il avait soif. Si on le priait de boire, tantôt il acceptait gracieusement, tantôt il refusait, offrant cette eau en sacrifice, à l'exemple de David, qui avait répandu l'eau de Bethléem, en sacrifice au Seigneur.

La faim et la soif formaient comme le lit de son repos, où son âme se trouvait bien. Aussi avait-il coutume de répéter cette maxime qu'il avait lue dans l'abbé Jean-le-Petit. Il est bien difficile, sans la faim et la soif, de dompter ses passions. Obligé par son directeur de prendre quelques gorgées de chocolat le matin, il ne le faisait qu'avec répugnance, comme nous autres quand il faut nous passer de déjeuner.

Si un ordre de ses supérieurs lui arrivait d'avoir à nourrir un peu plus abondamment le frère âne qui n'en pouvait plus, de lui donner un peu plus de pain, de poisson ou de viande, il prenait en mains la lettre qui lui apportait ce commandement, et, souriant doucement à son corps, il lui disait : « Eh bien! ma pauvre bête de somme, voilà donc que tu as la permission de satisfaire ta gloutonnerie; nous verrons bien si tu réalises le proverbe : Ventre plein sait louer Dieu. »

Et il prenait cette viande du bout des dents; mais bientôt, il n'y tenait plus; vite il écrivait à son directeur. La santé lui était revenue, ses forces grandissaient; qu'il lui permît donc de reprendre sa vie ordinaire, c'est-à-dire l'exténuation, par un jeûne rigoureux, de son misérable corps. Que lui fallait-il, après tout, sinon ce qui devait tout juste le tenir debout et l'empêcher de mourir?

Et puis n'était-il pas le réceptacle de passions furieuses qui tourmentaient son âme? Et puis le salut des peuples qu'on évangélisait, ne tenait-il pas en grande partie à la mortification parfaite du prédicateur?

De fait, le miracle était nécessaire pour le soutenir. Faisant un seul repas et quel repas, comment notre Bienheureux pouvait-il fournir trois et quatre sermons par jour et après avoir parlé, pendant des heures, avec la véhémence des apôtres, conserver la voix toujours aussi forte et aussi pure?

Un peu de pain, quelques légumes, des fruits vulgaires, un verre d'eau, c'était tout ce qu'il offrait à son corps. Les jours de fête, et quand l ne jeûnait pas : « Il ne pouvait, disait-il, manger davantage. » Son tempérament ne pouvait supporter la viande, il était par trop débilité. Le poisson lui donnait des pituites insupportables. L'inflammation des entrailles lui interdisait absolument les douceurs, les gâteaux, les mets sucrés, ce qu'on offre ordinairement aux malades et aux convalescents. Il ne lui restait donc que les légumes cuits à l'eau ou tout crus, à la manière des gens du Midi.

Si encore, il n'avait fait que priver le frère âne de nourriture et de boisson; mais ce n'était là que le premier acte du drame terrible dans lequel il devait être terrassé et tué. Après le jeûne, les coups, les mauvais traitements, les blessures sans nombre, les travaux d'esclave, sous le fouet cinglant : les tortures du prisonnier à la cangue et serré dans les chaînes cruelles.

Dans l'Ordre de Saint-François, on a la sainte coutume de prendre la discipline trois fois par semaine. Le bienheureux Diégo la prit bientôt tous les jours. Et puis, il fit réflexion qu'une seule fois par jour, eût-elle été jusqu'à l'effusion du sang, c'était bien peu. Son âme, dévorée par la soif de la souffrance, bien plus cruellement que ses lèvres et son palais par la soif de l'eau, ne pouvait plus se contenter de cette unique flagellation. Elle s'exaspérait à la vue des péchés du peuple, à la vue du Christ déchiré sur la croix. On lui permit de se frapper trois fois par jour. C'était beaucoup, car la terrible exécution durait longtemps, déchirait la chair, faisait couler parfois le sang à inonder le plancher. Quand il était au couvent, la violence des coups qu'il se portait laissait ses Frères dans une sorte de stupeur et d'épouvante.

Il était satisfait, pensez-vous ? Non. « J'en suis encore, écrivait-il de Galicie, à mes trois petites fantaisies de discipline, plutôt caresses qu'autre chose. »

La première, il la prenait le matin, pour se préparer à célébrer la sainte messe ; la seconde, dans la journée, pour les pécheurs qu'il évangélisait et voulait convertir ; la troisième, le soir, pour l'expiation de ses propres péchés.

Il avait tout un arsenal de disciplines : l'une, en cordelettes de chanvre avec des nœuds très durs ; une autre, en chaînette de cuivre ; d'autres encore en chaînettes avec des pointes et de petites boules. Enfin, la plus redoutable était armée de fortes pointes qui, à chaque coup, perçaient la peau et, peu à peu, la déchiraient et la couvraient de plaies. Les plaies, évidemment, n'avaient pas le temps de se cicatriser, et alors c'était continuellement plaie sur plaie et douleurs sur douleurs. Cette terrible discipline ne le quittait jamais. On la trouva sur lui, à sa mort, enfermée dans une petite bourse.

Les voyages n'étaient pas un obstacle à son désir de mortification. Emporté par la passion de souffrir, il avisait près de la route où il cheminait un couvert quelconque ; il se séparait furtivement de ses compagnons, y entrait, et, pendant que ceux-ci se reposaient en l'attendant, il découvrait ses épaules et frappait sans pitié cette chair exténuée, qui portait sur elle les péchés de la nation espagnole tout entière.

Combien de fois, pendant qu'il prêchait à Séville, à Barcelone, à Ecija, à Ronda, surpris et désolé de voir ses auditeurs indifférents, froids, peu disposés à se convertir, le Bienheureux s'en est pris à lui-même, disant qu'il était cause de cet endurcissement par sa lâcheté. Alors il écrivait en hâte à son directeur : « Laissez-moi vaincre sur ma chair la dureté de ce peuple. » Et alors c'était une véritable fureur, un déluge de coups et des ruisseaux de sang.

On avertit un jour le Gardien du couvent d'Ubrique que le P. Diégo se tuait de la sorte. Aussitôt il lui interdit la discipline, et le Père de lui dire, en se jetant à ses genoux : « Ah! Père Gardien, mes péchés sont plus nombreux que vous ne pensez, et aussi ceux de ce peuple. Je suis venu pour le convertir, je dois le convertir. Il résiste à l'appel de Dieu. Il me semble que ses crimes sont sur mes épaules. Laissez-moi donc les frapper là et les détruire. Alors il entendra l'appel du salut. Autrement, inutile de continuer la mission. »

Il s'acharnait sur son corps non comme un cocher brutal sur une bête rétive, mais comme un insensé sur un cadavre qui ne sent plus les coups.

Cependant, ce genre de supplice n'épuisait pas, tant s'en faut, sa passion du martyre. Le missionnaire de Dieu voulait, comme saint

Paul, être attaché à la croix du matin jusqu'au soir et du soir jusqu'au matin. Il voulait que sa chair fut enveloppée totalement dans la tunique herculéenne de la mortification.

Et voici la coupe et les ornements de cette tunique. Elle se composait de huit pièces qui couvraient les cuisses, la poitrine, les épaules, le dos, une partie des bras, toutes en fer épais ou en cuivre, toutes armées de pointes à la manière des herses qui doivent déchirer la terre. Pour les maintenir sur leur champ d'action, tout d'abord une grosse chaîne qui, passant sur le cou, se croisait sur la poitrine, revenait en arrière pour se fixer ensuite sur les hanches et s'accrocher aux lames couvrant les cuisses, puis par-dessus cet assemblage savant et affreux, une sorte de pourpoint de crin dont les pointes tournées en dedans pénétraient partout où le fer laissait quelque place libre. On s'imagine sans peine quel supplice continuel endurait le malheureux Diégo sous cette armure que n'avaient jamais connu les anciens chevaliers! Plusieurs années avant sa mort, il trouva le moyen de l'aggraver encore : il attacha les deux bouts de la chaîne à un gros anneau de fer passé à son cou et disparaissant sous le haut de la tunique. Le poids de la chaîne tirait continuellement sur l'anneau et forçait l'esclave à se tenir la tête penchée, comme on le voit sur tous les portraits que nous avons du Bienheureux.

A le voir ainsi courbé avant l'âge et avec les apparences d'une certaine robusticité, ses amis s'étonnaient, lui demandant l'explication de ce fait anormal.

« Vous le voyez, répondait-il avec son bon sourire; la terre m'appelle et la bête de somme s'incline vers elle. »

Et c'est revêtu, chargé, blindé de ces instruments de pénitence que le bienheureux Diégo montait en chaire jusqu'à quatre fois par jour, qu'il s'asseyait au confessionnal sans air ni lumière; qu'il visitait les malades, qu'il entreprenait ses longs voyages à pied, sur toutes les routes d'Espagne par des chaleurs intolérables et de longues étapes. Pas un mot de plainte, pas même un léger soupir de peine quand la douleur devenait aiguë sous une pression quelconque. Il conversait tranquillement des choses de Dieu ou se perdait dans une contemplation silencieuse des mystères divins. Son air, ses paroles, tout son être respirait la joie des enfants de Dieu.

Une seule chose l'attristait de temps en temps, c'était d'être obligé de s'arrêter, bon gré mal gré, sur le chemin, quand sa monture se refusait absolument à avancer, malgré les ordres impérieux d'une volonté de fer. Elle n'en pouvait plus; la mesure de douleur et de fatigues était à son comble ou débordait. Alors le maître se cachait derrière une feuillée ou un talus, enlevait le fameux pourpoint, desserrait la chaîne, et, soulagée quelque peu, la bête reprenant courage, continuait son chemin. Encore trouvait-il le moyen de la tuer d'une autre façon. Au lieu de suivre le milieu de la chaussée, il choisissait les endroits les plus ravinés et les plus difficiles du chemin, heurtant du pied les pierres roulantes, se foulant les orteils ou se prenant dans les ornières de façon à s'exposer aux chutes les plus pénibles. C'était une manière toute nouvelle d'entendre la parole de Jésus-Christ : « Celui qui veut sauver son âme, la perdra. » Le Bienheureux s'obstinait à la perdre, et ses inventions pour y arriver auraient surpris les plus avisés de nos saints.

Était-il dans sa chambre, nous l'avons déjà dit au cours de cette histoire, il se tenait à genoux, priait, écrivait, étudiait à genoux. Encore à genoux, la tête appuyée sur sa main, près de la petite table, il prenait presque toujours son repos si court, quand il n'était pas au chevet de ses frères malades, ou au chœur, perdu en Dieu.

Or voici ce qu'il écrivait à son directeur : « Les très légères mortifications que vous m'avez permises, je les supporte avec une extrême facilité. Mon désir est d'aller bien au delà. Que votre Paternité veuille bien en disposer comme il lui plaira. »

CHAPITRE XVII

DÉVOTION AU SAINT SACREMENT

Jésus avait dit à ses apôtres : « Je ne vous laisserai pas orphelins; je demeurerai avec vous jusqu'à la consommation des siècles. » Et le jeudi qui précéda sa mort, prenant le pain et le changeant en son corps, il leur montra de quelle manière admirable et divinement mystérieuse il entendait accomplir sa promesse.

Jésus habite au milieu de nous, dans le tabernacle de toutes les églises, où un prêtre célèbre le saint sacrifice de la messe. Or Jésus est Dieu : « Mon Père et Moi nous ne sommes qu'un. » C'est donc Dieu, mais Dieu incarné, mais Dieu sacramenté que nous possédons et que nous devons adorer.

Les saints l'ont connu, mieux que les autres fidèles, à la fraction du pain. Leurs cœurs très purs l'ont vu dans sa réalité et dans sa gloire, sous les voiles du sacrement. Toute leur vie n'a été qu'un acte d'amour pour le Dieu de nos autels.

Nous allons le démontrer en rappelant la place prépondérante que l'Eucharistie a occupée dans l'existence de notre bienheureux Diégo.

L'Église a été vraiment le lieu de sa demeure et de son repos, le centre d'attraction qui a commandé son activité, le premier mobile qui a suscité tous ses mouvements. Dès sa plus tendre enfance, nous le voyons occupé, en guise de jeu, à élever de petits autels, qu'il ornait gentiment de fleurs et d'images saintes. A la manière des enfants de famille chrétienne, il y disait un semblant de messe, désireux d'imiter le prêtre dans cette fonction surhumaine. Et on remarqua que passant d'un côté à l'autre de l'autel, le fils encore si jeune de Caamaño faisait la génuflexion avec une gravité et un respect qui n'étaient pas de son âge.

Bientôt il apprit le chemin de l'église, et le Jésus de l'autel sut si bien l'attirer qu'à l'insu de ses parents et presque tous les jours, il s'échappait de la maison paternelle et courait d'un trait jusqu'au sanctuaire où brûlait la petite lampe indiquant la présence du bon Maître. On savait où il fallait aller pour le retrouver. Tantôt il se tenait caché dans l'ombre d'un pilier, tantôt il était à genoux devant l'autel à quelques pas du tabernacle, immobile et comme perdu dans la contemplation et la prière intime d'un séraphin. Jésus lui dit-il dès lors la grande parole qu'il aimait à lui redire plus tard : « Je t'ai choisi ; tu seras mon prêtre, tu seras mon apôtre » ; nous n'en savons rien, mais tout nous porte à le supposer.

Avec les années cette dévotion au sacrement de l'autel ne fit que grandir, jusqu'à absorber toute sa vie. Étudiant malheureux, c'est au pied de l'autel qu'il venait chercher consolation et réconfort. Postulant repoussé par les

RR. PP. Capucins, c'est dans le cœur du Maître qu'il se réfugiait pour affermir sa résolution d'être Capucin et de devenir un grand saint de la famille franciscaine. Novice très fervent et très heureux, ses plus douces heures étaient celles qu'il pouvait passer dans le chœur ou la chapelle du couvent, soit à chanter le saint office, soit à méditer dans l'oraison du matin et du soir, soit à orner les autels de toutes les richesses de la pauvreté franciscaine. Il était dès lors si profondément recueilli et absorbé en Jésus, que tous les religieux se le montraient comme un modèle rare et merveilleusement beau. Un jour un certain bruit insolite s'étant produit dans le chœur, Fr. Diégo instinctivement tourna quelque peu la tête. Tout le monde en fut surpris, et lui-même, pour se punir, alla immédiatement après la messe demander pardon du scandale qu'il avait donné. Les trois jours suivants il entendit la messe les bras en croix depuis le commencement jusqu'à la fin.

Les saints savent mieux que nous le respect et l'adoration qui sont dus à l'infinie majesté de Dieu anéantie sur l'autel. Ils pleurent amèrement le plus petit oubli, et s'imposent de rudes pénitences pour une distraction à laquelle nous ne penserions même pas.

Au cours de cette histoire, nous avons vu que pendant toute sa vie de missionnaire, le bienheureux Diégo n'avait qu'un seul lieu de refuge et une seule maison de repos, où il se trouvait bien et heureux, c'était le chœur de l'église de nos couvents; c'était la chapelle du Saint Sacrement dans les cathédrales et les autres églises où il donnait la mission.

Dans nos couvents, il y demeurait presque toujours jusqu'aux Matines, c'est-à-dire jusqu'à minuit, à genoux sur le pavé, la tête profondément inclinée, ou le regard perçant l'obscurité du tabernacle, très souvent favorisé d'extases ou de visions divines. Il répandait, comme des torrents, les larmes de la compassion, de la contrition, de la joie aussi, sur les pieds du Bien-Aimé, lui demandant le salut de ses frères, le salut des pécheurs obstinés qui refusaient de l'entendre et de se convertir.

Sa vie, comme il le dira quelques jours avant de mourir, était la vie de Jésus au sacrement de son amour; se séparer de lui causait à son cœur une souffrance que seule pouvait adoucir la certitude de faire sa volonté et l'espérance de revenir tout à l'heure à ses pieds.

Voici un fait, qu'on ne lit je crois dans la vie d'aucun autre saint, et qui nous donnera la mesure de son amour pour Jésus-Eucharistie. Le pardon des injures, la réconciliation sincère avec un ennemi n'est nulle part plus difficile à obtenir qu'en Espagne. Ces hidalgos peuvent être pauvres et obligés pour vivre de tendre la main, mais ils sont tous de race noble et extrêmement chatouilleux sur le point d'honneur. C'est ainsi qu'il n'est pas rare de rencontrer dans ce pays enchanté, mais déjà brûlant, des pères qui ne peuvent plus voir leurs fils et des amis d'autrefois qui ne cherchent qu'à s'égorger; le tout pour une parole mal sonnante ou un oubli plus ou moins involontaire de l'étiquette. Que voulez-vous? Ils s'imaginent être fils de rois. La moindre piqûre d'épingle devient un crime de lèse-majesté.

Plusieurs fois, pour ne pas dire très souvent, le bienheureux Diégo se heurta contre ces haines rebelles à toute prière et à toute menace; rebelles à toutes les sollicitations de son zèle apostolique. Il fallait bien en triompher cependant, puisque tel était le commandement du Seigneur. Voici le moyen qu'il employa pour les vaincre.

Il parlait à des auditoires croyants bien différents de ceux de l'heure actuelle, composés en majeure partie d'indifférents, de mondains et de mondaines sans aucune conviction.

Quand donc il devait prêcher sur le pardon des injures, il prenait les ornements sacerdotaux, sauf le manipule et la chasuble, puis, sortant du tabernacle la custode avec l'hostie consacrée qui servait à la bénédiction du Saint Sacrement, il l'emportait avec lui en chaire et la tenait dans sa main pendant toute la durée du sermon.

Comment n'était-il point gêné par la présence de son Dieu? Comment s'y prenait-il pour gesticuler sans manquer au respect dû à la Majesté infinie qu'il tenait dans sa main? Nous l'ignorons. Ce que ses auditeurs ont tous affirmé, c'est que dans son visage, dans toute sa tenue, dans sa manière de parler, il y avait une sorte d'anéantissement qui les étonnait et les anéantissait eux-mêmes. L'amour brûlant de son âme pour Jésus se trahissait, éclatait à chaque mot, à chaque mouvement, à chaque preuve nouvelle de la thèse, à chaque objurgation de détruire la haine et de la remplacer par l'amour fraternel.

En réalité, c'était Jésus-Eucharistie qui prêchait. Et quand les sanglots des pauvres pécheurs attendris et touchés retentissaient dans le temple, c'était vers Jésus qu'ils montaient, vers ce Jésus que le bienheureux Diégo tenait dans sa main. Le prédicateur, à ce moment, nous disent les relations, apparaissait aux immenses auditoires comme l'ange qui accompagne le Seigneur, sur la main duquel Il s'appuie admirable de beauté, tout resplendissant de la grâce. Comment résister à sa parole? Comment refuser ce qu'il demandait, non en son nom, mais au nom du grand Maître adoré caché sous l'hostie. Les larmes coulaient donc et la citadelle tout à l'heure imprenable de la haine ouvrait ses portes ou s'écroulait sur elle-même.

Cet amour du bienheureux Diégo pour Jésus Sacrement s'étendait à tous les prêtres qui ont l'honneur redoutable de consacrer chaque jour à l'autel le corps et le sang du Fils de Dieu fait homme. La parole de saint François était gravée profondément dans son âme : « Et quand j'aurais plus de sagesse que Salomon, je veux honorer et aimer les prêtres comme mes seigneurs : car je ne vois rien en ce monde du

Très-Haut Fils de Dieu, si ce n'est son très saint corps et son sang, qu'eux-mêmes consacrent et reçoivent et que seuls ils administrent aux autres. »

Dans toutes les villes où il était appelé, il prêchait aux prêtres tant séculiers que réguliers. Dieu, nous l'avons vu, lui avait confié la mission de les réformer. Mais, chose vraiment admirable, il ne leur parlait qu'à genoux, comme s'il se trouvait devant la divine Hostie. Il fallait pour le relever l'ordre formel de l'évêque. Autrement il répondait à toutes les instances : « Puis-je donc oublier le caractère divin que portent ceux que j'évangélise ? Ils sont prêtres ! Quelle dignité ! Il me semble toujours les voir à l'autel, l'hostie entre les mains. Et c'est pour cela que je ne puis me résoudre à les instruire autrement qu'à genoux. »

Venait-il à passer devant l'autel. Sa prostration à la manière des religieux était la plus humble et la plus anéantie. Quand il distribuait la communion aux fidèles, son recueillement profond, ses yeux si modestement baissés, son attitude si parfaitement composée, sa manière céleste de prononcer les paroles sacrées, tout montrait une âme embrasée des feux les plus ardents de l'amour.

Sa vie de tous les jours était comme un rayonnement à travers les peuples de la vie sacramentelle de Jésus. Cependant, à peine eut-il commencé le cours de ses prédications, qu'il consacra tout spécialement le jeudi de chaque semaine à l'adoration et au culte intense de l'Eucharistie.

Méditations, prières, mortifications, œuvres de charité, sermons, tout était pour lui. Ses méditations, il en prenait le sujet dans un petit livre intitulé : « Les délicatesses de Jésus : *Finezas de Jesu Sacramentado* », qu'il lisait volontiers et commentait à ses auditeurs, leur recommandant de l'acheter et de s'en servir pour le plus grand bien de leur âme. Son commentaire, d'ailleurs, dépassait de beaucoup le cadre et la valeur de l'opuscule. Il l'animait et l'embrasait de son amour. Ce n'était plus le livre qu'on entendait, mais le grand prédicateur des tendresses de Jésus immolé.

Son oraison, nous l'avons vu, il la faisait toujours, sauf empêchement majeur, tout près du tabernacle, à genoux et sans jamais s'appuyer à une chaise ou à un banc. La nuit, pendant les heures si courtes qu'il donnait au sommeil, il trouvait moyen de s'éveiller à plusieurs reprises. Chaque fois, s'il était dans un couvent ou dans une maison possédant une chapelle, il se levait et s'en allait au chœur saluer son doux Maître. « J'en puis témoigner, écrit le P. Sevilla, nous étions voisins de cellule à Malaga, la sienne prenant jour sur le haut chœur de la chapelle. Je l'ai vu plusieurs fois s'éveillant comme en sursaut, courir tout tremblant au sanctuaire où la lampe du Saint Sacrement s'était éteinte ou s'en allait mourante. Vite il la rallumait et demeurait un quart d'heure en adoration pour réparer le tort commis à la gloire de Jésus par l'inattention du sacristain ou l'accident imprévu. »

Comment savait-il pendant le sommeil que la flamme avait cessé de briller près du tabernacle, sinon par l'avertissement que lui en donnait Jésus, l'hôte constant de sa pensée, et pendant le jour, et quand il s'endormait. La prière de Jésus n'a jamais été interrompue pendant toute sa vie. La prière des grands saints ne l'est peut-être pas davantage, avec la différence d'intensité qui doit exister entre l'action d'un Dieu-Homme et l'action d'un simple fils d'Adam.

Disons maintenant ce qu'était notre bienheureux Diégo dans la célébration des saints mystères. On le comparait volontiers aux saints de notre Ordre les plus admirables par leur dévotion au saint sacrifice de la messe, à saint Pierre d'Alcantara, à saint Pascal, à saint Laurent de Brindes. Il paraissait à l'autel comme un chérubin : le visage enflammé, la tête auréolée de je ne sais quelle gloire divine. Plusieurs fois on vit les paroles saintes qu'il prononçait sortir de ses lèvres comme des flammes. Jésus réellement présent et, pour ainsi dire, visible à ses yeux, échauffait de son amour non seulement l'âme, le cœur du Bienheureux, mais son corps lui-même. Si on lui demandait, aussitôt la messe finie, de réciter un évangile sur telle ou telle personne, sa main posée sur les cheveux ou à une petite distance de la tête était si chaude qu'on n'aurait pu en supporter longtemps le contact. Plusieurs le savaient et voulaient l'expérimenter par eux-mêmes : de là le grand nombre des demandeurs d'évangile au saint homme.

Il n'était pas très long à dire la messe : trente-cinq à trente-six minutes. Mais l'action de grâces, prolongée autant que le lui permettaient ses occupations, le dédommageait de la promptitude qu'il croyait devoir mettre, selon les règles, dans la célébration de la messe. C'est alors qu'il multipliait les élans de son âme; c'est alors que ses larmes coulaient en grande abondance et que ses lèvres laissaient échapper les cris, les prières, les soupirs, les exclamations de l'homme tout entier saisi par la divinité. O joie du chrétien qui communie dignement! O bonheur inénarrable si on savait l'apprécier, si on voulait s'imposer les sacrifices nécessaires pour le goûter!

Après sa première messe, célébrée au couvent d'Ubrique, ce fut fini; il y eut dans son âme une telle faim, une telle soif de ce pain et de ce vin vivants qu'il lui fut impossible désormais de s'en passer.

Il disposait si bien tous ses voyages que jamais il n'était pris à l'improviste et empêché de dire la messe. « Il ne voulait à aucun prix, disait-il, être privé un seul jour de ce pain des voyageurs sans lequel il serait tombé inanimé sur le chemin. »

Qu'il arrivât très tard ou de bonne heure à la station marquée par l'itinéraire; qu'il fît une chaleur intense ou un froid rigoureux sur la route parcourue; qu'il fût horriblement fatigué ou tout à fait dispos, il disait la messe; rien ne pouvait l'empêcher de s'unir à Celui qui était sa vie!

Il n'aimait pas prendre la voie de mer pour se rendre où l'obéissance l'envoyait; mais il lui fallait bien parfois s'embarquer sur les fleuves, en particulier sur la rivière de Séville et le Guadalquivir. Les bateaux ne marchaient pas alors à toute vapeur comme aujourd'hui. C'est pourquoi s'il voyait qu'il lui faudrait manquer la messe, il refusait obstinément de monter sur la barque. Ou bien, en cours de route, il savait habilement incliner le capitaine à faire escale soit dans un village dont il apercevait l'église ou bien près d'un couvent en possession d'une chapelle. Il descendait y dire la messe. C'était un retard de trois quarts d'heure pour les passagers. Or on remarqua que jamais personne ne s'en plaignit. Il était si heureux au retour! Il faisait si bon le regarder pendant son action de grâces! Combien de fois au printemps il partit à minuit pour arriver sous la fatigue des grosses chaleurs à l'étape et permettre à ses compagnons de célébrer la messe plus tranquillement!

La maladie vint plusieurs fois l'arrêter sur les marches de l'autel. Alors ce fut la grande désolation. Malgré lui sa figure paraissait pâlie et toute couverte de tristesse.

Pendant la convalescence assez longue de sa première maladie, à Séville, il avait pour infirmier le Fr. Michel de San-Stéphano, religieux d'une grande sainteté et qui mourut dans son infirmerie, au choléra de 1800. Il le pria de vouloir bien lui dire l'heure de la messe conventuelle, ensuite de ne rien lui apporter pendant tout le temps qu'elle durerait.

Le Frère oublia sans doute la recommandation et vint avec une tisane chaude frapper à la porte de l'infirmerie. Le malade ne répondit pas. Le Frère ouvrit la porte et vit notre Bienheureux à moitié soulevé sur sa couche de misère, la tête tournée du côté du maître-autel, les lèvres entr'ouvertes et l'âme en extase. Il l'appela par son nom et, ne recevant aucune réponse, se retira tout confus avec sa potion.

Si le Bienheureux ne pouvait alors dire la messe, au moins lui fallait-il la communion tous les jours. C'était mourir que d'en être privé.

« Je ne m'étonne pas trop, disait-il un jour à ses amis, de voir des gens passer de longues années sans se confesser ; mais ce que je ne puis comprendre, c'est que des chrétiens qui se confessent puissent se contenter d'entendre seulement les messes de précepte. »

Il reprenait avec la plus grande sévérité les pécheurs qui venaient s'accuser d'avoir manqué la messe du dimanche. Leur pénitence était toujours d'assister une ou plusieurs fois à la messe pendant la semaine.

Cet amour de Jésus victime et sacrifié qui brûlait la poitrine du bienheureux Diégo devait, on le comprend, se satisfaire non seulement par le don de tout soi-même, mais encore par le don du monde entier. Jésus mérite de posséder le cœur de tous les hommes. Nous le savons, nous autres, mais les saints le sentent. La passion ardente et dévorante s'en allume en eux, rien ne leur coûtera pour mettre sur toutes les lèvres la louange de leur Jésus; les plus grandes fatigues et les souffrances les plus aiguës leur paraîtront bien peu de chose pour amener pleins d'amour au pied de l'autel eucharistique, sinon tous les hommes, au moins tous les chrétiens.

Notre bienheureux Diégo pensa que l'adoration perpétuelle bien organisée dans tous les diocèses d'Espagne servirait admirablement les intérêts de notre Sauveur sacramenté. Cette dévotion qui a conquis de nos jours toute la France, n'existait en Espagne, au XVIIIe siècle, que dans certaines villes riches en communautés religieuses. Il commença donc sa croisade à Cadix, ville où il était né. L'évêque, Mgr de Cervera, le gouverneur de la ville, homme d'une haute piété et ardent propagateur de l'adoration perpétuelle partout où il avait passé, S. Exc. le marquis de Sallehermoso; plusieurs ecclésiastiques de grand mérite l'aidèrent puissamment de leurs exhortations et de leur argent. L'œuvre fut donc solennellement établie sur des bases que nous avons peut-être tort de ne pas maintenir en France.

Avoir des adorateurs qu'aucun lien n'unit entre eux, qui n'ont pas pris d'engagements les uns envers les autres, c'est risquer de voir l'œuvre s'écrouler en peu de temps. Le bienheureux Diégo créa la confrérie du Saint Sacrement et en demanda à Pie VI l'institution canonique, avec des indulgences pour tous les membres fidèles. Pie VI, qui connaissait et aimait notre Saint, lui fit expédier aussitôt les bulles demandées, avec de grandes faveurs spirituelles. A son tour, le roi Charles III, sollicité vivement par le P. Diégo, accorda l'exéquatur.

Les cités d'Ecija, de Carmona, d'Estepa, d'Osuna et vingt autres lui durent la même faveur et virent établir solidement dans leurs murs ce puissant ressort de la foi catholique, cet instrument de rédemption dont l'historien Mansi a bien pu dire : « L'adoration perpétuelle en Espagne a écarté des épaules de cette nation, à la fin du XVIIIe siècle, l'épée de la justice divine : *Espada de espaldas.* »

Il était difficile, pour ne pas dire impossible, aux ouvriers de donner leurs noms à la confrérie. La journée ne leur appartenait pas et l'adoration finissait avant la nuit. Le P. Diégo y remédia. Il obtint du même Pontife un bref qui accordait les mêmes indulgences aux ouvriers qui, n'ayant pu venir pendant la journée, passaient à l'église, le soir venu, et y faisaient leur adoration pendant la demi-heure ordinaire.

Pour ces derniers comme pour les adorateurs de la confrérie, il composa un petit livre de dévotion et de prières qu'il intitula : *Une heure saintement occupée,* livre rempli comme une coupe de diamant de la liqueur enivrante de l'amour divin.

La ville de Xérès le trouva si beau qu'elle le fit déclarer d'utilité publique. Aujourd'hui on le ferait peut-être brûler en place de grève. Il se terminait par une série d'oraisons enflammées qui opérèrent dans la suite plusieurs conversions extraordinaires.

Enfin notre Bienheureux couronna cette grande œuvre en la faisant adopter par Madrid, la capitale du royaume. Le roi Charles III avait chassé les Jésuites, comme tous les rois de la famille des Bourbons. Ses mœurs, dit-on, laissaient beaucoup à désirer. Il ne manquait cependant ni de foi, ni d'une certaine religion, et, quand ses conseillers francs-maçons ne l'influençaient pas trop violemment, il favorisait volontiers les desseins religieux des évêques et des saints de son royaume. L'adoration perpétuelle établie à Madrid lui fut donc très agréable. La confrérie des adorateurs y montra une ferveur longtemps croissante et une fidélité parfaite à ses obligations. Jamais un associé ne voulut manquer sa demi-heure de garde à l'autel. La procession solennelle qui terminait les saints exercices était une fête pour tout le monde. On y compta souvent jusqu'à douze cents gros cierges portés par les confrères.

Inutile de dire que dans toutes ces circonstances, notre bienheureux P. Diégo prenait la parole presque toujours sans préparation. Il n'avait qu'à ouvrir son cœur comme on ouvre

16

la porte d'une fournaise. Il en jaillissait des flammes si brûlantes que les larmes coulaient sans fin des yeux de ses auditeurs, larmes d'amour, de reconnaissance, de protestation de fidélité à Jésus-Eucharistie. Les heureux témoins de ces grandes scènes sont unanimes à affirmer que le bienheureux Diégo, toujours éloquent, se surpassait lui-même en parlant du Saint Sacrement et semblait toujours comme élevé au-dessus de la chaire, attiré en haut par Celui qui remplissait toute son âme.

CHAPITRE XVIII

VIE MYSTIQUE — PROPHÉTIES ET MIRACLES

Les saints mènent apparemment la vie de tous les autres hommes ; ils marchent, parlent, mangent, boivent et dorment comme nous. Il ne faut pas longtemps, toutefois, pour distinguer en eux une autre vie qui n'existe pas chez la plupart des malheureux habitants de la terre. Leur conversation est dans le ciel, a dit l'apôtre saint Paul, la nôtre est ici-bas, dans les régions embrumées de la matière. Ils sont avec Dieu, avec Jésus-Christ, avec la très sainte Vierge, avec les anges et les saints. Ils en ont les pensées, les désirs ; ils en ont, jusqu'à un certain point, l'intelligence et les pouvoirs.

Les occultistes, les spirites, les docteurs de l'hypnose cherchent, par des moyens ou diaboliques ou ridicules, à entrer dans ce monde surnaturel, à y voir les choses cachées, à y prendre la science universelle, la gnose, comme on disait aux premiers siècles du christianisme. Ils n'aboutissent qu'aux ténèbres et ne trouvent que le déshonneur de la folie. Le seul chemin par où on y arrive, c'est la sainteté.

Le bienheureux Diégo habitait cette région fortunée. Rien d'étonnant, dès lors, qu'il connût ce qui se passait dans les âmes ; qu'il vît, d'une vue claire, ce qui devait arriver : rien d'étonnant qu'il fût prophète de grands événements et aussi de menus faits, prévus et voulus par la Providence.

Nous avons déjà raconté plusieurs des prophéties de notre Bienheureux. Il écrit à des prêtres en leur donnant un titre qu'ils n'ont pas encore et ne peuvent guère espérer. Ils deviendront chanoines prébendés, religieux de tel ou tel ordre, évêques même, comme son parent, Mgr Delgado, consacré, quelques années après la prophétie, évêque coadjuteur de Mgr de Bourbon, pour la cathédrale de Séville.

Il écrit à une mère de famille, chaque fois qu'elle est enceinte, quel sera le sexe de l'enfant qu'elle mettra au monde et le nom qu'il faudra lui donner au baptême. Si l'enfant doit mourir avant de naître, il se contentera de dire que tout ira bien, sans ajouter de nom.

A un religieux Capucin qui se préparait à sortir avec un Frère à la tête peu solide, il demande, avec un air attristé, de ne pas prendre ce compagnon de voyage. Il va trouver le Gardien du couvent pour qu'il lui commande d'en choisir un autre. On ne veut pas suivre son avis. Arrivés à la maison de Chartreusines où on les attendait, le frère fou jette le Père prédicateur dans un puits de dix mètres de profondeur. Il faut un vrai miracle pour qu'il ne périsse pas et qu'on puisse le repêcher.

Au Port-Sainte-Marie, deux époux dans l'anxiété veulent lui remettre une lettre où ils exposaient leurs doutes. Ils n'arrivent pas à le joindre, à cause de la foule qui l'écrase. Le Bienheureux, qui ne les avait jamais vus, fait un signe à la femme. Elle s'approche, il prend la lettre entre ses mains et, sans l'ouvrir, lui donne la réponse qu'elle demandait.

En Andalousie, une religieuse cloîtrée, de grande vertu, mourait de terreur, s'imaginant que son confesseur ne la comprenait pas, et autres suppositions que Satan ou la maladie inspirent assez souvent aux meilleures âmes. Elle aurait voulu voir le P. Diégo. Il lui semblait que seul il pouvait la délivrer. Mais il était loin pour le moment. Et la pauvre âme criait à Dieu de ne pas l'abandonner. Elle appelait, par tous les battements de son cœur, le saint religieux qui ferait luire la lumière devant ses pas et remettrait la paix dans sa vie...

Et voilà que le P. Diégo est soudain devant elle, dans la pauvre cellule, le visage aimable et souriant. « Ma fille, lui dit-il, cesse donc de craindre. A quoi bon entretenir ces anxiétés qui t'enlèvent le courage? » Étonnée, épouvantée presque, la pauvre religieuse s'était levée de sa chaise et se reculait, ne sachant que penser de cette apparition. Mais à la paix et à la joie qui remplissait son âme, elle comprit la bonté de Dieu à son égard. Le saint religieux s'assit, entendit sa confession, lui dit que son confesseur était bien celui qu'il fallait à son âme, la consola, l'instruisit et, quand la cloche sonna les vêpres, il disparut comme il était entré.

Notre P. Diégo avait donc suivi de loin les

divers mouvements de cette religieuse, il avait entendu son appel, et Dieu lui avait donné de se transporter miraculeusement près d'elle, à la façon des esprits. Était-ce la bilocation bien connue dans l'histoire de nos saints? Était-ce simplement le transfert rapide de son corps dans un lieu éloigné? La question ne nous paraît pas avoir été étudiée par ceux qui ont, les premiers, écrit la vie de notre Bienheureux.

Le même miracle se reproduisit à Oscena, en faveur de l'épouse du syndic des Capucins, dona Maria de la Conception Cepeda. Cette femme de grande piété désirait, elle aussi, entretenir le P. Diégo de divers événements et projets qui tenaient son esprit en suspens. Il se trouvait alors dans une autre province. Elle l'appelait cependant, du sein de la solitude, et voilà qu'on frappe à la porte de la maison. Elle va elle-même ouvrir, ce qui ne lui arrivait pas ordinairement. C'était le P. Diégo! Pleine de joie : « Vous ici! lui dit-elle. — Oui, vous m'avez appelé, et je suis venu. » Il lui révéla les divers événements qui devaient traverser sa vie, et disparut.

Un autre fait nous donnera une nouvelle preuve de sa pénétration des cœurs, de sa connaissance des pensées d'un grand nombre. — Il était arrivé à Malaga, la veille d'une des grandes fêtes de l'année ; les relations ne nous disent pas laquelle. Or, dans le couvent de Capucins qui l'avait reçu, le bruit se répandit qu'il voulait repartir dès le lendemain. Grand ennui pour les religieux qui désiraient ardemment le posséder au milieu d'eux au moins une journée entière ; scandale pour quelques-uns, qui ne comprenaient pas qu'il pût voyager un jour de grande fête. Réunis dans une salle du couvent, ils parlaient entre eux de l'affaire, déplorant ou blâmant la résolution du bon Père. La conversation allait son train. Le P. Diégo frappe à la porte, entre et commence, contre sa coutume, à faire ses adieux en paroles très douces et pleines d'affection ; puis, comme sans y toucher, il arrive à leur citer la réponse de Jésus-Christ aux pharisiens qui murmuraient de ce qu'il avait guéri un aveugle le jour du sabbat : « Attendez-vous au lendemain pour retirer de la fosse où il est tombé, le jour du sabbat, votre âne ou votre bœuf ? » Puis il se retira, laissant ses Frères dans un étonnement profond et pleins de vénération pour lui.

On peut dire qu'à chaque instant il manifestait que son esprit était dans le monde surnaturel, et qu'il suivait le mouvement des âmes, au moins dans ce qui était nécessaire ou utile à leur sanctification.

A Olana, comme nous l'avons raconté, il prêchait aux jeunes cadets de la noblesse. A l'école de cavalerie, après avoir parlé à peu près une heure et demie, il s'arrêta et, se tournant vers le gouverneur, il lui dit : « Ne pourriez-vous pas, seigneur, faire ouvrir les portes aux pauvres soldats qui sont de garde, afin qu'eux aussi entendent l'instruction ? » On les ouvrit aussitôt. Depuis on apprit que ces soldats, furieux d'être exclus de la conférence, méditaient de s'enfuir et de déserter, ce qu'avait vu clairement le P. Diégo et ce qui avait motivé sa demande au gouverneur.

Il y avait, à Séville, un ermite jouissant près du public d'une grande réputation de sainteté On lui donnait d'abondantes aumônes et on se recommandait à ses prières. Il vint un jour à passer près de notre bienheureux Père dans une des grandes rues de la ville. Et le voilà qui se jette à ses pieds pour lui demander sa bénédiction. Il comptait affermir ainsi la conviction où on était de sa haute vertu. Mais le P. Diégo non seulement ne le bénit point, mais hâta le pas et s'enfuit rapidement. Grand étonnement pour ceux qui furent témoins de cette scène. Quelques jours après, on sut la raison d'agir du P. Diégo. C'était un faux ermite qui trompait le peuple. Il fut déféré au tribunal de l'Inquisition et condamné comme imposteur et hypocrite.

L'historiette suivante est pleine de charmes. Le Fr. Félix de Tribiana, compagnon du Bienheureux, avait reçu de lui une relique de la Santa Casa de Lorette, avec prière de la remettre à un certain chanoine de Cordoue. La relique venait de la reine d'Espagne. Elle avait donc un double prix. Ledit Fr. Félix se laissa prendre à la tentation de la garder pour lui, pensant bien que son larcin resterait inconnu, le P. Diégo ne connaissant pas le chanoine de Cordoue, et le chanoine lui-même ne pouvant se douter du don qui lui était destiné. Il avait compté, le pauvre voleur de reliques, sans le regard puissant de son Père.

« Frère Félix, lui dit-il un jour, pourquoi n'avez-vous pas donné la relique ?

— Je n'en ai pas eu l'occasion, Père.

— Bien, répondit le Bienheureux en lui donnant un petit coup sur l'épaule, es-tu sûr de ne pas me mentir quelque peu ?» lui montrant ainsi qu'il avait su son petit manège et sa mauvaise résolution.

Il faisait voyage avec le P. Miguel de Vigeras. Au sortir de Cabra, sur la route qui conduit à Monturque, voilà que la neige commence à tomber si drue et si épaisse que le P. Miguel, pris de compassion pour le P. Diégo, s'écarte un instant, demande une voiture à un de ses amis et l'envoie au voyageur. Or il avait vu, dans la lumière divine, les intentions et l'action du Père Gardien. Quand le coche arriva, il demanda à Dieu et obtint de devenir invisible, de sorte que ceux qui le cherchaient ne purent le trouver et demandèrent en vain de ses nouvelles à tous les passants.

Il arriva un soir à Estepa et prit son gîte chez le curé du lieu, qui était le syndic des Capucins. Pensez si la joie fut grande au cœur de ce bon prêtre. Toute sa maison y prit part et, comme à Béthanie, on mit tout en l'air pour recevoir dignement un homme dont la réputation de sainteté courait le pays d'Espagne. L'heure du dîner arriva. La place d'honneur fut pour le

P. Diégo, à la droite du curé. Mais celui-ci, au lieu d'exciter ses hôtes, par son exemple, à bien profiter de la table, mangeait à peine du bout des dents. Toute sa pensée était au bonheur insigne, à la fortune inouïe qui lui était échue, de posséder dans sa maison, à sa table, un si saint homme, un thaumaturge, un ami intime du Christ. Il se taisait, savourant ce mets divin, pendant que les autres convives donnaient libre cours à leur appétit et à leurs paroles.

Notre Bienheureux cependant lisait dans son âme. Il s'y voyait, lui, l'humilité même, placé sur un trône d'honneur; il s'y voyait l'objet d'une grande admiration, presque d'un culte de dulie. La chose ne pouvait durer. Il fallait réveiller ce syndic rêveur de sornettes et le remettre dans le vrai. Le P. Diégo fait un mouvement qui attire l'attention de l'assistance, puis s'adressant au curé avec un air très sérieux, il lui demande un verre de vin pour boire à sa santé. C'était absolument contraire à sa modestie habituelle et surtout à sa sobriété. Jamais, nous l'avons vu, il ne buvait de vin. Mais il lui fallait montrer qu'il n'était pas un saint; qu'on devait le considérer comme un religieux vulgaire, sans aucune éducation. En recevant le verre des mains du syndic, il lui dit, en accentuant les mots : « Révérend Père Syndic, Dieu seul est saint, moi je ne suis qu'un vil ver de terre. »

Ce singulier toast fit sur les convives et sur le curé en particulier une impression si forte, que jamais ils ne purent l'oublier, louant Dieu d'avoir donné à l'Espagne un homme si admirable.

Qu'on nous permette de raconter encore quelques traits charmants sur le même sujet.

Le bienheureux Diégo s'en allait à Gausin. Un muletier le rejoignit, conduisant sa bête chargée de pains. Le Père le salua et lui demanda ce qu'il portait : « Des citrouilles », répondit l'homme. — Bien... Que le bon Dieu les bénisse », reprit notre Bienheureux.

Le muletier, arrivé à destination, se mit à décharger la bête. Mais, dans les sacs, ce n'étaient plus des pains. Il n'y avait plus que des citrouilles ayant la forme des pains. Surprise de l'individu qui avait voulu se gausser du Capucin. Il conta l'histoire, et les juges du pays lui confisquèrent les merveilleuses citrouilles. On sema de leurs graines, elles levèrent et donnèrent des fruits. On les appela les citrouilles du P. Diégo. On en trouve encore aujourd'hui en Espagne qui ressemblent parfaitement aux pains qu'on fabriquait à l'époque du miracle.

Il était en grande relation de prières avec quelques dames très pieuses de Malaga. De son lit de convalescent, à Séville, il leur écrivit le petit billet suivant :

« Santita Sibila, que Dieu soit avec vous. Je suis heureux du souci que vous et vos sœurs dans le Christ avez de ma santé. Je vais mieux mais ne puis encore descendre au chœur ; je compte y aller dans une semaine, surtout si vous me recommandez au Seigneur. Je me réjouis de vous savoir en bonne santé, et aussi de ce que votre enfant est un garçon. Voyez donc à ne point disputer, à éviter toute animosité et toute contention, car cela déplaît à Dieu, le Maître que nous devons servir dans la paix et l'union. »

Cette lettre n'aurait rien d'extraordinaire si elle n'était arrivée juste au moment où toutes ces braves chrétiennes avaient entre elles une dispute qui menaçait de tourner à l'aigre et de brouiller celles qui, jusqu'alors, avaient été très unies dans le bien. La lettre arrêta tout, comme bien on pense.

Un jeune étudiant de l'université d'Osuna ayant entendu parler du Bienheureux, fut saisi d'une crainte respectueuse à son égard, si extraordinaire, qu'il n'osait ni lui parler, ni même l'approcher. Cependant, des inquiétudes de conscience, de fortes tentations, des doutes sur sa vocation le tourmentaient, et il sentait que, seul, le grand missionnaire donnerait lumière et force à son âme. Plusieurs fois il le suivit dans l'église, résolu à l'aborder; toujours la crainte le retint au dernier moment. Enfin, le Bienheureux, qui voyait sa peine, voulut la lui enlever. Il passa près de lui dans l'église, lui fit signe de le suivre, lui parla quelques instants, lui donna sa main à baiser sous le manteau, comme il faisait habituellement, et le laissa comblé de joie et dans une paix profonde.

Comme beaucoup de nos saints, le P. Diégo

savait, en abordant un malade, s'il mourrait de son infirmité ou si Dieu lui rendrait la santé.

Il vint un jour, raconte le P. Sévila, chez un pauvre malade tourmenté par plusieurs fièvres et infirmités. Il s'approcha de lui et, de son mieux, le consola et l'encouragea. Un des frères du patient était venu le visiter au même moment, bien portant en apparence, ne se plaignant que d'un peu de constipation. Avec cet homme, le Bienheureux demeura un temps considérable, lui parlant, comme il savait le faire, de la bienheureuse Vierge Marie et du bonheur du ciel. Puis il le bénit, dit sur lui un évangile et s'en alla. En sortant, il dit au P. Sévila : « Celui-ci paraît avoir bonne santé, l'autre est à deux doigts de la mort. A mon sens, c'est le premier qui mourra et le second qui se tirera d'affaire. » Or, dans la nuit même qui suivit, le grand malade eut une crise heureuse et entra en convalescence; son frère fut frappé d'apoplexie et mourut un jour après, entre les bras du bienheureux Diégo qui vint l'assister à ce terrible passage.

CHAPITRE XIX

RAVISSEMENTS ET EXTASES

La note qui domine dans les lettres du bienheureux Diégo, soit à son directeur, soit à ses Supérieurs de l'Ordre, c'est, à n'en pas douter, le dégoût profond, la mésestime parfaite de lui-même et de ses actes. Citons-en une qu'il écrivait, en 1899, deux ans avant sa mort et à la veille de la grave maladie qui fut sur le point de l'enlever.

« Je n'ai rien entendu dire de la neuvaine que j'ai prêchée dernièrement à Notre-Dame de la Paix, ni des conférences familières que je donne les vendredis dans l'église de Jésus-de-Nazareth. Sans aucun doute, mon manque de préparation et ma froideur de glace sont la seule cause de l'indifférence qu'on remarque chez mes auditeurs. Je suis sûr que ma vie et mon travail causent des nausées à mon Sauveur Jésus, qui me souffre et me supporte avec une infinie patience. Il me semblait, ces jours passés, en me mettant en oraison, que, pour venir jusqu'à mon cœur, Dieu était obligé de passer à travers un vaste champ de neige au milieu duquel je me trouvais. La crainte de me perdre est continuelle. Continuelle aussi mon insensibilité et mon incorrigibilité en tout point. La dissipation de mon esprit dépasse toute mesure ;

incroyable est mon impuissance, sans compter que je m'arrange de façon à n'être jamais préparé convenablement. Il me semble que je ne fais rien de ce que je devrais faire et que je suis, dans l'Église de Dieu, un bourdon insupportable, un frère Mouche, paresseux et inutile... Comme je me sens dénué totalement de la science de la théologie mystique, je charge ma conscience à prendre des obligations que je ne puis évidemment remplir. »

Voilà une lettre du Bienheureux et les voilà toutes en une : lettres d'une humilité profonde comme l'abîme, et insondable comme l'infini. Il ne sait pas le premier mot de la théologie mystique; il ignore absolument la manière de se conduire dans les communications intimes de Dieu, et dans les voies extraordinaires de la sanctification.

Voici maintenant la contre-partie, c'est Dieu lui-même qui nous la donne.

La vie du R. P. Diégo, nous disent, nous affirment une nuée de témoins autorisés, a été une vie extatique et comblée des plus sublimes faveurs du Tout-Puissant. Son oraison était continuelle, selon le témoignage du P. Eusèbe de Séville, son compagnon dans presque tous ses voyages. Sur les routes, à la posada, dans les couvents où il entrait, partout nous le voyions les yeux clos, ou à peu près, s'entretenant avec le Dieu de son cœur. Il s'était tellement habitué à l'oraison mentale, c'est-à-dire à l'intimité avec Dieu, qu'au milieu même des foules, dans le fracas des fêtes et l'ennui des triomphes qui lui étaient offerts à chaque pas, il continuait à se tenir dans la région supérieure et surnaturelle où Dieu se montrait à lui et, souvent, d'une façon miraculeuse.

Dans nos couvents d'Ecija, de Xérès, de Séville, de l'Hôpital du précieux Sang, le P. Eusèbe l'a vu, pendant son oraison, tout environné de flammes divines.

Son autre compagnon, le P. Michel d'Otura, qui le suivit sur les routes d'Andalousie, d'Aragon, de Valence, de Catalogne, de la Galicie, des Asturies, etc., nous raconte qu'il ne put jamais s'assurer ni quand ni combien de temps il dormait, ou se reposait de ses fatigues. A onze heures, à minuit, il le trouvait en oraison. A trois heures ou à quatre, déjà levé, depuis combien de temps, impossible de le savoir, et déjà en oraison, soupirant avec force et s'écriant, comme s'il parlait à un être vraiment présent, devant ses yeux : « Oh! bon Jésus, oh! mon Dieu! »

En chemin, une fois les grandes litanies récitées, il se séparait de ses compagnons, et c'était fini : l'oraison durait jusqu'à midi. La soirée ressemblait à la matinée et, pour ne pas trahir le secret de ses entretiens avec le Roi du ciel, il disait à ses compagnons : « Laissez-moi seul, j'ai un sujet de sermon à méditer. »

Le P. Philippe, un autre encore de ses compagnons, nous dit qu'ayant été reçus à Jaën, au palais de l'évêque, contigu au couvent des

Capucins, il obligea le bienheureux Diégo, malgré toutes ses réclamations, à s'y arrêter quelque temps et à se coucher. La fatigue du voyage avait été extrême. Vers les dix heures du soir, le P. Diégo lui demanda d'entendre sa confession, ce qu'il lui accorda volontiers. A deux heures du matin, s'étant réveillé, il voulut voir ce que devenait notre Bienheureux. Il vint à sa chambre, elle était vide : il courut à la tribune ouverte sur la chapelle du couvent. Là, il le trouva à genoux, les bras en croix, le regard perdu en haut, tout environné et enveloppé d'une lumière surnaturelle. Étonné, ravi, tremblant, le Père n'osa point le ramener à sa chambre, comme il se l'était promis : il se retira sans bruit et tout troublé de ce qu'il avait vu.

A Martos, chez le syndic, la même scène se produisit. Le P. Philippe le trouva dans l'oratoire, élevé en l'air de cinq pieds, entouré de lumière et exhalant un parfum exquis. Au matin, quand ils furent seuls, le P. Philippe lui dit : « Vous avez été bien traité, cette nuit, mon Père! Puisque j'ai part à vos fatigues, vous pourriez bien, ce me semble, me donner quelque chose de votre gloire? »

A ces mots, le P. Diégo se jette à genoux : « Bien cher compagnon, lui dit-il, j'ai bien su que vous étiez là ; Notre-Seigneur a daigné jeter des regards sur moi, misérable. Pour l'amour de Dieu, promettez-moi de ne rien dire de cette faveur; je ne me relèverai pas que je n'en aie votre parole. »

A Carmona, où il prêchait le Carême, il était logé chez don Thomas Carero, dont il avait baptisé plusieurs enfants, dans un endroit très retiré et loin de tout bruit. Les domestiques et les filles de la maison, gens fort curieux comme on sait, voulurent voir comment il se comportait dans sa chambre pendant la nuit. Elles ôtèrent donc leurs chaussures et, à pas de chattes, elles s'approchèrent de la porte et, par le trou de la serrure, regardèrent fiévreusement ce qui se passait. Le Bienheureux était alors élevé dans les airs et tout perdu en Dieu. La chambre, éclairée de lueurs intenses, ressemblait à une fournaise.

En ce moment, il se fit un grand bruit, comme d'un tremblement de terre qui ébranla la maison. Les curieuses, toutes tremblantes, regagnèrent en hâte leurs chambres respectives. Le lendemain matin, le Bienheureux les reprit de leur curiosité et les avertit de ne plus chercher à pénétrer sa vie, si elles ne voulaient pas être punies de Dieu : « Ne soyez pas si crédules, ajouta-t-il, et par trop simplettes. Je ne suis qu'un pécheur et un mauvais religieux. » On pense bien que ces bonnes filles ne crurent pas le premier mot de cette dernière phrase.

Comme le bienheureux Joseph de Cupertino, le P. Diégo ne pouvait par moments entendre ou prononcer le nom de Jésus sans entrer en extase. Parfois, quand il en revenait, le visage tout enflammé, il commençait à parler de Jésus et de son amour avec tant de charmes, que ceux qui l'entendaient pleuraient avec lui et sentaient la chaleur de cet amour envahir tout leur être.

Parfois aussi, pendant qu'il était élevé au-dessus de terre, quelquefois de plusieurs mètres, ceux qui le voyaient, enivrés par le parfum qui s'échappait de sa personne, réjouis et transportés par la lumière dont il était enveloppé, s'écriaient, comme les Apôtres sur le Thabor : « Il fait bon, ici. Demeurons-y toujours! »

Si merveilleusement transformé, il apparaissait à l'autel, quand il disait la messe, que les pécheurs les plus endurcis se convertissaient : que les personnes les plus qualifiées consentaient à passer une partie de la nuit dans le couvent, pour entendre cette messe avant l'aurore et nourrir leurs yeux et leur cœur de la vue du saint religieux, dont les lèvres jetaient autant de flammes qu'elles prononçaient de paroles sacrées.

« C'est un nouveau Philippe de Néri, disait-on, un séraphin qui a pris la forme d'un prêtre! »

On l'a vu un jour, comme une nuée lumineuse, s'étendant au loin dans les airs; une autre fois, comme un soleil éclairant le monde, symbole de sa doctrine apostolique; une autre fois encore, montant en chaire, vêtu des ornements sacerdotaux, une aube d'une finesse extrême, une étole toute de lumière, un cordon de plusieurs couleurs, une barrette ourlée de flammes ravissantes.

Nous avons dit, dans un autre chapitre, la chaleur extraordinaire de ses mains, après qu'il avait touché la sainte Hostie.

Un charmant épisode de cette vie extatique : « Une dame lui demanda quel sujet il avait traité dans l'instruction du soir. « Señora, dit-il, « tel et tel sujet. » Et, en l'exposant, son visage s'enflamma, l'amour divin s'empara de lui et, peu à peu, l'éleva de terre. Alors la dame lui posant le doigt, enveloppé du manteau, sur l'épaule, lui dit : « Non, ne vous envolez pas, « ou bien je pars avec vous. »

Ces faits sont merveilleux, admirables. Ils nous montrent combien Dieu aime avec passion ceux qui veulent bien se donner à lui. Ils nous font goûter délicieusement la tendresse extrême de Jésus, notre Sauveur et notre Frère, pour ceux qui veulent être ses amis et n'aimer que lui sur la terre et dans le ciel.

Nous ne disons rien des rapports intimes de notre Bienheureux avec sa Souveraine bien-aimée, Notre-Dame de la Paix. Souvent elle lui a parlé ; souvent, tous les jours peut-être, elle lui a montré son visage et donné l'assurance de son amour. Elle était sa Mère. Il avait pour elle le culte le plus tendre, le plus dévoué, le plus ardent. Comment ne l'aurait-elle point payé de retour et par des grâces singulières ?

Rien ne nous étonne de ce qui nous est rapporté. Nous laissons au monde stupide le doute et la raillerie. Il ne comprend pas. Les fils de Marie comprennent et lui disent, pour les saints et pour eux : « Merci, ô Mère ! en attendant le ciel. »

CHAPITRE XX

DERNIÈRES ANNÉES DU BIENHEUREUX

Le bienheureux Diégo prêcha le Carême de 1798, à Cadix, sa ville natale. Il l'aimait tendrement cette ville où il avait reçu le baptême, où il avait été élevé dans la crainte et l'amour de Dieu. C'était la dernière fois qu'il devait s'y faire entendre; et, sans doute, Dieu le lui avait révélé, si j'ose le dire. Sa prédication s'en ressentit : elle fut comme le discours d'adieu du Sauveur Jésus à ses Apôtres, la veille de sa mort, pleine de doctrine sublime, de très sages conseils et d'explosions de tendresse.

Aussi les fruits en furent-ils très abondants et très savoureux. « Je ne saurais vous dire dans une lettre, écrit le P. Diégo à son directeur, tout le bien qui s'est opéré pendant ce Carême, chez les ecclésiastiques auxquels j'ai donné une retraite de huit jours ; dans le peuple de la cité et des environs, enfin parmi les protestants. Plusieurs de ces pauvres hérétiques ont abjuré leurs erreurs, sans plus tarder ; les autres affirment qu'ils ne mourront pas sans s'être réconciliés avec l'Église romaine.

« Je dois vous dire, ajoute-t-il, que j'ai grand espoir que bientôt un grand nombre de ces protestants d'Angleterre auront le bonheur de revenir à la vérité. » Dieu lui montrait, sans doute, l'influence heureuse de nos prêtres exilés en Angleterre, qui, par leur bonne tenue et leurs vertus de toutes sortes, firent considérer la religion catholique sous un nouveau jour et, finalement, préparèrent le grand mouvement de conversion qui se continue de nos jours.

« Cette mission, reprend le P. Diégo, m'a occupé au point de m'empêcher assez souvent de vaquer à mes prières accoutumées du soir. Plusieurs fois même j'ai omis une de mes trois disciplines journalières. Par contre, j'ai porté mes trois cilices, formant une sorte de corset enserrant mon corps depuis la ceinture jusque sous les bras. Je ne le quittais que pour la nuit. » Nous savons ce que le Bienheureux entendait par ce mot de nuit : c'était quelques heures au plus.

Une des conquêtes les plus marquantes du prédicateur fut celle d'une mondaine de haut parage, qui se convertit sérieusement et d'une manière inespérée :

Tout le monde courait aux sermons du Père qui prêchait alors dans la chapelle du couvent de Saint-Dominique. Cette femme y voulut aller elle aussi, non pas tant pour y entendre la parole de Dieu et en profiter, que pour satisfaire sa curiosité, pour voir et être vue.

Elle avait pris une toilette éblouissante, comme pour une promenade ou une partie de plaisir, et, afin de mieux voir le prédicateur, s'était placée dans une chapelle en face de la chaire. Le P. Diégo vit le mouvement et devina la femme. Il dirigea sur elle un regard grave sinon sévère et, avec adresse, détournant quelque peu le cours de son instruction, il parla spécialement contre la folie mondaine de la pauvre pécheresse. Elle seule comprenait. Chacune des paroles du prédicateur comme un glaive acéré perçait son cœur. Bientôt les larmes jaillirent et se mirent à couler comme un torrent. Ainsi pleurait Madeleine sur les pieds de Jésus. La conversion était sincère. Sans s'inquiéter des regards du public, elle commença sans répit à se dépouiller de tous les ornements luxueux dont elle était chargée. D'abord les perles qui ornaient sa robe et son manteau, puis les pendants d'oreilles, puis les chaînes et les camées de la poitrine et les anneaux des doigts, tout y passe, tout disparaît. Elle se couvre ensuite le sein de son mouchoir et la tête d'un pan de son manteau. Et, le sermon fini, elle passe, humiliée, à travers la foule surprise, et rentre, tout en pleurs, dans sa maison.

C'était bien fini de la galanterie, des fêtes mondaines et des sollicitations qui avaient perdu tant d'infortunés. Elle fit une confession générale, avec une ferme résolution d'être, à l'avenir, aussi édifiante qu'elle avait donné de scandale par le passé. Le reste de sa vie se passa dans l'exercice de la religion et de toutes les vertus.

Le Bienheureux avait donc remporté de belles victoires et enlevé à l'ennemi de glorieux trophées ; mais tout se paie ici-bas. Il s'était fatigué sur le chemin des brebis égarées, ses forces d'aujourd'hui n'étaient plus celles d'il y a trente ans. Il tomba épuisé et dangereusement malade. Le docteur Sangrado tenait toujours la vogue en Espagne. Il saigna son malade par trois fois et lui fit prendre toute espèce de remèdes. C'est incroyable, du reste, ce qu'on a tiré de sang au P. Diégo, pendant les trente années de son apostolat, sans compter ce qu'il s'en est tiré lui-même avec ses terribles disciplines armées de pointes ! Il faut croire ou bien que sa constitution était exceptionnellement robuste, ou bien que Dieu opérait en lui des miracles. Car il mangeait si peu ! Comment, en quelques jours, rendre aux veines tout le sang qu'on leur avait pris.

Il souffrait de son inflammation d'entrailles et, par suite, de maux de tête intolérables. Il avait le sang brûlé, comme on disait alors. Et comme la maladie se prolongeait, aiguë, mauvaise, le P. Diégo demanda aux médecins s'il ne serait pas bon qu'il reçût les derniers sacrements ?

« Non, pas encore », répondirent-ils, sans hésitation. Le Bienheureux rentra dans la paix, acceptant la volonté de Dieu sur lui, avec action de grâces.

« Il me semble, disait-il plaisamment, que je suis comme une boule de terre, pressée par des enfants et jetée dans la mer. Elle suit le vent et perd à tout instant une partie d'elle-même, entraînée par les eaux. » Cette boule, il l'avait vue dans une sorte de songe mystérieux. Elle lui annonçait, pensait-il, sa mort prochaine.

La seule tentation importune qu'il eut à supporter pendant sa maladie fut la tentation de désespoir. Il la voyait venir à lui sous la forme d'un chat qui lui montait sur l'épaule ou sur le bras, mordait ses vêtements et ne voulait pas le lâcher.

Plus ses infirmités s'aggravaient, plus les douleurs étaient affreuses, plus l'âme de notre Bienheureux s'enrichissait des plus précieux mérites. « Il me paraît, écrit-il à son directeur, que je dois me préparer à mourir, encore que je commence à mieux me porter ! En toute vérité, je puis m'écrier : Mon cœur est prêt, mon Dieu ! mon cœur est prêt. Que vos desseins sur moi soient ce qu'ils voudront : ils sont vôtres, cela suffit, ils me plaisent et je les aime... »

A plusieurs reprises, Dieu lui mit dans l'esprit cette parole de l'Apôtre : « *Mihi vivere Christus est* : Ma vie, c'est le Christ. » Il essaya de la comprendre et de l'approfondir, surtout en ce qu'elle renfermait de particulier sur son état présent et sur les résolutions qu'il devait prendre. Chose étrange : il n'y put réussir et fut obligé, lui le grand mystique, l'homme qui avait reçu de l'Esprit-Saint l'intelligence de l'Écriture, de recourir, comme un novice, à un commentateur. Il y lut ce qui suit :

Le Christ est notre vie : 1° comme cause efficiente, parce que c'est lui qui nous donne la grâce pour nous convertir, nous justifier, pratiquer toutes les vertus ; 2° comme cause exemplaire, parce qu'il nous montre, par sa conduite sur la terre, la conduite que nous devons tenir nous-mêmes ; 3° comme cause objective et finale : en ce sens que c'est à lui que doivent se rapporter tous nos actes et que c'est en lui que nous trouverons le bonheur de l'éternité.

C'était bien là toute la vie de notre Bienheureux. Il ne voulait se glorifier en rien sinon dans l'amour de Jésus : ce qui ne l'empêchait pas de trembler à la vue, disait-il, de sa monstrueuse insensibilité et de son obstination à repousser les bonnes inspirations de son doux Maître.

Enfin la maladie finit par céder, et aussitôt notre intrépide missionnaire reprit la suite de ses prédications à Estepa, où il établit solidement l'adoration perpétuelle des dimanches et fêtes avec un bref que Pie VI signa quelques jours avant sa mort au sein de la persécution ; puis à Ronda et enfin à Bocéna.

Là lui revinrent, assez violents, ses maux d'entrailles, avec des coliques du foie très douloureuses.

« J'en pris occasion, écrit-il, de me traiter avec délicatesse et de me laisser soigner avec trop de zèle par les gens de la maison où nous étions hébergés. J'omis pendant quatre jours de prendre mes trois disciplines ordinaires sous prétexte que je n'avais pas l'endroit convenable. Je tombais dans la tiédeur et Dieu voulut bien m'en avertir. Pendant mon sommeil je vis un chat noir très gentillet, avec une petite faveur autour du cou. Je m'approchai pour le caresser en lui passant la main sur le dos. Mais lui, prit ma main entre ses deux pattes, comme pour jouer, et je ne sais comment il se fit que je ne pouvais plus la retirer de ses griffes. Alors je remarquai que sa queue était très courte et très laide, ce qui me donna à penser qu'il n'était pas un chat comme il paraissait l'être. Je me réveillai en ce moment et Dieu me fit comprendre que ce chat, c'était mon amour-propre, me retenant dans un soin exagéré de mon corps.

« J'eus encore une autre vision en songe. Un homme de grande taille, à l'aspect religieux, vêtu d'un habit pauvre. Il vint vers moi, me dit qu'il sentait pour moi une forte inclination d'amitié et ensuite chercha à me persuader de laisser de côté la seule discipline que je prenais encore. Au réveil je compris. L'homme était, comme le chat noir, mon amour-propre toujours en éveil et ne voulant plus de mortification. La leçon était suffisante. Je repris immédiatement mes trois disciplines. »

Notre bienheureux Diégo, l'humilité même et aussi l'obéissance parfaite, mettait à nu devant son directeur toute son âme avec ses tentations, ses angoisses et aussi parfois les faveurs singulières que le ciel lui octroyait. Il en avait reçu l'ordre et avant tout il voulait obéir, dût sa modestie en souffrir.

Voici donc ce qu'il écrit à son directeur vers

l'époque où nous sommes arrivés : « J'ai su qu'une religieuse de grand mérite du couvent de Sainte-Paule, à Séville, a écrit à son directeur une lettre où il est question de ma chétive personne. Elle m'avait vu avec grande compassion marcher pieds nus par le froid et les grandes pluies. Elle avait prié pour moi, et voilà que pendant sa prière Notre-Seigneur me fit voir à elle, marchant avec un crucifix dans les mains semblable à celui que je porte pendant les sermons. Ayant repris sa prière en ma faveur, elle vit Jésus-Christ lui-même qui m'accompagnait par les chemins, ma main dans la sienne, son regard et ses lèvres resplendissant de bonté et de charité, montrant, par toute son attitude, avec quelle tendresse et quelle force il se plaît à soutenir, dans leurs travaux apostoliques, les prêtres qu'il a choisis et sanctifiés.

« Je vous raconte ce fait, ajoute le Bienheureux, sachant combien j'ai d'obligation à Dieu et combien peu je corresponds à ses grâces. Comme de coutume, hélas ! je suis insensible, dissipé, sans ferveur. »

CHAPITRE XXI

PRÉPARATION A LA MORT

En janvier de l'année 1800, le bienheureux Diégo, toujours aussi actif malgré ses infirmités qui s'aggravent, prêche une neuvaine à Ronda dans sa chère église de Notre-Dame de la Paix. Mais il sent que la mort est à la porte et Dieu lui fait comprendre qu'il doit se préparer à la recevoir. Jadis, les missions succédaient aux missions, les fatigues aux fatigues, sans qu'il y fît attention ; maintenant, après une simple neuvaine, il est obligé de s'arrêter, de reprendre haleine, de se soigner.

On l'attendait à Séville en février, mais les pluies étaient trop fortes et sa santé trop débile. Il ne put partir, ou plutôt il ne put arriver. Il se mit en marche, en effet, mais, à la première étape, il fallut s'arrêter, la pluie était par trop violente et les chemins impraticables. Pendant cinq jours, il demeura prisonnier des eaux et ensuite revint à Ronda, non sans un accident de route dont il ne nous dit pas la nature : une chute sans doute qui l'avertit de sa faiblesse et de son impuissance à marcher.

Le 14 février, il essaie de nouveau de se mettre en route et les mêmes obstacles l'obligent à rebrousser chemin aussitôt pour revenir à Ronda. Et c'est là que, n'en pouvant plus, malade, sentant la mort venir, il reçoit de tous les points de l'Espagne, des lettres pressantes qui l'invitent à venir prêcher, évangéliser, consoler des populations qui l'aiment et qui l'attendent. Il ne sait, écrit-il, comment répondre aux évêques, archevêques, chapitres, gouverneurs de villes.

En avril, cependant, il put enfin se rendre à Séville. Mais il y arrive dans le plus triste état, la tête brisée, les entrailles brûlées, « toute la *machine* disloquée ». Il n'a pu donner les sermons qu'on attendait sur le mystère de la Très Sainte Trinité. Il demande au Général de l'Ordre la permission de se retirer dans le couvent qu'il lui plaira de lui indiquer et d'y mener la vie de malade. En mai, nouvel effort, nouvelles prédications à Séville, dans plusieurs églises; entre autres, un grand sermon au régiment des miliciens de la ville, et un plus grand sermon à la Société royale de médecine. Nous devons croire que les médecins d'Espagne, à cette époque, étaient un peu plus chrétiens que ceux d'aujourd'hui.

C'en était trop; les médecins qui le voient réduit à merci, l'obligent à reprendre le chemin de Ronda. Son directeur et plusieurs de ses amis pensèrent alors qu'à se reposer, le P. Diégo serait aussi bien au milieu d'eux, dans le couvent de Grenade, qu'à Ronda, dans la maison de Manuel Morino et de dona Theresa de Rivera. Ils le demandèrent donc au Provincial. Mais Dieu voulait qu'il mourût aux pieds de Notre-Dame de la Paix. Il ne put, comme il va nous le dire, se rendre à l'ordre de son supérieur.

« Quand l'obédience de mon Père Provincial m'arriva, je ne pouvais même plus écrire tant les entrailles étaient échauffées. Je consultai donc un médecin qui est prêtre et veut bien s'occuper de moi. Il me répondit qu'en son âme et devant Dieu, il ne pouvait me permettre de voyager, que j'étais trop faible et trop délabré, que si je devais me relever, c'était à condition de demeurer tranquille dans ma chambre. Enfin, qu'il jugeait le voyage à Grenade comme un acte téméraire et une faute grave contre la charité que je me devais à moi-même.

« J'essayai quand même de me mettre en chemin, mais, dès les premiers pas, je dus renoncer à mon projet. Il y avait impossibilité physique. »

Effectivement, il allait toujours en s'affaiblissant sous les coups de son infirmité, à laquelle une autre venait encore de s'ajouter, plus douloureuse encore, une inflammation de la vessie. Les médecins lui imposèrent de nouveau trois saignées successives. C'était, en effet, ce qui lui réussissait le mieux avec les bains. Un tout petit mieux finit par se déclarer, mais le cher malade ne se crut pas pour autant hors de danger : « Sans un miracle, écrit-il, je ne puis reprendre ma santé et mes forces d'autrefois. Mes petites misères, je les prends pour un gage certain de la miséricorde divine. Grâce à elles, je ne puis oublier ni ma mort prochaine, ni la nécessité de m'y préparer. Malheureusement, je ne m'en occupe qu'avec beaucoup de négligence. »

Il voyait, dans la lumière de Dieu, ce que devait être un apôtre de Jésus-Christ, et son humilité lui commandait de compter pour rien ce que la grâce avait déjà opéré en lui, il répétait comme un refrain élégiaque cette parole qui remplissait son âme : « Si j'avais été fidèle à suivre les lumières de la foi, oui; vraiment je ne serais pas loin de la perfection, mais à cause de ma paresse et de ma mauvaise volonté, je ne l'atteindrai jamais.

« La prière m'est absolument nécessaire pour féconder mes prédications. Hélas! je revois souvent l'épée sans poignée qui m'a été montrée et j'entends le mot qui l'accompagnait et me couvre de honte. La prédication sans oraison, c'est une épée sans poignée. »

Il ajoute à sa lettre le récit suivant, récit assez inutile, selon lui, mais qui éclairera peut-être son directeur : « Mon confesseur m'a raconté qu'une de ses pénitentes les plus saintes m'ayant entendu prêcher deux sermons, m'a vu pendant que je donnais la bénédiction à l'autel, tout autre que je ne suis en réalité, tout auréolé de la lumière des dons du Saint-Esprit, et, pendant que j'étais en chaire, chacune de mes paroles s'en allait comme un trait de feu frapper le cœur des assistants, les confirmait dans la fidélité à leurs devoirs et, presque toujours, ouvrait dans leurs yeux la source des larmes saintes et pénitentes.

« Pendant l'autre sermon, elle vit mes paroles tantôt semblables à des flammes, tantôt comme autant de flèches de feu.

« Sachant ce que je suis, je doute fort de la vérité de ce récit. Cette sainte âme a vu ce que je devrais être et ce que je devrais faire, non ce que je suis et ce que je fais. Elle connait le texte : « Son discours brûlait comme une flèche », ou encore : « Le feu sortait de ses lèvres. » Elle a cru devoir me les appliquer. J'en éprouve une horrible appréhension. Car il me faudra rendre compte de toutes ces âmes que j'aurais dû sauver et que j'ai laissées se perdre. »

Ainsi se termina cette année 1799. L'année suivante 1800, féconde en grâces pour la France qui commençait à se ressaisir et à préparer le concordat de 1802, fut terrible pour l'Espagne. Son roi, Charles III, qui avait chassé les Jésuites, continuait à scandaliser son peuple par le désordre de ses mœurs et le pouvoir qu'il donnait à ces ministres sans foi et sans conscience, fauteurs de l'hérésie et du vice.

De plus, la plupart des villes oubliant les saintes recommandations et les menaces de l'apôtre, le bienheureux Diégo, avaient repris le train malheureux de leurs plaisirs et de leurs folies. Dieu allait se venger selon la prophétie qu'en avait faite le terrible prédicateur.

Ainsi pour n'en citer qu'un exemple, Séville, qui avait fermé son théâtre à la parole du bienheureux Diégo, en rouvrit les portes et permit qu'on y représentât une farce tournant en dérision le clergé et, notamment, un prêtre particulièrement estimé de tous.

Rappelons en quelques mots les prophéties menaçantes du bienheureux Diégo, nous en verrons ensuite l'accomplissement. A Séville il avait dit : « Vous avez foulé aux pieds l'honneur dû aux prêtres en nous appelant des hommes avides d'argent; eh bien ! les jours viendront, et ils sont tout près, où vous courrez épouvantés après les prêtres, mais vous n'en trouverez plus. Vous les appellerez près du lit où vous agoniserez, ils ne vous entendront pas. Combien mourront sans les sacrements de l'Église ! »

Les esprits légers et les libertins s'étaient moqués de ces menaces : « Voilà maintenant, disaient-ils, le P. Diégo qui remplit de bourdes la tête des dévotes et des béates. »

En 1800, c'est-à-dire trois ans seulement après la prophétie, le choléra éclatait avec violence sur Séville, les faubourgs et les villages environnants. Les religieux des couvents s'employèrent pour servir corporellement et spirituellement tous les moribonds. Mais vite ils succombèrent et c'est à peine s'il en restait un ou deux dans chaque monastère capables de sortir et de remplir le saint ministère. Il en fut de même du clergé séculier. Plus de trente mille Sévilains moururent de l'épidémie, dont un grand nombre ne purent être visités par les prêtres. Alors les survivants se dirent les uns aux autres : « Voilà réalisée la prophétie du P. Diégo. »

A Malaga, des dispositions pires encore s'étaient manifestées pendant le dernier séjour qu'y avait fait le P. Diégo en 1798. Où devait-il prêcher ? Dans les églises ! Mais non, répondaient les hommes de plaisir : elles sont trop petites. A la cathédrale ? Non, répondaient les chanoines et les chapelains, les exercices du chœur en seraient trop dérangés ! Alors dans la grande place ? Ah ! non, répliquaient les utilitaires et les économistes, il y aurait danger de voir éclater la peste au milieu d'une foule aussi considérable. On sortait d'en prendre, il ne fallait pas lui donner occasion de revenir.

A la fin, on décida pour la petite place qui se trouve devant l'évêché. Notre Bienheureux y parla d'un balcon de la maison du prélat. Mais il parla comme autrefois Ézéchiel ou Jonas. Sa voix pleine de terribles menaces retentissait semblable à un tonnerre.

« Malheur à toi, ville de plaisir ! Malheur sur toi, ville que j'ai tant aimée ! Que de maux, que de châtiments vont descendre du ciel et t'écraser ! Toutes les tribulations écrites dans l'Évangile, tremblements de terre, tempêtes, inondations et le reste. » Et de ses yeux coulaient des larmes abondantes.

« Les dissolutions de vos orgies, votre manque de respect dans les églises, votre conduite mauvaise, ont empêché la parole sainte de retentir dans vos murs. Eh bien ! le temps viendra où vous demanderez à grands cris ce pain de l'âme et personne ne vous le distribuera ; vous vous prosternerez aux pieds des autels demandant miséricorde, mais vous ne l'obtiendrez pas parce que le tabernacle sera fermé. »

Or, en 1801, la contagion du choléra n'atteignit point Malaga et ils crurent que le saint homme s'était trompé. En 1803 et 1804, la peste enleva plus de trente mille personnes dans la ville. Alors le gouvernement fit fermer les églises pour empêcher les pestiférés de s'y réfugier et le fléau de s'étendre. Ainsi se vérifia la parole du Bienheureux.

A Xérès, la prophétie varia quelque peu dans les termes. Les coupables chercheraient leur salut dans la fuite au milieu des campagnes, mais le fléau les poursuivrait partout et on trouverait autant de cadavres dans les champs qu'on y rencontre d'épis abandonnés derrière les moissonneurs. Et il en fut comme l'avait dit le prophète. De plus, il y eut dans toute l'Andalousie en 1804, une telle pénurie de grains que le boisseau de froment, pendant de longs mois, se vendit jusqu'à trois et quatre cents réaux.

Cadix aussi fut fortement flagellé en 1800 et les années suivantes. Le P. Diégo l'avait prédit et il disait en pleurant : « Cadix, je l'aime tant, et elle aura tant à souffrir. »

De fait, cette ville subit les malheurs d'un siège ; elle fut bombardée par les Anglais ; la peste y fit beaucoup de victimes ; l'inondation acheva de la ruiner. Avec elle toute cette partie de l'Andalousie qu'on appelle la Bétique fut livrée au fléau de la peste et comme submergée par le torrent de tous les malheurs.

Le Bienheureux se trouvait à Ronda travaillant à une apologie de la religion catholique, quand lui arrivèrent les épouvantables nouvelles. Aussitôt s'éveilla dans son cœur comme un feu de fournaise la passion d'aller au secours de ses frères, de se dévouer pour le salut de sa chère ville de Cadix. « Qui donc, s'écriait l'apôtre, est dans l'infirmité sans que j'en souffre moi-même ? »

A Séville, les Capucins Frères et Pères étaient dans les hôpitaux, empressés au service des pestiférés. Il en mourut quatre-vingts, martyrs de leur charité. Ce qui n'empêchera pas les Espagnols, quelque temps plus tard, de les chasser de leurs maisons, de les maltraiter, de les fusiller ou de les tuer au couteau.

Le P. Diégo pouvait-il se tenir tranquille et heureux dans la solitude pendant que ses frères périssaient sur le champ de bataille ?

Il avertit le Père Provincial de son désir ardent d'aller à Cadix soigner ses compatriotes, sans en rien dire à personne autre. Il se croyait sûr d'une réponse favorable et préparait tout de façon qu'il n'eût plus qu'à se mettre en route à la réception de la lettre de son Supérieur.

Mais il fut trompé dans ses espérances de

cueillir la palme du martyre en sa ville natale, comme il l'avait été jadis quand il demandait de passer aux missions d'Amérique.

Les gens de Ronda étaient persuadés que le fléau s'étendrait jusque dans les ports de mer ; mais ils s'imaginèrent aussi, et non sans raison, qu'ils seraient épargnés tant que le Bienheureux serait parmi eux. Ils écrivirent donc en grande hâte au Père Provincial, lui demandant de lui interdire absolument, et sous aucun prétexte, de sortir de Ronda. Le Père Provincial était fort anxieux entre les deux lettres. Il se mit en prières, consulta Dieu avec grande humilité, puis venant à considérer que partout où régnait la contagion les Capucins possédaient de grands couvents, remplis de bons religieux qui certainement se dévoueraient jusqu'à la mort ; faisant réflexion d'ailleurs que la vie du P. Diégo, si précieuse à toute la nation, devait être sauvegardée à tout prix, il se décida pour ceux de Ronda et envoya au bon Père l'ordre de demeurer où il était.

De fait, Ronda fut complètement préservé ; pas un cas de peste ne s'y déclara pendant toute la durée du fléau.

Le P. Diégo put cependant s'en absenter pendant quelques jours et prêcher à Grazolima, au peuple et au clergé, avec un grand fruit pour tous ceux qui l'entendaient.

Rentré à Ronda, le corregidor vint lui signifier qu'il n'en sortirait plus tant que durerait le fléau en Andalousie. Il y demeura donc jusqu'au jour de sa mort, c'est-à-dire jusqu'au 24 mars de l'année suivante 1801.

Une des propositions théologiques émise par lui dans un de ses écrits fut déférée au tribunal de l'Inquisition ; mais il n'eut pas grand'peine à la justifier de toute hérésie et l'affaire n'eut pas de suite.

Sans doute, pour le consoler, Notre-Seigneur lui envoya une vision, qu'il appelle un songe, par humilité. Voici comment il raconte la merveille : « Je me représentais un endroit souterrain, mal éclairé par une lumière rougeâtre, à peine suffisante pour me laisser apercevoir une salle toute petite en laquelle je passais et repassais en proie au désir violent de voir Dieu. De temps à autre Notre-Seigneur Jésus-Christ y apparaissait tel qu'il était pendant sa vie apostolique. Aussitôt je me mettais à genoux à ses pieds très saints et je répandais un torrent de larmes. Je me sentais tellement embrasé d'amour pour lui que, bien qu'endormi, je lui demandais de me pardonner mes fautes et de me montrer son visage.

« Je renouvelai ma demande par trois fois ; il me permit une seule fois de me tenir pendant un instant bien court à ses pieds, mais il ne me dit pas un seul mot et garda son air de souveraine majesté. »

Par ces derniers mots, le Bienheureux nous fait comprendre sans le vouloir, que notre divin Maître se montrait dans d'autres circonstances à son serviteur bien-aimé, comme il se montre dans le ciel aux anges et aux saints, avec un visage respirant la bénignité et la bonté, la tendresse d'un père et d'un ami.

Les souffrances cependant augmentaient toujours, ne lui laissant de repos ni le jour ni la nuit. Avec elles grandissaient aussi sa patience et sa joie de souffrir pour Jésus et avec Lui : « C'est la volonté de Dieu qu'il en soit ainsi, écrivait-il à son directeur, et rien ne m'est plus agréable que la volonté de Dieu. »

Dans les moments de relâche il continuait ses travaux : il écrivait des sermons, des conférences, des apologies, avec une rapidité et une perfection qui sont la preuve de l'assistance particulière de la grâce. Enfin, il prêcha l'Avent à Ronda ; mais ayant voulu garder le jeûne, selon la règle des Frères Mineurs, il ne put aller jusqu'au bout. Le 21 décembre, il était obligé de garder la chambre et de se refaire quelque peu.

Mais, comme saint François, quelque temps avant sa mort, faisait de grands projets et se promettait d'évangéliser le monde entier, ainsi notre bienheureux Diégo préparait de nouvelles instructions, et, après cinq jours de repos, recommençait à prêcher. « Il m'est nécessaire, écrivait-il, de prêcher jusqu'au 4 janvier prochain. » Il le fit, en effet, mais au prix de quelles fatigues. Dieu seul le sait, qui soutenait miraculeusement l'apôtre et l'empêchait de tomber à moitié mort dans la chaire, comme il lui était déjà arrivé dans les années précédentes.

Le croirait-on ? il était encore question, à ce moment, d'en faire un évêque. « Jamais, grâce à Dieu, écrit-il, je n'ai désiré la mitre ; toujours elle m'a inspiré une crainte horrible, parce que je savais qu'elle me perdrait si je venais à la mettre sur ma tête. » Devant cette opposition, les prélats et le gouvernement retirèrent leur proposition et cessèrent de tourmenter le saint homme. Il n'eut plus à s'occuper que de la grande affaire dont une voix intérieure lui parlait sans cesse, l'affaire de son passage du temps à l'éternité.

« Je ne sais que vous dire de mon intérieur, écrit-il. J'éprouve dans mon corps des mouvements étranges et très douloureux, que les médecins appellent le spasme. Moi je les nomme : La main de Dieu. Cette main, je la baise avec transport et me laisse conduire par elle où il plaira au roi de ma vie, jusqu'à ce que j'entre dans mon éternité. Que Sa Majesté soit à jamais bénie ! *Benedito sia!* »

CHAPITRE XXII

MORT PRÉCIEUSE

La mort est l'écho de la vie. Et comme la vie des saints a été admirable, leur mort est nécessairement précieuse devant Dieu. Elle révèle leur valeur bien mieux que les miracles qui l'ont peut-être illustrée. La grande paix et la joie d'En-Haut descendent sur eux et les enveloppent, comme l'aurore enveloppe tous les objets qui, dans un instant, seront plongés dans la lumière éblouissante du soleil.

Ils le disent, et on sent qu'ils disent vrai ; ils vont au Père qui leur tend les bras ; au Fils qui vient au-devant d'eux, plein de gloire et d'amour ; au Saint-Esprit qui les a sanctifiés. Le passage étroit du temps à l'éternité ne peut les effrayer. Marie, leur Mère tant aimée, est à deux pas qui leur sourit et les enivre. Aussi leurs dernières paroles traversent l'air, comme autant de flèches enflammées qui percent l'obscurité de la terre et dissipent les ténèbres semées çà et là par le démon. Ils appellent Jésus, lui disant : « Hâtez-vous, ô doux Maître, délivrez mon âme, recevez-moi, je ne puis plus vivre sans vous ! »

Telle fut donc la mort de notre bienheureux Diégo. Ses travaux incessants, ses mortifications effrayantes et sans trêve, ses maladies presque continuelles avaient eu raison, à la fin, de son tempérament très robuste et de sa santé si brillante pendant la jeunesse.

Le héros chancelait maintenant en montant dans la chaire de vérité, où jadis il parlait avec tant de vigueur ; ou plutôt, il n'osait plus guère l'aborder. Ses amis, pleins de compassion, l'invitaient, avec de bonnes paroles, à se reposer enfin, à prendre pitié de son corps, et à ne pas précipiter la catastrophe qui l'enlèverait pour toujours à leur tendresse.

« Me reposer ! répondait-il, toujours aimable et gai ; c'est dans le tombeau que je le ferai volontiers. Vous verrez comme j'étendrai gentiment mes jambes et quelle position facile je prendrai. Vous me dites que je finirai par en mourir, qu'avec mon régime et mon allure, je perdrai la vie. Mais si, en me reposant, je la perds tous les jours, à bon quoi vouloir la conserver ? »

Son état, cependant, s'aggravait d'une façon inquiétante. A partir du mois d'octobre 1800, son inflammation d'entrailles ne lui laissait plus de repos. L'estomac délabré refusait toute nourriture ; la fièvre le consumait. Mais l'âme, soutenue par une grâce puissante, commandait à l'organisme en souffrance, et le bienheureux Diégo continuait à prêcher, à confesser, à écrire des sermons ou des opuscules de controverse et de piété qu'il croyait utiles au peuple chrétien.

Avec le mois de janvier 1801, la maladie parut

s'éloigner. Un mieux relatif se déclara ; il put prendre de la nourriture, et les couleurs de la santé reparurent sur ses joues amaigries.

Ce n'était qu'une trêve. Elle prit fin vers le milieu du mois de mars ; l'ennemi, qui s'était fortifié pendant cet intervalle, revint plus furieux que jamais, sûr de porter les derniers coups et de terrasser sa victime.

Le Bienheureux n'en fut ni surpris, ni troublé. Depuis longtemps Dieu lui avait fait connaître que bientôt il l'attirerait à Lui : peut-être savait-il déjà le jour et l'heure de sa mort.

« Je ne sais, écrivait-il à son directeur, quel aimant irrésistible le doux Sauveur Jésus a mis en moi, ou quel avertissement il me donne ; mais, de plus en plus, malgré l'incroyable dissipation de mon esprit, je sens que ma vie, aujourd'hui, c'est la vie même de Jésus-Christ. » C'était dire qu'il ne tarderait guère à être où se trouve Jésus, dans les gloires du Paradis.

A une personne de haute piété, depuis longtemps sous sa direction, il écrivait le 12 mars, c'est-à-dire douze jours avant sa mort : « Hâtez-vous de choisir un autre directeur. Il me serait agréable, avant de mourir, de connaître celui que le Ciel vous aura désigné pour soutenir et éclairer vos pas. »

Le bon Fr. Joseph, son compagnon dans toutes ses courses apostoliques, se donnait un jour beaucoup de peine pour rapetasser l'habit toujours en souffrance du missionnaire, amant intrépide de la pauvreté. « Tenez-vous en repos, lui dit-il ; laissez cet habit tel qu'il est, j'ai idée qu'il ne servira plus longtemps. Il est tout à fait convenable pour le voyage qu'il me reste à faire. »

Ce voyage mystérieux qui n'exigeait pas d'autre apparat qu'un habit usé et blanchi, bientôt on vit le bienheureux Diégo le préparer avec un soin tout particulier. Il mit en ordre ses papiers et ses manuscrits, travail important, car il avait composé, nous disent ses historiens, plus de trois mille sermons et conférences, sans compter les opuscules assez nombreux que les circonstances et la gloire de Dieu à procurer, avaient commandés à sa plume féconde. Nous possédons actuellement tous ces manuscrits, et peut-être trouvera-t-on l'heure favorable et le moyen de les faire imprimer.

« Il faut bien, disait-il à ceux de sa maison, que l'on trouve tout en ordre à mon départ. »

Voici un témoignage plus évident encore de la certitude où il était de sa mort prochaine.

« Mon cher Gallego, écrivait-il un mois avant de passer à la bienheureuse éternité, si vous avez quelque commission à me confier, hâtez-vous de me l'envoyer, car il est certain que je mourrai bientôt. Mes douleurs se multiplient et me tourmentent au point que je ne sais si je les pourrai supporter bien longtemps. »

Le 19 mars, fête de saint Joseph, il célébra la sainte messe dans l'église Notre-Dame de la Paix, son sanctuaire de prédilection. Après l'action de grâces, il revint par trois fois se prosterner et prier devant l'autel de sa gracieuse Souveraine. On eût dit qu'il ne pouvait s'en séparer, comme un fils enflammé d'amour pour sa mère, qui oublie toujours un mot essentiel, une dernière protestation d'amour, une demande et une grâce suprême, et ne s'arrache qu'avec une peine extrême à ses doux embrassements.

Or, au sortir de l'église, contrairement à toutes les habitudes de sa vie, il s'en vint visiter les bons chrétiens de Ronda qui avaient l'honneur de porter comme lui le nom de Joseph. Était-ce pour se réjouir avec eux d'appartenir spécialement à un si grand Saint, ou pour prier avec eux celui qu'on invoque si heureusement à l'heure redoutable de la mort, ou enfin pour prendre les requêtes qu'il allait bientôt pouvoir mettre entre les mains de saint Joseph dans le ciel ? Nous l'ignorons ; mais il nous est loisible de penser que notre Bienheureux avait à la fois toutes ces intentions.

Le soir de ce grand jour, la maladie se présenta furieuse, comme un ennemi qui veut en finir avec sa victime, et, le lendemain matin, 20 mars, s'étant levé de son grabat comme de coutume, il dut reconnaître qu'il ne tenait plus debout et reprendre position sur la couche de misère et de pauvreté où il devait mourir.

Pendant toute sa vie, il avait craint la mort, soit par le fait de son humilité profonde, en laquelle il se voyait le plus vil et le plus indigne de tous les hommes, soit qu'il eût une peur extraordinaire de mourir sans les sacrements de l'Église. Au contraire de tous les autres saints, qui aimaient à se trouver sur la mer, en souvenir du passage de Jésus sur le lac de Tibériade, le P. Diégo ne mettait le pied sur une barque ou sur un vaisseau qu'avec une extrême répugnance. Les flots amers sont perfides et féconds en catastrophes ; ceux qu'ils engloutissent peuvent bien se sauver par l'acte parfait de contrition de leurs fautes, mais ils demeurent privés des grands secours de l'Eucharistie et de l'Extrême-Onction ; c'est ce qu'il ne voulait pour lui à aucun prix. Plutôt que de s'exposer à pareille mésaventure et peut-être aussi pour se mortifier plus durement, il refusait presque toujours de prendre la voie de mer, et s'en allait, faisant un long détour, par les routes poudreuses et sous le soleil brûlant de l'Andalousie.

« Voyez-vous, disait-il à ses amis, je crains la mort, je ne vous le cacherai pas, mais je crains surtout de la trouver dans les flots, sans prêtre pour m'absoudre et me donner les sacrements des mourants. Il m'est bon, d'ailleurs, de suer un peu sur les routes et de me fatiguer beaucoup en bonne santé, afin de n'avoir plus à craindre quand l'heure de mourir aura sonné. »

Dieu sait s'il avait été fidèle à son programme, s'il avait assez peiné et jusqu'à la fin, sur tous les chemins de sa chère patrie. Cependant, à peine fut-il alité que les terreurs de la mort parurent l'agiter. On le vit, non sans surprise, comme les gens de vulgaire vertu et d'ordinaire courage, réclamer certains médicaments auxquels on n'aurait guère pensé et en refuser d'autres qu'on lui présentait. Il écrivit même à un médecin dans lequel il avait toute confiance et qui demeurait assez loin de Ronda, le priant de le venir voir sans aucun retard.

Le Fr. Joseph, témoin de ces inquiétudes et voyant le Père s'agiter sur ses planches et étendre les bras comme pour repousser un ennemi invisible, s'imagina que c'était là peut-être le symptôme de l'agonie et de la mort.

« Père, lui demanda-t-il, seriez-vous plus souffrant? Que ressentez-vous? D'où vient l'agitation qui vous fait trembler?

— Ce qui me fait frissonner, répondit le bienheureux Diégo, c'est la crainte de la mort.

— Mais pourquoi la craignez-vous, mon Père?

— Comment, pourquoi? Mais puis-je ne pas trembler de paraître devant Dieu, misérable pécheur que je suis, avec une vie inutile et sans fruits de vertu? »

En ce moment un ecclésiastique entra dans la cellule, et le bienheureux Diégo, le regardant avec des yeux pleins de prière : « Demandez à Dieu, lui dit-il, de me donner la patience et de me soumettre entièrement à sa volonté. Je souffre d'une oppression de poitrine extrêmement pénible. Si j'ai désiré la mort pendant ma vie, afin d'être avec Jésus-Christ, maintenant qu'elle est présente, je tremble à la vue de mes fautes. Que l'infinie charité de mon Dieu veuille bien me les pardonner et me recevoir dans sa grâce. »

Hâtons-nous de dire que son doux Maître Jésus ne le laissa dans les transes et l'angoisse que juste l'heure pendant laquelle Lui-même avait voulu avoir peur, s'ennuyer mortellement et succomber sous la peine au Jardin des Oliviers. La tempête se calma bientôt, toute inquiétude disparut. La joie intense des enfants de Dieu éclaira soudain son visage et le nimba de splendeurs célestes qui ravirent ses Frères et tous ceux du dehors qui vinrent le visiter.

Sur ses lèvres, le sourire enchanteur se dessinait plus attrayant que jamais; ses yeux, invinciblement attirés vers un objet invisible pour tous les autres, et d'une beauté souveraine, brillaient d'un éclat qui n'est pas de la terre.

Dès lors, les soupirs de son âme ne furent plus que des actes d'amour et des appels brûlants à Celui qui l'avait comblé de faveurs et l'attirait puissamment vers la cité de toutes les joies.

Comme autrefois, dans la péroraison de ses discours, il pressait le crucifix sur son cœur, il le couvrait maintenant de mille baisers. Il répétait, au milieu de ses larmes, comme un refrain exprimant toute son âme : « Mon doux Jésus, vous savez bien que je vous aime; mon doux Jésus, vous savez bien que je vous aime! »

Et près de ce lit composé de quelques planches et de deux tuiles servant d'oreiller; dans cette cellule étroite, aux murs nus et sombres, il semblait que tout le ciel fût descendu; une émotion singulière s'emparait des âmes; on sentait présent Celui qui aime, Celui qui s'appelle l'Amour. Par son attitude, par tous ses gestes, par les paroles pleines de charité fraternelle ou enflammées du pur amour de Dieu, le bienheureux Diégo faisait entendre le mot de saint Paul : « Je désire la mort pour être réuni au Christ »; et celui de saint François : « Soyez bénie, notre sœur la Mort, qui brisez les barrières et me permettez de voir face à face le bien-aimé de ma vie. »

« Mon doux Jésus de ma vie, vous savez bien que je vous aime »; ce fut le dernier soupir de son âme au moment de la séparation finale.

On pense bien que celui qui toujours avait redouté d'être privé des sacrements de l'Église par le fait d'une mort imprévue, ne tarda guère à les demander, quand la maladie, qu'il savait très grave, vint le visiter. Dès le 21, c'est-à-dire dès le second jour, il fit prévenir le curé de la paroisse, don Juan Pérez, de venir le visiter. Ce prêtre était des amis de sa famille et l'avait accompagné à l'autel, trente ans auparavant, pour sa première messe.

Il accourut, et le Bienheureux, les mains jointes avec une profonde humilité, le supplia de l'aider dans le passage difficile où il était entré, et de lui apporter, aussi secrètement que possible, le saint Viatique et l'Extrême-Onction.

Ce fut dans la soirée du 23 que cette grande joie vint à lui, mais avec un appareil tout autre que celui que son humilité désirait. La nouvelle de sa maladie s'était répandue en quelques heures dans la ville, et quand on apprit que les derniers sacrements devaient lui être portés, ce fut une commotion universelle. Le clergé de Ronda, les seigneurs, les conseillers du Parlement, les magistrats, un peuple immense accompagnèrent le Saint Sacrement, porté solennellement et avec toute la pompe usitée en Espagne dans les plus grandes occasions.

En voyant entrer son Jésus, le Bienheureux se releva sur son lit et inclinant la tête aussi profondément qu'il le put, il s'abîma dans l'adoration. A haute voix, il récita les actes de foi, d'espérance et de charité avec l'accent que seule la sainteté peut inspirer; puis il demanda pardon à tous ceux qui étaient là de tous les scandales qu'il avait pu leur donner pendant sa vie et son séjour à Ronda. Enfin, se frappant la poitrine à grands coups, il répéta par trois fois la parole du centurion : « Seigneur, je ne suis pas digne que vous entriez dans ma maison, mais dites seulement une parole et mon âme sera guérie. »

Au moment où le prêtre lui donna la sainte Hostie, il se répandit sur son visage une telle lumière d'amour et d'extase, il y eut dans son attitude une dévotion si ardente, il coula de ses yeux des larmes si abondantes, que le silence profond qui régnait d'abord se changea bientôt en cris étouffés et en sanglots : Pourquoi n'aimait-on pas Jésus comme le Bienheureux l'aimait?

Aussitôt après avoir communié, il entra dans le silence d'un profond recueillement. Il adorait, il remerciait, il aimait, il se laissait absorber par la vie divine qui était en lui. L'extase eût duré longtemps sans l'intervention intempestive des médecins, qui entrèrent pour juger, dans une consultation suprême, de l'état du malade.

A la vue des progrès de la maladie, ils déclarèrent que la science humaine était désormais impuissante. Le Bienheureux le savait bien mieux qu'eux ; d'heure en heure, il sentait les douleurs d'entrailles devenir de plus en plus atroces et insupportables.

Ils voulurent quand même et selon la coutume des médecins, lui appliquer encore quatre vésicatoires et lui faire prendre encore d'autres remèdes. Alors, très doucement, il leur dit : « Inutile, Messieurs, de vous tourmenter; la dernière maladie ne peut se guérir. » Et en manière de preuve il ajouta : « Le jour de l'Incarnation du Seigneur ne vous paraît-il pas un beau jour pour entrer au ciel? et la veille de cette première des fêtes un beau jour pour mourir ? »

Il voyait évidemment, dans la lumière même de Dieu, le terme de sa course et l'heure où Dieu l'attendait pour récompenser par les joies de l'éternité celui qui l'avait si bien servi sur la terre.

La souffrance, cependant, achevait son œuvre et mordait cruellement la poitrine et les entrailles. « Elle est vraiment insupportable, dit-il à un de ses amis qui se tenait près de lui; je n'y résisterai plus bien longtemps. Béni soit le Seigneur qui me l'a envoyée comme à tant d'autres de notre nation. Je ne vous le cacherai pas, c'est du choléra que je meurs. Mais soyez sans inquiétude, je suis sûr de ne communiquer cette peste à personne. »

Le moment de la délivrance approchait rapidement. Le saint malade, maître de lui-même, ordonnait toutes choses en vue de sa mort, sans interrompre pourtant ses communications avec Dieu. Il lui eût été consolant de mourir au milieu de ses Frères, dans un couvent de son Ordre. Nous avons vu que c'était sur l'ordre formel et maintes fois renouvelé de ses Supérieurs qu'il revenait à Ronda dans la maison du gouverneur de cette ville, après ses missions terminées, et toutes les fois que la maladie le forçait au repos, ou que les médecins l'envoyaient prendre les bains, remède assez efficace contre ses infirmités. Aussitôt alité, il consulta les médecins sur la possibilité de se faire transporter au couvent le plus proche, à Ubrique, par exemple. Il lui fut répondu que la chose était impossible. Lui-même, du reste, en avait conscience et n'ignorait pas que la volonté de Dieu était qu'il mourût à Ronda et qu'il y fût enterré.

Il voulut, cependant, faire tout ce qui était en son pouvoir pour observer la règle et les usages de nos couvents. Dans la nuit du 23 au 24, qui devait être sa dernière ici-bas, il appela le

Frère Joseph, son fidèle compagnon, et lui parlant tout bas, afin de n'être entendu de personne, il le pria de le bénir au nom de son Supérieur absent et de lui donner, toujours au même titre, la permission de sortir de ce monde. Il voulait finir sa vie religieuse, comme il l'avait commencée, par un acte d'obéissance. Le Christ, son Sauveur bien-aimé, n'avait-il pas attendu le bon plaisir de son Père pour lui remettre son esprit sur la croix du Calvaire ?

Le bon Frère, effrayé de cette proposition inattendue, demeurait sans mouvement et sans voix. Comment lui, pauvre Frère lai plein de misères, aurait l'audace de bénir un saint comme le P. Diégo, et de lui intimer un ordre ? Ce n'était pas possible.

Alors le Père, tout doucement, lui suggéra la formule qu'il devait employer et, soudain, le bon Frère Joseph, comme inspiré par l'Esprit de Dieu, se mit à genoux et bénit le malade au nom de la très sainte Trinité, ensuite il lui donna la permission de mourir.

En ce moment on lui apporta un potage. Il le refusa gracieusement. « Non, dit-il, ce n'est plus l'heure maintenant de manger ou de boire. » Il voulait ainsi faire entendre que sa mort était très prochaine ou bien encore désirait-il recevoir à jeun la communion. Il rentra ensuite dans le recueillement et la prière, multipliant les signes de croix sur son corps, se frappant la poitrine à grands coups, baisant avec transport son crucifix.

Vers cinq heures et demie du matin, ne pouvant presque plus parler, il demanda par signes de la main et des yeux à don Juan Perez, qui ne le quittait guère, de lui apporter encore une fois le saint Viatique. « Prenez l'Hostie consacrée, lui dit-il, à la chapelle de Notre-Dame de la Paix. L'église paroissiale est trop loin. Vous n'arriveriez pas à temps. »

Le prêtre y courut, revint avec le Sacrement et donna au malade le pain qui fortifie et divinise surtout ceux qui vont mourir. Le dernier moment approchait. Don Perez commença ce que j'appellerai la recommandation de l'âme, exhortant le Bienheureux à redoubler de bonne volonté et de patience à se conformer entièrement à la volonté de Dieu, à l'exemple de Jésus. A ces mots, notre Bienheureux, se mettant sur le dos, étendit ses bras en croix comme s'il était crucifié avec son Jésus. Il demeura en cette posture, les yeux ouverts sur le ciel, la figure resplendissante de vie divine, le sourire de l'extase sur les lèvres, jusqu'à six heures un quart, où il rendit à Dieu sa grande âme de saint et d'apôtre.

C'était le 24 mars 1801, veille de l'Incarnation du Verbe éternel.

CHAPITRE XXIII

FUNÉRAILLES

Le tombeau du Christ a été glorieux selon la prophétie d'Isaïe, comme sa mort elle-même, au sein de l'infamie, avait été accompagnée des plus grands miracles.

Les saints sont d'autres Christs. Il est donc nécessaire que la gloire descende sur leur dépouille mortelle et les enveloppe d'un incomparable linceul à sa descente dans les entrailles de la terre. Dieu, qui avait élevé si haut son serviteur, le bienheureux Diégo, dans les vertus et en avait fait une copie si parfaite de son Fils, ne pouvait lui refuser, au dernier moment, les honneurs qu'il accorde ordinairement à ses bien-aimés.

A partir du 19 mars, jour où il dut céder à la violence du mal et garder le lit, un nuage d'un éclat merveilleux s'étendit sur un grand espace du ciel à l'occident de Ronda. Les habitants de la ville, peu habitués à voir des nuages dans leur ciel embrasé, le contemplèrent avec grande curiosité, comme un phénomène insolite autant que magnifique. Ni le soleil du jour ne le faisait pâlir, ni les ténèbres de la nuit ne parvenaient à l'envelopper. Il répandit ses clartés jusqu'à l'heure où le Bienheureux rendit le dernier soupir.

Les personnes religieuses en relation avec le saint religieux, comprirent seules ce que signifiait le beau nuage : le coucher, à l'horizon de cette terre, de l'âme si lumineuse et si grande de l'Apôtre de l'Espagne.

Quand il entra en agonie, une heure seulement avant de mourir, un Père Tertiaire, son confesseur pendant la saison des bains, vit entrer dans la pauvre chambre un long cortège d'anges et de séraphins, qui portaient trois couronnes. La très sainte Vierge fermait la marche. Elle s'approcha du P. Diégo, qui avait alors ses bras étendus en forme de croix. Marie souleva le bras droit. Son divin Fils apparut en ce moment et prit le bras gauche. Et c'est ainsi soutenu et conduit par le Fils et la Mère qu'il s'en alla vers le ciel.

Les trois couronnes se fondirent en une seule toute resplendissante de diamants et de perles, qui se plaça d'elle-même sur sa tête, juste récompense de son héroïque fidélité à observer les trois vœux d'obéissance, de pauvreté et de chasteté. Puis la vision disparut.

A la même heure, son passage de la terre au ciel était révélé à de saintes âmes qu'il avait dirigées ou même qui ne le connaissaient que de réputation, sans l'avoir jamais vu.

Dans un couvent de Visitandines, assez loin de Ronda, une religieuse de haute vertu chantait au lutrin le martyrologe du 25 mars, fête de l'Incarnation de Jésus. Elle était toute à ce grand mystère, quand, devant ses yeux, passa radieux et souriant le bienheureux Diégo. La voix s'arrêta sur ses lèvres. Les Sœurs voulurent savoir la cause de son extase. Elle leur raconta simplement ce qui venait d'arriver, et leur fit le portrait de celui qu'elle avait vu et qu'elle ne connaissait pas. On reconnut à ne pas s'y tromper le bienheureux P. Diégo de Cadix.

Une autre religieuse assura l'avoir vu entrer au ciel accompagné de toutes les âmes qu'il avait converties, soit par ses prédications, soit par ses pénitences et ses prières.

Les actes de béatification nous parlent d'une troisième personne, amie intime de Jésus. En colloque extatique avec son Époux divin, elle se plaignait de ce qu'il eût repris si tôt à la terre le directeur nécessaire à tant de pauvres âmes. « Sois sans crainte, lui fut-il répondu. Mon serviteur Diégo te sera plus utile là où il est maintenant qu'il ne l'était pendant son séjour sur la terre. »

Mais la glorification la plus magnifique réservée par Dieu à son serviteur fut assurément la douleur de tout le peuple de l'Espagne à la nouvelle de sa mort.

A peine était-il expiré, qu'une sorte de miracle s'opéra dans la ville. En un instant, comme si les anges s'étaient mis de la partie, tous les habitants de Ronda et des villages voisins furent informés de l'événement. Aussitôt une foule immense, vague énorme et rapide, se précipita sur la maison où reposait le Bienheureux. Toutes les cloches des églises se mirent en branle, et bientôt la vie ordinaire de la cité fut interrompue. Tous abandonnèrent les champs ou l'atelier. Dans les couvents d'hommes et de femmes, on n'entendait plus que des gémissements et des pleurs. On empruntait la voix des prophètes pour déplorer le malheur irréparable. N'était-il pas le guide assuré des âmes? leur consolation dans la nuit d'ici-bas, leur force dans les tentations de ce misérable monde? Avec lui, le ciel était assuré; sans lui, qu'allait-on devenir?

Dans les rues, sur les places, on n'entendait qu'une seule parole : « Le Saint est mort; nous avons perdu notre père, notre frère, notre conseil, notre compagnon de route, notre joie. Le Saint est mort. »

Les cœurs saignaient, navrés par la douleur; le deuil étendait ses voiles lugubres sur toute la cité. Les pervers eux-mêmes gardaient le silence et s'abîmaient dans je ne sais quelle angoisse morne; ou bien ils suivaient la foule, désireux de contempler encore les traits de celui qui les avait exhortés à revenir au Dieu de leur jeunesse, sans pouvoir vaincre la dureté de leur cœur.

Tous avaient une ambition, un immense désir. Comme Jacob voulait revoir Joseph avant de descendre au tombeau, ils voulaient revoir le bienheureux Diégo et baiser cette main qui, tant de fois, les avait bénis, les avait guéris de leurs infirmités, leur avait montré le ciel.

Malheureusement, la chambre où il était,

toute petite et située au fond de la maison, ne pouvait contenir que quelques personnes. Avec les passions violentes de l'Espagnol, les plus grands malheurs étaient à craindre. On s'étoufferait à la porte, les petits et les faibles y seraient écrasés.

Bien vite, la municipalité mit une forte garde de soldats en faction devant le palais. A la hâte on prépara une grande salle ayant porte sur la rue. Le corps du Bienheureux y fut ensuite apporté et placé sur une espèce de soubassement improvisé avec des madriers. Il reposait là, enseveli à la manière des Capucins, les pieds nus, la tête reposant sur un billot de bois, dans les mains son crucifix.

Un peu plus tard, une personne pieuse, un religieux peut-être, y mit un rameau fraîchement coupé et portant des fleurs blanches. Ni ses feuilles, ni ses fleurs ne se fanèrent. On pensa qu'il y avait un miracle. Après l'enterrement du Bienheureux, le rameau fut planté, prit racine, devint une plante touffue dont les feuilles opérèrent de grands miracles de guérison.

Des hommes sûrs, prêtres et laïcs, entourèrent le corps et la porte ouverte. Aussitôt, le pieux pèlerinage commença. Défense était faite de toucher la glorieuse dépouille. On passait, on dévorait des yeux le visage frais et souriant de celui qui paraissait dormir, et puis vite il fallait laisser la place à d'autres, à la foule toujours plus envahissante et plus avide.

Cette discipline, du reste, ne put tenir longtemps. On se disait la beauté du Bienheureux, la souplesse de ses membres, l'air de vie répandu sur toute sa personne. Alors rien ne retenait plus les ardeurs. Et on ne pouvait même toucher les mains vénérables! Bientôt la foule éclata en murmures, les gardes craignirent une émeute. La passion religieuse n'est pas moins à redouter que les autres dans certaines circonstances.

On tint tête à l'orage en louvoyant pendant toute la journée du 23. La nuit venue, on avisa. Une salle basse de la maison, beaucoup plus vaste que celle où reposait le corps, fut ornée de tentures de deuil. Elle prenait jour par une très vaste baie d'une architecture antique, sur la place de l'église Notre-Dame de la Paix. Le saint corps y fut transporté et placé tout près de la baie complètement ouverte. Le peuple pouvait s'approcher et baiser les pieds du Bienheureux, consolation suprême pour sa piété tendre et reconnaissante.

Des prêtres se placèrent de chaque côté du corps. On leur tendait des linges, des chapelets, des bijoux, même des morceaux de pain ; ils les appliquaient sur le Bienheureux et les rendaient bien vite à leurs possesseurs, car la multitude augmentait toujours.

Non seulement les villages voisins, mais les villes déjà éloignées accouraient ; les rues regorgeaient de monde, et de nouveaux flots s'ajoutaient sans cesse aux flots anciens.

Restait d'occuper l'église Notre-Dame de la Paix. Elle était là de l'autre côté de la rue, très vaste et d'accès très facile. Pourquoi n'y point transporter le corps du P. Diégo?

La difficulté était de passer à travers cette forêt humaine, dont les arbres mouvants se touchaient et s'enchevêtraient d'une si terrible manière. On requit une forte troupe de soldats et des charpentiers sérieux et solides. En quelques heures ils établirent, avec planches et madriers, un passage fermé au peuple entre la salle mortuaire et l'église. Les soldats maintenaient la foule des deux côtés. Quand tout fut fini, les prêtres prirent la glorieuse dépouille sur leurs épaules et, au chant des cantiques sacrés, la transportèrent dans l'église. Ce devait être sa dernière étape. Un catafalque de grand apparat le reçut, assez haut pour que personne ne pût y atteindre, assez bas pour que les plus petits pussent le contempler à leur aise.

Puis les planches du couloir furent enlevées et la porte de l'église ouverte. Le peuple s'y précipita comme un torrent trop longtemps contenu. Tous ces bons chrétiens avaient tant de choses à demander au Bienheureux avant sa disparition dans le tombeau!

Une double haie de soldats, l'arme au bras, entourait le catafalque. Les prêtres continuaient leur ministère de dévouement et faisaient toucher au Bienheureux des linges qui devenaient aussitôt des reliques précieuses, dont plusieurs opérèrent ensuite des prodiges de guérison.

L'église retentissait des louanges du saint religieux, panégyrique sans fraude, prononcé par mille et mille voix sonnant l'enthousiasme divin.

Et voici qu'une odeur d'une suavité qu'on ne connaissait pas se répandait peu à peu et dominait les vapeurs plus ou moins âcres des cierges et de la foule en sueur. D'où venait-elle? Du Saint évidemment. Les prêtres qui ne voyaient, après deux jours, aucune trace de corruption, fait inouï sous le soleil d'Espagne, voulurent se rendre un compte exact de l'état du cadavre. Ils découvrirent les épaules. Des plaies faites par les derniers vésicatoires suintait doucement une liqueur rosée et limpide, d'où s'échappait subtil le parfum enivrant qui emplissait le temple.

Ils avertirent le peuple du miracle. Alors ce fut une sorte de délire, de dévotion et de joie mêlée de douleur.

De nouveau les autorités eurent peur d'un désordre possible. Mais, cette fois, on ne pouvait songer à un nouveau transfert. On s'arrêta au conseil, donné par les prêtres vénérables, de hâter la mise au tombeau du saint corps.

La nuit venue, l'église fut fermée. Les prêtres de service y restèrent seuls. Vers minuit, eut lieu, au chant des psaumes, la mise en bière. Le cercueil était de chêne bien travaillé. On le freta de cercles de fer et on le ferma de quatre clefs, qui furent ensuite confiées à quatre personnes différentes. Puis ce premier cercueil fut placé dans un second, non moins beau et très bien achevé, qui n'avait qu'une seule clé. On plaça le tout dans un caveau creusé exprès sous l'autel de saint Joachim, avec l'espérance de l'en sortir bientôt pour lui faire occuper le splendide mausolée qu'on se proposait de lui ériger.

Le lendemain, surprise et indignation du peuple quand il vit le catafalque sans corps et qu'il apprit l'enterrement clandestin de la nuit. Mais tout prend fin en ce bas monde. Dans la matinée, des obsèques solennelles furent célébrées en présence de toutes les notabilités de la ville, de tout le clergé séculier et régulier, de tous les corps constitués, de tous les officiers de la garnison.

Ce premier service célébré à Ronda fut comme la fusée qui avertit au loin et commande une action générale.

Le bienheureux Diégo était chanoine de toutes les cathédrales d'Espagne, membre de toutes les académies, citoyen de toutes les grandes cités. Sa mort était donc un deuil universel et vraiment national. Partout des services solennels furent commandés pour celui qui jouissait déjà de la vue de Dieu. Les chaires retentirent de son éloge. Les plus illustres orateurs du clergé, tant séculier que régulier, y furent employés.

Nous ne reproduirons rien ici de ces magnifiques panégyriques. Nous nous contenterons de citer la lettre du Provincial notifiant la mort du Bienheureux au couvent de sa Province, et ensuite l'article nécrologique de *la Gazette de Madrid*.

« Le R. P. Diégo de Cadix, écrivait le Père Provincial, vient de quitter ce monde. Il s'est endormi doucement dans le Seigneur. Son âme, nous en avons la pleine confiance, s'en est allée au ciel recevoir la couronne que lui ont méritée ses travaux apostoliques et ses admirables vertus.

« Il est mort à Ronda après avoir reçu, à la grande édification de tous, les sacrements de notre Mère la sainte Église, au jour et à l'heure qu'il avait prédits. Il était ex-lecteur de théologie, Père de la Province, missionnaire apostolique. Sa mort remplit notre cœur de désolation. »

Voici maintenant l'article de *la Gazette :*

« Le 23 avril, est mort, à Ronda, le T. R. Père Diégo de Cadix, religieux capucin de la Province d'Andalousie, à l'âge de cinquante-huit ans. Homme vraiment apostolique, de vie exemplaire et de doctrine admirable, missionnaire d'une puissance inouïe.

« Plusieurs fois et toujours à pied, il a traversé les provinces de l'Espagne : l'Andalousie, les Castilles, la Galice, l'Aragon, la Catalogne, Murcie, Valence. Partout il a prêché des missions avec un succès incroyable ; il a converti une multitude de pécheurs.

« Son attitude pleine de dignité, la sérénité de son visage, son amabilité toujours exquise, la douceur et l'amabilité de ses paroles, sa conduite au-dessus de tout éloge, ses travaux incessants, son incroyable érudition, son éloquence, tantôt préparée avec le plus grand soin, tantôt improvisée et spontanée, ont fait du fils de Caamaño l'homme le plus vénéré, le plus aimé de notre pays, l'homme nécessaire de toute l'Espagne, une des gloires les plus pures de notre chère patrie. »

CHAPITRE XXIII

BÉATIFICATION

Le fils de Lopez Caamaño, en religion le P. Diégo-José de Cadix, s'était promis dès sa plus tendre jeunesse de devenir un saint. Et il avait tenu sa promesse. Pendant trente années sa vie avait jeté un tel éclat de vérité chrétienne, et semé comme à pleines mains tant de lumières heureuses sur l'Espagne sa bien-aimée patrie; on l'avait si souvent appelé le Saint; tant de miracles étaient sortis de ses lèvres et de ses mains, miracles de conversion, miracles de charité; qu'il fallait bien qu'à sa mort une grande voix s'élevât du sein des peuples, demandant au pasteur suprême de l'Église de poser sur sa tête la couronne céleste des Bienheureux, de le placer sur les autels : de le montrer à la terre comme un modèle parfait à imiter, comme un protecteur puissant à implorer.

La piété de ses frères en religion n'y manqua point, non plus que la reconnaissance et l'admiration des évêques d'Espagne.

Les miracles se multipliaient à son tombeau et partout où l'on possédait de ses reliques ou un objet que ses mains avaient touché. Les aveugles voyaient, les sourds entendaient, les morts ressuscitaient, comme du temps de Jean-

20*

Baptiste, sous les bénédictions du Seigneur Jésus.

Nous ne dirons rien de ces merveilles bien qu'elles soient fort intéressantes à raconter. Les misères humaines se ressemblent si fort à toutes les époques! et par conséquent les miracles qui, de temps en temps, les font subitement disparaître!

Bien vite il fallut créer des commissions pour faire les enquêtes préliminaires et présenter la cause de béatification le plus vite possible au tribunal du Souverain Pontife. L'affaire suivit son cours régulièrement. Si l'on pense que certains personnages morts en odeur de sainteté depuis deux ou trois cents ans attendent encore la décision qui les élèvera au rang des bienheureux sur cette terre, on conviendra que notre bienheureux Diégo a été singulièrement favorisé de la Providence, puisque moins d'un siècle après sa mort, il prenait place sur nos autels, en 1894.

Rapportons les deux miracles qui furent examinés par la Sacrée Congrégation des Rites et admis comme preuves de la sainteté de notre héros dans le procès de sa béatification.

Le premier en date est la guérison instantanée d'une poitrinaire au moment même où elle allait rendre le dernier soupir, Sœur Adélaïde Quiros Herrera, des Filles de la Charité d'Espagne.

Au cours de son noviciat à Madrid en 1861, elle avait pris, avec un refroidissement subit, le germe de sa maladie. Une toux violente la secouait affreusement, l'hémoptysie l'affaiblissait tous les jours. Tous les symptômes indiquaient la tuberculose des poumons comme nous disons aujourd'hui.

Pendant toute cette année la maladie suit son cours sans que les médecins puissent faire autre chose que d'en diminuer les souffrances. En 1862 la situation s'aggrave considérablement. Le 24 mai on craint une mort prochaine, et on administre les derniers sacrements à la malade. Les religieuses ses Sœurs font la recommandation de l'âme qui va s'envoler dans l'éternité.

En ce moment la Supérieure, par inspiration d'en haut, dit à la mourante déjà sans voix et les yeux fermés, de se recommander au saint serviteur de Dieu Diégo-José de Cadix. Et comme elle ne parut pas entendre, la Supérieure implora elle-même à haute voix la compassion et le pouvoir du vénérable Diégo.

Pendant la nuit qui suivit, la jeune malade vit ou crut voir une grande lumière dans sa chambre, et, au milieu, le vénérable Diégo, le visage souriant. Il s'approcha du lit, la regarda sans rien dire, et bientôt après disparut. La vision avait duré environ cinq minutes.

Le jour venu, Adélaïde éprouva quelque soulagement : il y eut un mieux sensible, mais qui ne dura guère.

Le 5 juin la pauvre Sœur se mourait tout à fait. Elle avait perdu l'ouïe après la vue et la parole. C'est alors que, dans son intérieur, elle s'adressa au bon P. Diégo lui disant : « Si c'est la volonté de Dieu que je demeure sur la terre pour y soigner ses pauvres, guérissez-moi, mais guérissez-moi tout d'un coup sans qu'il me reste rien de la maladie. »

A peine avait-elle formulé cette prière qu'elle se sentit transformée, revenue à son état primitif de santé comme si elle n'avait pas été malade. Elle se leva à l'instant même à l'ébahissement de ses compagnes, mangea et but de bon appétit, descendit à la salle de travail et reprit aussitôt les fonctions de sa charge.

Le miracle était éclatant. Déclaré tel par les médecins les plus compétents, il fut admis comme preuve certaine de sainteté au procès de béatification.

Le second fait, très rare dans les annales de l'Église, mérite d'être connu.

En 1867, on ouvrit pour la première fois le tombeau du Bienheureux, qui avait été placé comme nous l'avons dit dans l'église de Notre-Dame de la Paix à Ronda, près de l'autel de saint Joachim. Dans le cercueil on ne trouva plus que les os du squelette, tout le reste était consumé sauf le larynx, conservé intact et sans aucune corruption, sans doute parce que cet organe avait jeté pendant plus de trente ans à tous les échos le nom adorable de Jésus rédempteur.

On lava les os selon la coutume pour les débarrasser de toutes les poussières et moisissures qui s'y étaient attachées. Jusque-là rien d'extraordinaire, mais à peine l'opération terminée, voilà des gouttelettes de sang qui suintent des os, qui s'unissent l'une à l'autre et finissent par tomber sur le linge blanc qui couvrait la table.

D'où venait ce sang? de l'intérieur des os où il se serait conservé pendant plus de soixante ans. Impossible. Il sortait liquide et d'une belle couleur de sang frais.

De nouveau on plongea les vénérables reliques dans l'eau, on les essuya avec soin : mais aussitôt le suintement reprit son cours, et le sang finit par tacher complètement les nouveaux linges sur lesquels ils reposaient. Il y avait donc un miracle. Les ossements furent portés à Rome. Les médecins les plus renommés les examinèrent, firent l'analyse exacte du sang qui en était sorti et qui en sortait toujours. Ils furent eux aussi obligés de conclure à un vrai miracle.

Des plaies du Bienheureux, aussitôt après sa mort, découlait une sorte d'humeur rosée, qui répandait dans l'église un parfum inconnu à la terre. Cela on pouvait l'expliquer à la rigueur en invoquant une décomposition chimique, d'un genre inconnu, mais admissible. Mais du sang frais et vermeil possédant à l'analyse tous les éléments de celui qui court dans nos veines et suintant à la surface d'os desséchés dans le tombeau depuis soixante-six ans, on ne pouvait ni l'expliquer, ni en donner un semblant de raison scientifique.

Ce miracle très rare, étant admis lui aussi par la Sacrée Congrégation des Rites, la cause de notre Bienheureux avait fait un grand pas. La joie régnait dans nos couvents capucins.

Cependant il fallut attendre le règne de l'auguste pontife Léon XIII et l'année 1894 pour voir la fin du procès et l'apothéose de notre Bienheureux.

Ce fut un jour de fête inoubliable que celui-là. Notre Ordre et toute la famille franciscaine y reçurent, avec une nouvelle couronne de gloire, qui vint se poser sur la tête d'un de ses fils, un encouragement extraordinaire à marcher fièrement sur la route royale de la pauvreté et du zèle apostolique. Une nouvelle preuve nous était donnée de la présence de saint François au milieu de nous. L'espérance invincible remplissait notre cœur d'arriver nous aussi, les petits et les inconnus, à la gloire de nos grands Frères, par l'intercession toute puissante du nouveau Bienheureux dont Notre-Seigneur lui-même avait dit : « Là où il est maintenant, il vous sera plus utile que là où il était autrefois. »

Gloire donc à la très sainte Trinité qui a donné à la terre l'interprète fidèle de ses grandeurs infinies.

Gloire à Jésus qui a pris le cœur du bienheureux Diégo et l'a transformé à la ressemblance du sien dans le feu de son amour.

Gloire à Marie-Immaculée, Notre-Dame de la Paix, Mère très tendre du bienheureux Diégo, qui l'a conduit par la main à travers tous les périls, jusqu'au trône de gloire qu'il occupe maintenant avec elle dans les parvis de l'éternité.

Gloire à notre Père le séraphique François, modèle parfait qu'a imité si heureusement notre nouveau Bienheureux.

Gloire à Diégo-Joseph de Cadix, l'honneur et l'espérance de l'Ordre des Frères-Mineurs Capucins, aujourd'hui et à jamais.

TABLE DES MATIÈRES

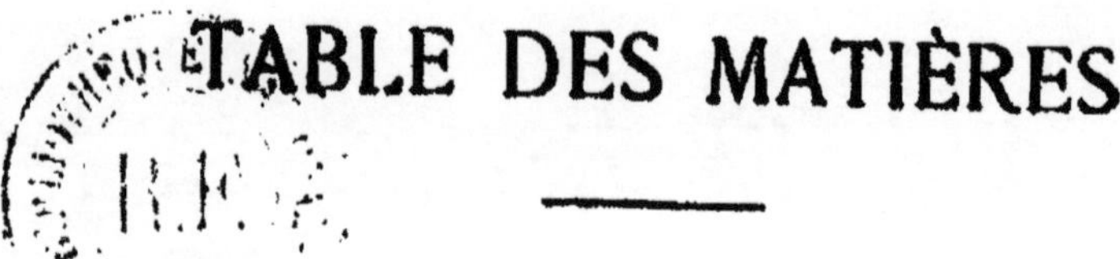

CHAPITRE IV

L'ÉTUDIANT — LE PRÊTRE

CHAPITRE V

PREMIÈRES PRÉDICATIONS

CHAPITRE VI

L'APOTRE

CHAPITRE VII

L'APOTRE (*suite*). — MÉDECIN ET MALADE

CHAPITRE VIII

L'APOTRE (*suite*). — A SÉVILLE

CHAPITRE IX

A CORDOUE ET RONDA

CHAPITRE X

L'APOTRE DE LA TRÈS SAINTE TRINITÉ

CHAPITRE XI

AUTORITÉ DU BIENHEUREUX SUR LE PEUPLE D'ESPAGNE

CHAPITRE XII

SCIENCE MERVEILLEUSE

CHAPITRE XIII

ÉLOQUENCE

CHAPITRE XIV

HUMILITÉ

CHAPITRE XV

PAUVRETÉ

CHAPITRE XVI

MORTIFICATION

CHAPITRE XVII

DÉVOTION AU SAINT SACREMENT

CHAPITRE XVIII

VIE MYSTIQUE. — PROPHÉTIES ET MIRACLES

CHAPITRE XIX

RAVISSEMENTS ET EXTASES

CHAPITRE XX

DERNIÈRES ANNÉES DU BIENHEUREUX

CHAPITRE XXI

PRÉPARATION A LA MORT

CHAPITRE XXII

MORT PRÉCIEUSE

CHAPITRE XXIII

FUNÉRAILLES

CHAPITRE XXIV

BÉATIFICATION

Paris. — J. Mersch, imp., 4 bis, Av. de Châtillon.

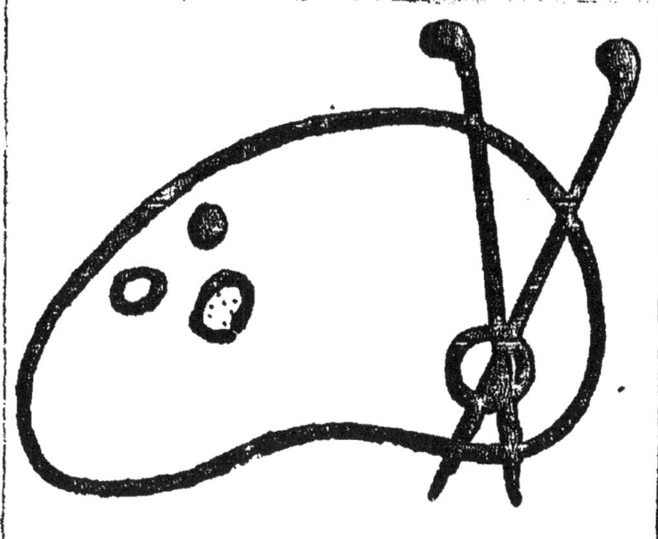

Original en couleur

NF Z 43-120-8

www.ingramcontent.com/pod-product-compliance
Ingram Content Group UK Ltd.
Pitfield, Milton Keynes, MK11 3LW, UK
UKHW020200250726
13967UKWH00003B/1172

9 782012 853997